Ulrike Fokken

Die Welt AG

Internationale Unternehmen im Fusionsfieber

WILHELM HEYNE VERLAG
MÜNCHEN

HEYNE SACHBUCH
19/700

Im vorliegenden Buch sind die Entwicklungen
bis zum Redaktionsschluß im August 1999 berücksichtigt.

Umwelthinweis:
Dieses Buch wurde auf chlor- und säurefreiem Papier gedruckt.

Konzeption und Realisation: Christine Proske
(Ariadne Buchkonzeption, München)
Redaktion: Cornelia Rüping

Originalausgabe 12/99

http://www.heyne.de
Printed in Germany 1999
Umschlagillustration: The Stock Market/Strauss/Curtis, Düsseldorf
Umschlaggestaltung: Atelier Bachmann & Seidel, Reischach
Herstellung: U. Walleitner
Satz: GRAMMA GMBH, München
Druck und Verarbeitung: Presse-Druck, Augsburg

ISBN 3-453-16500-4

Inhalt

Vorwort

Wenn es um Fusionen geht, erinnern die hierbei verwendeten Sprachschöpfungen schnell an einen Kriegsschauplatz. Von der Abwehrschlacht eines Konzerns ist die Rede, ein weißer Ritter wird gesucht, strategische Allianzen werden aufgebaut, Nicht-Angriffs-Pakte geschlossen sowie Schlachten um Marktanteile und ganze Märkte ausgetragen. Und den Vorstandschefs ist der Kampf an der Front anzusehen: grauer Teint, gerötete Augen und tiefe Falten zeugen von schlaflosen Nächten. Muß das alles sein? Ja. Denn es gilt, den erkämpften Markt nicht an die Konkurrenz zu verlieren und Marktanteile zu halten. Dennoch fragt man sich, warum diese Männer das tun. Ganz einfach: Um die Eigenständigkeit und das Überleben ihrer Konzerne im globalen Wettkampf zu sichern sowie die eigene Macht zu halten und auszubauen.

Es vergeht kaum ein Tag, an dem nicht eine mehr oder weniger spektakuläre Fusion angekündigt wird. Nicht jedesmal sind die Verschmelzungen so aufsehenerregend wie die transatlantische Verbindungen zwischen Daimler-Benz und Chrysler oder der Deutschen Bank und Bankers Trust. Auch Fusionen über die Grenzen der europäischen Länder hinweg wie der Zusammenschluß von Hoechst mit dem französischen Unternehmen Rhône-Poulenc und die dann doch gescheiterte Verbindung der Deutschen Telekom mit der Telecom Italia sind bislang noch außergewöhnlich. Aber an jedem Tag fusionieren Unternehmen in Deutschland, in Europa, in den USA und den anderen hochindustrialisierten Ländern. Mal sind es die norddeutschen Schlachthöfe, mal schließen sich regionale Genossenschaftsbanken zusammen. Dann fusionieren Unternehmen der Biotechnik oder Gebrauchtwagenhändler. Denn alle Unternehmen in allen Branchen kämpfen mit den Folgen der Globalisierung. Der fast ungehinderte Zugang zu den Märkten der Welt hat ihnen zwar viele Freiheiten und hohe Umsätze beschert, aber eben auch neue Konkurrenten.

Gerade die Konzerne der traditionellen Branchen – Stahl, Chemie, Auto – können nur noch überleben, wenn sie gemeinsam mit dem früheren »Feind« ein Unternehmen bilden. Aus eigenem Antrieb sind sie offensichtlich nicht mehr in der Lage, in dem nötigen Maße zu wachsen und dem Wettbewerb standzuhalten. Wer nicht kauft, wird gekauft, so lautet die Devise unter den Vorstandschefs. Und je länger die Fusionswelle rollt, desto stärker wird der Druck, nun auch selbst zu fusionieren. Schließlich möchte kein Unternehmen als Restposten übrigbleiben, der am Ende allenfalls noch »verramscht« werden, aber keine starke Verhandlungsposition mehr einnehmen kann. Und auch den jahrzehntelang als krisensicher geltenden Banken und Versicherungen ergeht es nicht besser. Nicht nur die Freiheiten der Globalisierung – Kapital auf allen Kontinenten – und der sich daraus ergebende neuartige Wettbewerbsdruck lassen diese Branchen leiden, sondern auch die neuen technischen Möglichkeiten, die das Internet beschert. Ebenso stoßen die Konzerne im Bereich Telekommunikation an ihre Grenzen. Vor allem die ehemals staatlichen Telefongesellschaften können mit der Liberalisierung des Telekommunikationssektors nicht umgehen, und wissen keine andere Lösung, als sich zusammenzuschließen und sich in die vertraute Nische des Monopols zu flüchten.

Fusionen und insbesondere die Megadeals der Großkonzerne lösen jedoch allenthalben Unbehagen aus: Bei Arbeitnehmern schüren sie die durchaus berechtigte Angst vor einem Arbeitsplatzverlust, die Konkurrenten fürchten um ihren Umsatz und ihre Marktanteile. Wettbewerbshüter sehen Monopole und Kartelle entstehen, und selbst unbeteiligte Beobachter erschreckt schon allein die Größe der entstehenden Unternehmen. Denn es stellt sich die Frage, ob ein Koloß mit über 400 000 Angestellten in 100 Ländern noch von irgendeiner Institution oder Regierung kontrolliert, beeinflußt oder gehemmt werden kann. Megakonzerne gelten als die Inkarnation des bösen Kapitalismus, dessen Vertreter in geheimen Zirkeln danach streben, die Weltmacht zu übernehmen. Fusionsverhandlungen verunsichern auch allein schon deshalb, weil sie heimlich ablaufen und nur ihr Ergebnis mitgeteilt wird. Denn erst dann zeigt sich, daß sich die Vorstandschefs und ihre allgegenwärtigen Berater und Strategieplaner jedes Wochenende an geheimgehaltenen Orten zu konspirativen Sitzungen getroffen haben. Diese Geheimniskrämerei dient jedoch weniger der Verschwörung als dem Schutz der Aktienkurse. Denn selbstverständlich gibt es über jede Fusion Gerüchte, und das ist es – neben Psychologie und Intuition –, woraus die Geschäfte der Aktien-Broker zum größten Teil bestehen. Wenn vorher bekannt wäre, daß zwei Konzerne über eine Fusion verhandeln, würde dies eine Welle von Spekulationen an der Börse auslösen. Die Aktien würden sich verteuern, und allein deswegen könnten die Pläne scheitern.

Aber nach erfolgreich verlaufenen Fusionsverhandlungen zeigt sich, daß sehr weitreichende Entscheidungen unter Ausschluß der Öffentlichkeit gefällt werden. Ohne Debatten und gesellschaftlichen Konsens wird über das Schicksal von Tausenden von Menschen, über die Industriepolitik und die wirtschaftliche Entwicklung von Regionen entschieden. In einem Land wie Deutschland mit seinem sogenannten rheinischen Kapitalismus der sozialen Marktwirtschaft empfindet die Öffentlichkeit ein derart eigenmächtiges Verhalten der Vorstandschefs als besonders dreist. Wie hierzulande das Urteil über Fusionen ausfällt, ist in erster Linie immer eine Frage der politischen Einstellung. Die Gegner der Liberalisierung schreien bei Konzernkonzentrationen besonders laut, obgleich sie andererseits glühende Verteidiger von staatlichen Großbetrieben wie der Post oder der Bahn sind. Ihrer Meinung nach sind privatwirtschaftliche Großkonzerne nicht zu kontrollieren und drohen gar, Staaten in ihrer Politik zu beeinflussen. Die Anhänger der Liberalisierung dagegen befürworten das Zusammenwachsen der Konzerne und überraschen durch ihre Gutgläubigkeit angesichts der weltweit vor sich gehenden Konzentrationsbewegungen.

Und der Staat? »Sprachlosigkeit«[1] hat der Präsident des Deutschen Bundeskartellamts, Dieter Wolf, unter den Politikern festgestellt, wenn es um Fusionen geht. Dabei haben gerade sie die Voraussetzungen für die Globalisierung und die damit verbundenen wirtschaftlichen Entwicklungen geschaffen. »Offenkundig hat es einige aber überrascht, daß Unternehmen diese Freiräume tatsächlich nutzen«[2], wundert sich Jürgen Schrempp, Vorstandschef der DaimlerChrysler AG. Doch die Freiheit eines jeden hört da auf, wo sie in die Freiheit eines anderen eingreift. Haben sich also die Konzerne so weit ausgedehnt, daß sie die Grenzen der freien und freiheitlichen Staaten tangieren? Oder ist es eher so, daß das Konstrukt des Nationalstaates nicht mehr der Zeit entspricht? Am Ende des 20. Jahrhunderts zeigt sich, daß die aus dem 19. Jahrhundert stammende Idee eines nationalen Staates veraltet ist. Länder sind zu klein und Regierungen nicht mehr handlungsfähig angesichts der grenzüberschreitenden Probleme wie Ozonloch, Aids, Rinderseuche BSE oder Migration. Insofern ist es eine erfreuliche Entwicklung, daß sich immerhin schon 15 europäische Staaten zusammengeschlossen haben. Trotz aller Widrigkeiten und Unstimmigkeiten in der Europäischen Union (EU) ist die supranationale Organisation doch wohl die einzige, die der Globalisierung zumindestens in dem Teil der Welt, der am meisten von ihr profitiert, gerecht werden kann.

Staaten werden zwar nicht fusionieren, aber sie müssen sich enger zusammenschließen, um mit den Folgen der Globalisierung fertigzuwerden. Die multinationalen Konzerne sollten dabei nicht als Teil des Problems angesehen, sondern in die Suche nach Lösungen einbezogen werden. Denn die Multis haben die Politik längst abgehängt. Sie sind flexibler, lukrativer und arbeiten effizienter, als Regierungen oder supranationale staatliche Organisationen es bislang vermochten. In Zukunft müssen daher ganz neue Kooperationen und Bündnisse eingegangen werden: zwischen Regierungen und Unternehmen, Nichtregierungsorganisationen und supranationalen Organisationen, Bürgerinitiativen und Konzernen, mandatslosen Einzelpersonen und Staaten. Diese neuen »Fusionen im Geiste« erfordern ein hohes Maß an geistiger Freiheit. Alte Feindbilder müssen aufgebrochen, Pfründe und Besitzstände aufgegeben werden. Doch dazu müssen alle Beteiligten begreifen, daß die bislang als Gegner betrachteten Gruppen gewinnbringende Erkenntnisse zur Lösung anstehender Fragen beitragen können. Erst dann wird es möglich sein, die Potentiale von Synergien zu erkennen und sie für alle gewinnbringend zu nutzen.

I. Eine große bunte Warenwelt

1. Der Geist der Globalisierung wird aus der Flasche gelassen

Auf Schloß Rambouillet trafen sich nur sechs Regierungschefs in einem Konferenzzimmer. Niemand, nicht einmal ihre Außen- oder Finanzminister, sollte die Staatslenker von Deutschland, Frankreich, Italien, Großbritannien, den USA und Japan an diesem 15. November 1975 stören. Zu dramatisch schien ihnen die Lage der Welt, zu tief saß der Schock der Ölkrise, und zu ratlos standen sie vor der Frage, wie sie mit der weltweiten wirtschaftlichen Rezession umgehen sollten.

Zu dem Treffen eingeladen hatten der französische Staatspräsident Valéry Giscard d'Estaing und der deutsche Bundeskanzler Helmut Schmidt. Sie riefen ihre Kollegen aus den damals führenden Industrienationen nach Schloß Rambouillet, das 50 Kilometer von Paris entfernt liegt, um informell Wege aus der Krise zu finden. Für Giscard d'Estaing und Schmidt hatte sich das legere Plaudern am Kamin bereits zwei Jahre zuvor bewährt. Sie hatten, damals noch als Finanzminister, in der Bibliothek des Weißen Hauses mit dem amerikanischen und dem britischen Kollegen nach Auswegen aus einer weltweiten Währungskrise gesucht. Zu »unserem kleinen Klub«, wie Schmidt und Giscard d'Estaing ihre exklusive Runde nannten, sollten nun zwei Jahre später auch Italien und Japan stoßen, denn das Wirtschaftswunder der vergangenen Jahrzehnte schien ein jähes Ende gefunden zu haben.

Vier Mal hatten die erdölexportierenden Staaten, zusammengeschlossen zum Preiskartell OPEC (Organization of the Petroleum Exporting Countries), die Preise für Rohöl in den vergangenen zwei Jahren erhöht. Und jedesmal mußten die verwöhnten Industrieländer sich ihrem Diktat beugen. Da die westlichen Nationen bis dahin vollständig von dem Erdöl aus den arabischen Staaten abhingen, blieb ihnen zur Sicherung des Lebensstandards und der Industrieproduktion nichts anderes übrig, als die um ein vielfaches gestiegenen Preise zu bezahlen. Sie, die USA und Japan hatten bislang am meisten vom weltweiten Handel profitiert und sahen sich nun mit einer schweren Rezession konfrontiert. Die bislang konkurrenzlos hochwertigen und gleichzeitig günstigen Produkte aus ihren Unternehmen ließen sich wegen des teuren Rohöls nicht mehr zu den bisherigen Preisen herstellen und vertreiben. Firmen mußten schließen, andere entließen ihre Arbeiter und Angestellten. Allein in Deutschland verdoppelte sich während der Ölkrise 1973/74 die Zahl der Arbeitslosen und übersprang erstmals die bis dahin magische Grenze von einer Million.

Der Anfang vom Ende der Vollbeschäftigung weckte zudem die Erinnerungen an die Heerscharen von Arbeitslosen nach dem Börsencrash 1929. Hatte nicht dieser Umstand erst den Nationalsozialisten in Deutschland zur Macht verholfen? War nicht durch Massenarbeitslosigkeit die schwankende Demokratie der Weimarer Republik zusammengebrochen? Die in Rambouillet versammelten Staats- und Regierungschefs hatten noch lebhafte Erinnerungen an die Vergangenheit. Japan, vom »shokku« (dt.: Schock) der hohen Rohölpreise verunsichert, interessierte sich dafür zwar weniger, wollte aber keinesfalls seine wirtschaftliche Stellung und den mühsam errungenen Wohlstand einbüßen.

Nicht nur die Erfahrungen aus der ersten Hälfte des Jahrhunderts bekräftigten den Zusammenhang zwischen wirtschaftlichem Wachstum und dem Fortbestand der Demokratie. Bestärkt wurden die Staatschefs in ihren Sorgen durch die moderne politische und sozialwissenschaftliche Forschung. In der westlichen Welt war man sich über einen Punkt völlig einig: Die nach dem Zweiten Weltkrieg mühsam aufgebauten Demokratien könnte man nur halten, wenn es gelänge, alle Staatsbürger am Wohlstand zu beteiligen. Einkommen mußte in großen Mengen an alle verteilt werden, sonst wären Konfrontationen und Verteilungskämpfe unausweichlich. Die Theoretiker wollten damit auf gar keinen Fall den Sozialismus herbeireden oder eine Debatte über gerechte Einkommensverteilung führen. Sie sahen vielmehr, daß es den Unternehmen in einem stabilen staatlichen System am besten ging und die westliche Demokratie das bis dato wirtschaftsfreundlichste System war. Die Staaten überließen ja – anders als in den Planwirtschaften hinter dem Eisernen Vorhang – den Unternehmen den Markt, ohne sich in betriebsinterne Angelegenheiten über Gebühr einzumischen. Die Voraussetzung allerdings, um jedwede Verteilungskämpfe zu verhindern, bestand darin, daß die Wirtschaftsleistung der Industrieländer – wie in den fünfziger und sechziger Jahren – stieg. Das jedoch war Mitte der siebziger Jahre unmöglich. Zudem hatte gerade der »Club of Rome« eine höchst beunruhigende Schrift mit dem Titel »Grenzen des Wachstums« veröffentlicht. Allein aus ökologischen Gründen und wegen knapper natürlicher Ressourcen werde das Wirtschaftswachstum an Grenzen stoßen, hieß es da.

Drei Tage saßen die Staats- und Regierungschefs auf Schloß Rambouillet zusammen und suchten nach einem gemeinsamen Aktionsplan. Der japanische Ministerpräsident Takeo Miki schwieg fast die ganze Zeit. Dafür konnte sich US-Präsident Gerald Ford hervortun. »Wir müssen sicherstellen«, sagte er seinen Klubkameraden, »daß die derzeitige weltwirtschaftliche Situation nicht als Krise des demokratischen oder des kapitalistischen Systems gesehen wird.«[3] Immerhin befanden sich die Herren noch mitten im kalten Krieg. Noch existierte die Alternative zum Kapitalismus in den sozialistischen Staaten, die Vasallen der UdSSR und der Volksrepublik China hatten bis dato nicht vor ihren eigenen Systemen kapituliert.

Die Hüter der westlichen Werte einigten sich also darauf, »Anstrengungen zur Wiederherstellung größerer Stabilität in den grundlegenden wirtschaftlichen und finanziellen Bedingungen der Weltwirtschaft« zu unternehmen. Außerdem setzten sie sich das Ziel, »gestörte Marktbedingungen oder unberechenbare Wechselkursschwankungen«[4] so weit wie möglich auszuschalten. Allerdings wollte auch keiner der anwesenden Staatschefs zurück zu dem System, das sich ihre Vorgänger 1944 in Bretton Woods ausgedacht hatten, um den Weltfrieden nach Beendigung des Zweiten Weltkriegs zu sichern.

Schon während der Kriegszeit hatten sich die Führungen der Alliierten in dem Badeort an der amerikanischen Atlantikküste getroffen, um finanzpolitische Abwehrmechanismen gegen eine Hyperinflation sowie eine neue wirtschaftliche

Weltordnung zu finden. Sie entschieden sich damals dafür, nach dem Krieg die Währungen an den Goldstandard zu binden und die Wechselkurse aller Teilnehmerstaaten zu fixieren. Dieses System sollte dann auch knapp 30 Jahre funktionieren. Aber als die Herrenrunde 1975 in Rambouillet zusammensaß, drohte der Zusammenbruch bereits seit zwei Jahren. Denn feste Wechselkurse der Währungen zum Dollar waren nicht mehr zeitgemäß, da der weltweite Handel in Dollar mittlerweile die Reserven der US-Notenbank überstieg und der Goldpreis auf dem freien Markt über dem festgesetzten Preis lag. Wenn auch die Idee der festen Wechselkurse 1973 endgültig aufgegeben worden war, wollten die in Rambouillet versammelten Regierungschefs wenigstens die Institutionen von Bretton Woods retten: Die Weltbank und den Internationalen Währungsfonds (IWF).

Vor allem die Position des IWF galt es zu stärken. Zuvor hatte er die Milliarden der Mitgliedstaaten verwaltet, doch nach Rambouillet sollte er auch die Wirtschafts- und Finanzpolitik überwachen. Es dauerte noch einige Jahre, bis der IWF seine neue Rolle in Statuten und Verträgen ordnen konnte, doch war schon in Rambouillet allen klar, daß diese Institution der Garant für weltwirtschaftliche Stabilität sein sollte. Die Wechselkurse sollten frei bleiben, was sie auch bis heute sind. Nur die Mitgliedstaaten der Europäischen Gemeinschaft (EG) einigten sich später auf die sogenannte Währungsschlange, die aber ebenfalls 1992 zusammenbrach. Und mit Einführung des Euro zum 1. Januar 1999 ist sie sowieso hinfällig geworden.

Die Staatschefs verschrieben sich vielmehr der Sparsamkeit und Disziplin. Es war sogar geplant, daß der IWF später über die gute Haushaltsführung seiner Mitgliedsländer wachen sollte. Seitdem erstellen die Fondsmanager währungs- und wirtschaftspolitische Gutachten ihrer Mitgliedstaaten, die jedoch strikt unter Verschluß gehalten werden. Die Industrieländer leiten übrigens aus dieser Überwachung und Beobachtung bis heute die Feststellung ab, daß es keiner weiterführenden Zusammenarbeit in der Wirtschaftspolitik bedarf. So war zum Beispiel in den vergangenen Jahren aus dem deutschen Finanzministerium immer wieder die Einschätzung zu hören, daß Koordination überflüssig sei, wenn sich jede Regierung um Stabilität bemühe.

Die Teilnehmer der Beratungen von Rambouillet waren trotzdem ratlos, wie sie konkret in die drohende Rezession eingreifen sollten. Sie steckten in einem Dilemma: Einerseits wollten sie die wirtschaftliche Entwicklung dem freien Spiel des Marktes überlassen, andererseits wollten sie ihre Staaten schützen, auch mit Hilfe des Währungsfonds. Diese Bemühungen beschrieb Margaret de Vries, eine Autorin, die vom IWF damit beauftragt worden war, die Geschichte dieser Einrichtung festzuhalten, als »eine frühe Verkörperung neokonservativen Denkens (...), das eher auf freie Märkte und freie Wirtschaft setzte als auf gouvernementale Eingriffe«[5].

Das zweite Ziel des Gipfels sollte allerdings nicht ganz ohne staatliche Lenkung erreicht werden. Es bestand darin, das Preiskartell der OPEC aufzubrechen und die unterentwickelten Länder der Erde an den Vorteilen des Kapitalismus zu beteiligen. Denn wenn, erklärte der dann doch hinzu gebetene US-Außenminister Henry Kissinger, die Entwicklungsländer mit Geld von den internationalen Finanzmärkten versorgt werden würden, könnten sie konsumieren. Die Bevölkerung dieser Staaten, die bislang von der Teilnahme am Markt abgeschnitten war, könnte sich dann all die Produkte leisten, die in den rezessionsgeschüttelten Ländern des Nordens gerade so schwer abzusetzen waren. Zudem wäre es möglich, den gesättigten Markt in absehbarer Zeit zu erweitern und neue Konsumenten in Asien, Lateinamerika sowie in der arabischen Welt zu erreichen. Gerade die Staaten der arabischen Halbinsel, der Iran und der Irak, verfügten zu dem Zeitpunkt schon über Milliarden Dollar aus ihren Geschäften mit dem Erdöl. Wenn in einigen Staaten der OPEC die aufstrebenden Mittelschichten erst einmal an den Konsum westlicher Produkte gewohnt wären, so die Überlegung von Kissinger, dann würde auch das Preiskartell schwinden. Die Macht des Marktes sollte die Macht des Kartells brechen.

Der »kleine Klub« von Rambouillet beurteilte die eigenen Ergebnisse nach drei Tagen alles in allem als recht erfolgreich. Und so beschlossen die Herren, sich in Zukunft öfter zu Gesprächen zu treffen, um ganz informell, aber effektiv über die

Weltwirtschaft zu beraten. Die Staatschefs kamen überein, auch Kanada als wichtiges Industrieland hinzu zu ziehen. Von da ab nannten sie sich »Gruppe der Sieben«, kurz G-7. Seit 1976 treffen sie sich jährlich zu einem Weltwirtschaftsgipfel, um über die weltwirtschaftliche Lage und über Fragen der Finanz-, Inflations- und Konjunkturentwicklung zu sprechen. Im Laufe der Jahre erweiterten sie außerdem ihre Tagesordnungen um Themen wie Drogenpolitik, Bekämpfung des internationalen Terrorismus und Entschuldungsinitiativen für die Entwicklungsländer. Zwar hatten ihre Schlußkommuniques, Absichtserklärungen und Appelle an den Weltfrieden nie bindende Kraft, doch die Staats- und Regierungschefs hatten sich 1975 selbst zu den mächtigsten, wichtigsten und einflußreichsten Männern der Erde erklärt. Ihr Einfluß auf die Weltbank und den IWF stieg, und sie dominierten diese multinationalen Organisationen bald. Sie bereiteten die zwölf Jahre dauernden Verhandlungen über die völlige Freiheit des Welthandels vor, die 1994 in der Gründung der Welthandelsorganisation WTO mündeten. Sie begleiteten, behinderten und forcierten je nach politischer Lage die Milliardenkredite für Rußland, das sie 1998 in ihre Mitte aufnahmen. Fortan nennen sie sich G-8. Und sie förderten die völlige Freiheit des weltweit zirkulierenden Kapitals, das in den unterentwickelten Ländern erst den Nährboden für die Gewinne der Konzerne ihrer Heimatstaaten bildet.

Eigentlich können die G-7 (später G-8) keine zwingenden Vorgaben beschließen, doch steht dies in merkwürdigem Kontrast zu den heftigen Demonstrationen und Ausschreitungen, die am Rande eines jeden Gipfels stattfinden. Aus der ganzen Welt reisen Zehntausende Menschen und Hunderte von Nichtregierungsorganisationen zu den Treffen. Während die G-7 mantraartig die Errungenschaften des freien Handels und des Kapitalverkehrs wiederholen, hört man von den Kritikern dagegen immer wieder die Forderungen nach Kapitalverkehrskontrollen, nach einer Steuer auf grenzüberschreitende Geldbewegungen und vor allem nach einem Schuldenerlaß für die Entwicklungsländer.

Die heftigen, teils gewalttätigen Demonstrationen in den Städten, in denen der jeweilige Weltwirtschaftsgipfel stattfindet, verdeutlichen aber auch die Macht sowie den Einfluß der gut gesicherten und abgeschirmten G-7. Dabei hatte der »kleine Klub« von Rambouillet nur einen Stein ins Rollen gebracht, der die Lawine auslöste, die heutzutage mit Globalisierung bezeichnet wird. Anders läßt sich nicht erklären, daß sich innerhalb von nur 25 Jahren der Welthandel verdreifacht hat. Damit begann eine unumkehrbare Entwicklung: Freie Märkte auf der ganzen Welt, Geld, Macht und Kapitalismus für alle. Kapitalbesitzer und Bankiers, Unternehmer und Vorstandsvorsitzende nahmen die Chancen begeistert wahr. Denn darauf hatten sie gewartet.

2. Made on Earth: aus Unternehmen werden Weltkonzerne

»Wir gehören zur Familie«, so wirbt die Siemens AG. Ob Telefon oder Stromzähler, Kühlschrank oder Kraftwerk – kein deutscher Haushalt kommt ohne die Erfindungen und Produkte aus dem Hause Siemens aus. Der Münchner Konzern gehört aber auch zur Weltfamilie: In 190 Staaten der Erde ist er vertreten. Damit unterhält das Unternehmen Niederlassungen, Geschäftsverbindungen und Produktionsstandorte in fünf Staaten mehr als die Vereinten Nationen Mitglieder zählen. Über 150 Jahre hat Siemens gebraucht, um aus der in Berlin gegründeten »Telegraphen Bau-Anstalt Siemens & Halske« den multinationalen Konzern zu formen. Heutzutage beschäftigt Siemens weltweit knapp 400 000 Menschen und erwirtschaftet 70 Prozent seines Umsatzes außerhalb Deutschlands.

Eineinhalb Jahrhunderte braucht ein junges Unternehmen am Ende des Jahrtausends nicht mehr, bis es weltweit produziert und handelt. Lediglich sieben Jahre benötigte die Intershop AG, um in 70 Ländern der Erde vertreten zu sein. Mit nur 400 Mitarbeitern an immerhin 15 Standorten auf allen fünf Kontinenten hat es das Software-Unternehmen aus Jena in kurzer Zeit geschafft, zu einem der Weltmarktführer beim Handel im Internet zu werden. Das junge Unternehmen, das erst im Juli 1998 an die Börse ging, konnte seinen Umsatz in diesem Jahr um 250 Prozent steigern. Ein Zuwachs, von dem die traditionellen Global Player nur träumen können.

Dabei hatte Intershop im Jahr 1992 ganz bescheiden begonnen. Im Souterrain einer Jenaer Gründerzeitvilla hatte Stephan Schambach, heute Vorstandsvorsitzender der Intershop AG, mit einigen Studienkollegen einen Laden für Computer, Zubehör und Software eingerichtet. Der Bedarf in der thüringischen Universitätsstadt war groß, und daher drängelten sich bald mehr Kunden in dem kleinen Laden, als die neun Intershop-Betreiber verkraften konnten. Wenn schon alle Computer haben wollten, warum sollte man dann die Ware nicht über das Internet verkaufen? Die Studenten der Physik und Informatik, alle gerade mal Anfang 20, setzten sich hin und tüftelten eine Software aus, mit der sie ihre Ware über das weltweite Datennetz vertreiben konnten. 13 000 Produkte hatte Intershop zu Beginn im Programm, und der Handel florierte. Die Idee war gut, das wußten Stephan Schambach und seine Geschäftspartner, aber der große Wurf war ihnen noch nicht gelungen. Dafür brauchten sie Geld.

Also setzte Schambach eine Anzeige in die *Frankfurter Allgemeine Zeitung (FAZ)*, mit der er Kapitalgeber für junge, innovative Unternehmer suchte. Ziemlich trickreich hatte er es vorher noch erreicht, daß die *FAZ* einen Artikel über Intershop auf die erste Seite ihres Wirtschaftsteils plazierte. Und Schambach hatte Glück. Stefan Friese, Manager der Kapitalbeteiligungsgesellschaft Technologieholding, wurde auch tatsächlich auf Intershop aufmerksam und besuchte die Jenaer Studentenbude. Schambach und seine Mitgesellschafter konnten Friese von ihrer Geschäftsidee und ihren Produkten überzeugen.

Nach langwierigen Verhandlungen, einer Betriebsprüfung sowie Marketinganalysen beteiligte sich die Technologieholding schließlich mit einer halben Million Mark an Intershop. Doch dabei blieb es nicht, die Kapitalbeteiligungsgesellschaft steckte schließlich zehn Millionen Mark in das Projekt und hielt dafür knapp 40 Prozent des jungen Unternehmens. Daraufhin verlegte Schambach seinen Firmensitz von Jena nach San Francisco und Hamburg. Das Unternehmen wuchs schnell, und neue Standorte kamen hinzu.

Das Engagement und Vertrauen der Technologieholding zahlte sich am 16. Juli 1998 aus. An jenem Sommertag wurden die Intershop-Aktien das erste Mal am Neuen Markt, der Frankfurter Börse für junge Unternehmen, gehandelt. Mit 100 Mark pro Anteil ging die Aktie morgens um neun Uhr in den Handel. Bis zum Mittag kletterte ihr Wert schon auf 245 Mark und zum Börsenschluß am Nachmittag lag er bei 265 Mark pro Anteil. 30 Millionen Mark hatte die Technologieholding ursprünglich mit ihrer Beteiligung an Intershop verdienen wollen – heraus kam für sie die doppelte Summe.

1999 sieht sich die Intershop AG nach eigenem Bekunden als »ein weltweit führender Hersteller von Software für den Handel im Internet«.[6] Zu den 3000 Kunden zählen die Deutsche Telekom, Hewlett-Packard, Sun Microsystems und Siemens Nixdorf. Wenn Intershop weiterhin so rasant wächst wie bisher, dann können Intershop-Mitarbeiter bald in jedem Land der Welt mit Siemens-Kollegen die Mittagspause verbringen. Das Geheimnis des Erfolgs von Intershop kann an der Schwelle zum 21. Jahrhundert nur eins sein, und zwar »eine global einsetzbare Standardsoftware«[7], wie Vorstandschef Stephan Schambach sagt. Mit anderen Worten: eine weltweit brauchbare, hochtechnologische Lösung für das, was die Weltwirtschaft am Laufen hält – den Handel.

Das Intershop-Produkt mag zwar weltweit markt- und konkurrenzfähig sein, zudem hat Schambach unternehmerischen Mut und Kreativität bewiesen, als er sich mit 21 Jahren selbständig machte. Doch vor allem konnte er die Möglichkeiten der Globalisierung nutzen: frei verfügbares Kapital, ungehinderte Kommunikation sowie global uneingeschränkte Handels- und Niederlassungsfreiheit.

Den Weg dafür hat die Welthandelsorganisation WTO mit Sitz in Genf geebnet. Nach den achtjährigen Verhandlungen der sogenannten Uruguay-Runde, die auf Betreiben der G-7 eingerichtet worden war, löste die WTO 1994 das bisher geltende GATT (General Agreement on Tariffs and Trade) ab. In diesem Allgemeinen Zoll- und Handelsabkommen hatten zunächst die westlichen Industrieländer seit 1947 versucht, schrittweise Zölle abzubauen. In diversen, sich teilweise über Jahre hinziehenden Verhandlungsrunden gelang es den beteiligten Staaten, sich auf das Wegfallen von Schutzzöllen, harmonisierte technische Standards, die Anerkennung von Patentrechten und die Gleichbehandlung in- und ausländischer Unternehmen zu einigen. Obwohl die Bedeutung des Welthandels seit dem Ende des Zweiten Weltkriegs enorm zugenommen und sein Gesamtvolumen sich seit 1948 verzwölffacht hatte, konnte eine international anerkannte Welthandelsorganisation ihre Arbeit erst 1994 aufnehmen. Angesichts von 3082 Milliarden US-Dollar, die im Jahr 1990 um den Erdball geschoben worden waren, mußte eine koordinierende Behörde eingerichtet werden. Zum Vergleich: 1948 umfaßte das Volumen des gesamten Welthandels 272 Milliarden Dollar.

Der Abbau von Zoll- und Handelsbeschränkungen bescherte den Unternehmen in den Industrieländern weltweite Freiheiten. Gehandelt, auch in allen Ländern der Erde ihre Produkte vertrieben, hatten die Unternehmen und Konzerne aus den europäischen Staaten und den USA bereits im vergangenen Jahrhundert. Dank der von den Politikern geschaffenen Möglichkeiten konnten nun sie in der zweiten Hälfte dieses Jahrhunderts ihre Wirtschaftsbeziehungen ausbauen und sich Standorte auf der ganzen Welt sichern. Denn Handel ist teuer. Die Ware muß verpackt, gelagert, transportiert, wieder gelagert und transportiert und schließlich auch im jeweiligen Land vertrieben werden.

Wieviel günstiger ist es da, die Produkte gleich vor Ort zu produzieren, nämlich da, wo die Nachfrage sehr hoch ist. Warum sollte ein deutscher Chemiekonzern seine Kunststoffe oder Düngemittel erst aus dem Rheinland nach Indien und Taiwan verschiffen, wenn diese auch dort hergestellt werden können. Und das mit weitaus geringeren Kosten, da die indischen und taiwanesischen Arbeiter nur einen Bruchteil des Lohns bekommen, den ein deutscher Arbeiter erhält. Außerdem stören keine mächtigen Gewerkschaften und verteuern keine hohen Umweltauflagen die Produktion. Energie, Wasser und Boden sind günstiger zu bekommen, und die Staaten der aufstrebenden Märkte unterstützen die Ansiedlung der ausländischen Arbeitgeber zudem durch Steuererleichterungen. Die Konzerne – immer bemüht, Kosten zu senken und Profite zu maximieren – bauen ihre Produktionsstandorte weltweit auf. Denn wer vor Ort ist, kann bessere Kontakte zu den Kunden pflegen und leichter mit Regierungen verhandeln. Wie nah sich ein Unternehmen am Markt befindet, das entscheidet schließlich erheblich über den Anteil, den es an ihm hat. Aus Firmen werden so die – von manchen gefürchteten und abgelehnten – multinationalen Unternehmen.

Die von den Konzernen anvisierten Länder in Asien und Lateinamerika hatten und haben allerdings nur einen zweifelhaften Nutzen davon, wenn Firmen dort ihre Sitze einrichten. Zu Beginn der Globalisierung vor 30 Jahren waren sie allesamt Entwicklungsländer, allenfalls hatten sie sich langsam entwickelt. Die Multis brachten zwar mit ihrem Geld Arbeitsplätze, Ausbildungsmöglichkeiten, Wohlstand und – damit verbunden – bessere Lebensumstände. Sie produzierten die erwünschten westlichen Industrieprodukte, unterstützten das Entstehen von Zuliefererbetrieben und förderten Freihandelszonen. Doch gleichzeitig trugen sie auch die negativen Folgen der Industrialisierung in die dortigen Gesellschaften, die auf einen derart schnellen Wandel nicht vorbereitet waren: Landflucht, überfüllte Städte, Umweltverschmutzung, Müllberge und eine Gesellschaftsform, die nicht zum vorindustriellen Leben der Bevölkerungsmehrheit paßte. Diese Veränderungen, die sich in Europa über einen Zeitraum von 200 Jahren nach und nach eingestellt hatten, vollzogen sich auch in den Entwicklungsländern – allerdings innerhalb weniger Jahre.

Außerdem konzentrierte sich das Kapital der westlichen Industrieländer auf bestimmte Regionen in Asien und Lateinamerika. Das hat sich bis heute nicht geändert. In nur zwölf sich entwickelnde Länder – China, Brasilien, Mexiko, Singapur, Argentinien, Chile, Indonesien, Venezuela, Malaysia, Thailand, Indien und Kolumbien – sind 1997 allein 80 Prozent der Direktinvestitionen geflossen. Während diese zweifelsohne vom ausländischen Kapital profitieren, gehen die übrigen sich entwickelnden Länder der Welt leer aus. Insbesondere die meisten Staaten Afrikas konnten bislang weder westliche Konzerne noch Kapital anziehen. Im Gegenteil: Sie erleiden sogar Verluste durch den freien Handel mit Waren, Dienstleistungen und Geld. Während das Welteinkommen bis 2001 schätzungsweise auf 200 bis 500 Milliarden Dollar steigen wird und davon 70 Prozent in die Industriestaaten und 30 Prozent in alle aufstrebenden Staaten Asiens, Lateinamerikas und nach China gehen, verlieren die am wenigsten entwickelten Länder 600 Millionen Dollar im Jahr. Im Jahresbericht der Welthandelsorganisation von 1998 war es dann auch zu lesen: »Nicht alle Länder genießen die Vorteile der Globalisierung«.[8]

Viele der in den Entwicklungsländern ansässigen Betriebe und Unternehmen haben zudem die Konkurrenz der Multis nicht überlebt. Der Präsident von Tansania, Benjamin Mkapa, hat erst unlängst von einer »Deindustrialisierung«[9] der armen Länder gesprochen. Die Folgen sind in Afrika ebenso fatal wie in Europa: Arbeitslosigkeit und Armut, allerdings ohne einen funktionierenden Sozialstaat. Und auch die Landwirtschaft, Fundament der Wirtschaft in den Entwicklungsländern, leidet unter dem freien Handel, wenn billige Produkte und Nahrungsmittel aus den reichen Staaten des Nordens in die Entwicklungsländer gelangen. So rechnen die Vereinten Nationen damit, daß in dem nicht mehr vollständig armen Mexiko bis zu 800 000 Einkommensquellen durch die Nordamerikanische Freihandelszone NAFTA zerstört werden.

Gesellschaftspolitische Überlegungen hielten die Konzernchefs der westlichen Unternehmen selbstverständlich nicht davon ab, sich über die ganze Welt auszubreiten. Wenn sie keine Firmensitze im Ausland aufbauen konnten, dann taten sie sich mit heimischen Unternehmen zusammen und gründeten Jointventures. Besser überhaupt am Markt vertreten zu sein, als nur von außen zuzuschauen. Denn Multis haben gegenüber national handelnden Unternehmen entscheidende Vorteile: Sie können zwischen den weltweit verteilten Standorten ihr technisches Wissen hin- und herschicken und so die jeweiligen Vorteile, die sich in einem Land ergeben, ausnutzen. Wenn Volkswagen also entscheidet, daß der VW Käfer in Deutschland dem neuen Golf weichen soll, weil dieser gewinnbringender verkauft werden kann, dann läßt sich der Käfer aber immer noch in Mexiko für den dort entstehenden Markt produzieren. Auch Teile, Komponenten und Rohstoffe lassen sich innerhalb multinationaler Unternehmen kostengünstiger handeln. Zwar produzieren die Multis mehr als 20 Prozent des globalen Sozialprodukts, doch ein Viertel davon ergibt sich bereits aus dem Handel innerhalb ihrer Organisationen. Der freie, liberalisierte Welthandel kommt also den Unternehmen in jeder Hinsicht zugute: Sie können sich überall auf der Welt niederlassen und gleichzeitig ihre Kosten immens senken. Multinationale Unternehmen verdienen quasi an sich selbst, wenn sie ihren Tochterunternehmen Produkte und Dienstleistungen abkaufen.

Die Liberalisierung der Kapitalmärkte, das heißt der freie Zugang von ausländischem Kapital auf die Märkte der Welt, erleichterte den Konzernen ihre weltweite Ausdehnung. Allein zwischen 1980 und 1994 haben sich die internationalen Direktinvestitionen verfünffacht, während sich der Umsatz aus dem weltweiten Export und den global produzierten Produkten verdoppelte. Das bedeutet also, daß die auf der Erde produzierten Waren und die erbrachten Dienstleistungen stetig und gleichförmig gewachsen sind, aber in anderen Gegenden der Welt hergestellt wurden. Die Unternehmen investierten das meiste Geld in den Ländern, mit denen sie schon zuvor intensive Handelsbeziehungen gepflegt hatten. Die sogenannte Wirtschaftstriade – bestehend aus Westeuropa, USA und Japan – profitierte am stärksten von der wirtschaftlichen Freiheit, die das Freihandelsabkommen GATT sicherte.

Doch die Unternehmensvorstände konnten ihre Ziele – steigende Gewinne, ungehinderte Produktion und weltweite Marktbeherrschung – nicht ohne weiteres durchsetzen. Sie mußten feststellen, daß die von ihnen genossene Freiheit auch der Konkurrenz zugute kam und sich vor allem in den aufstrebenden Ländern neue Wettbewerber formierten. Der Vorteil, den sie bislang gegenüber den sich entwickelnden Ländern gehabt hatten, fiel in den vergangenen 15 Jahren weg: die Verfügbarkeit von Kapital. Denn durch die fast vollständige Liberalisierung der Finanztransfers war und ist Geld überall auf der Welt zu haben. Durch die Vernetzung über das Internet und die nahezu unbegrenzten Möglichkeiten der Kommunikation können außerdem Informationen zu jeder Zeit von jedem Ort der Welt aus getauscht werden. Software-Lösungen, die ein Unternehmen in München benötigt, können genausogut in Indien erarbeitet werden – eine Programmierung ist auch von dort aus ohne Zeitverzögerung möglich. Genauso ist es machbar, die üblichen Büroarbeiten in anderen Ländern erledigen zu lassen. Von den Philippinen aus lassen sich Überweisungsformulare ebenso bearbeiten wie im europäischen Mutterkonzern. Und auch innerhalb Europas hat die Kommunikationstechnik Landesgrenzen überschritten. So lassen fast alle europäischen Telefonbanken die Anrufe ihrer Kunden von einem Call Center in Deutschland entgegennehmen und bearbeiten.

Nur noch in den Bereichen Wissen und technisches Know-how sind die Konzerne der Industrieländer denen der aufstrebenden Länder voraus. Doch auch dieser Vorteil schwindet, da sich zwischen ihnen hier ebenfalls starke Konkurrenz entwickelt. Personal Computer veralten mittlerweile nach sechs Monaten, Baby-Windeln gar nach drei Monaten. Unternehmen müssen also immer schneller neue Produkte erfinden, um ihre Marktanteile nicht zu verlieren. Konkurrenten werden zwar heutzutage zu Wettbewerbern schöngeredet, doch die Wortklauberei kann nicht darüber hinwegtäuschen, daß es den Unternehmen einzig um die Durchdringung des Marktes und die Ausschaltung der anderen Anbieter geht. Um die jeweilige Position zu halten, müssen alle dem Kunden neue oder vermeintlich neue Produkte schmackhaft machen. Unternehmen stecken also Millionen in die Werbung und hüten das Geheimnis um ihren Werbeetat mit dem gleichen Aufwand wie die Erfindung selbst.

Mit fortschreitender Globalisierung entstehen also auch zunehmend Kosten. Doch die Vorstände sind ständig darum bemüht, diese zu senken, denn schließlich ergeben sich dann höhere Gewinne. Und die Gewinnmaximierung wiederum honorieren Anleger an den Börsen, wodurch die jeweiligen Aktienwerte steigen.

3. Kapital fließt auf allen Kontinenten

»Die Märkte werden durch Liquidität und dumme junge Männer bewegt – ich bin nicht sicher, was gefährlicher und launischer ist«[10], hat Richard Thornton, amerikanischer Investmentbroker, einmal gesagt. Denn in der Tat sitzen an den Computerterminals der Investmentgesellschaften und der international an den Börsen agierenden Banken zwischen Frankfurt und Tokio, London und New York Tausende von jungen Männern, die täglich Milliardensummen über den Globus schicken. Wenn sie ihren Job beginnen, sind sie meist nicht älter als 22 Jahre, haben das wirtschaftswissenschaftliche Diplom einer Universität in der Tasche, können gut rechnen und Konzernzahlen analysieren. Sie wissen im Grunde dennoch nur eines: Sie wollen ganz schnell sehr reich werden. Die Welt besteht für sie aus Finanzplätzen, die Koordinaten liefern ihnen die spekulativen Kunstprodukte Futures, Options und Aktienindexe wie der Dax oder Dow Jones. Sie sind entscheidungsfreudig und mehren im positiven Fall per Mausklick das Kapital ihrer Aufraggeber in Sekundenschnelle. Eher traurige Berühmtheit erlangte 1995 der britische Banker Nick Leeson, der mit seinen waghalsigen Finanztransaktionen seinen Arbeitgeber, die Barings Bank, in den Ruin trieb. Leeson war gerade mal 28 Jahre alt.

Noch vor der Pleite der Barings Bank machten in den achtziger Jahren in den USA die *Raiders* (dt.: Räuber) von sich reden. Ein Raider sammelt Kapital von durchaus seriösen, aber an extrem hohen Renditen interessierten Unternehmen. Mit diesem Geld unterbreitet der Raider den Aktionären einer bislang unterbewerteten Firma ein Übernahmeangebot. Das noch fehlende Kapital für die feindliche Übernahme wird mittels *Junk Bonds* (dt.: Schrottanleihen) über die Aktienmärkte aufgenommen. Diese Spekulationsbeteiligungen haben im Spitzenjahr 1986 immerhin über 35 Milliarden US-Dollar ausgemacht. Das hohe Risiko bei diesen Geschäften wurde den Anlegern mit sagenhaften Renditen von 20 Prozent und mehr versüßt. War der Raider erfolgreich, zerschlug er daraufhin das Unternehmen, löste die lukrativen Betriebsteile heraus, brachte sie zurück an die Börse und steckte Milliarden ein. Der unbrauchbare Rest wurde stillgelegt.

Berühmt-berüchtigt ist etwa die Raider-Gesellschaft oder auch Investmentfirma Kohlberg Kravis Roberts (KKR). 1985 fädelten die Kapitalhaie die erste große feindliche Übernahme, neudeutsch *Leveraged Buyout* genannt, ein. Den Aktionären des US-amerikanischen Nahrungs- und Konsumgüterherstellers Beatrice boten sie 6,2 Milliarden Dollar für deren gesamte Anteile. Von der Summe stammten lediglich 457 Millionen Dollar aus dem Hause KKR, den Rest hatte sich die Gesellschaft über Junk Bonds besorgt. Nach harten Verhandlungen waren die Manager von KKR erfolgreich und übernahmen den Konzern. Die Beatrice-Töchter Playtex, die Autovermietung Avis und die Abfüllereien für Coca-Cola verkaufte KKR für 2,5 Milliarden Dollar. Der Restkonzern Beatrice erwirtschaftete noch einmal 1,7 Milliarden Dollar, und als KKR das Unternehmen wieder an die Börse brachte, nahmen die Investmentbanker 5,4 Milliarden Dollar innerhalb weniger Stunden ein. Mit einem Einsatz von weniger als einer halben Milliarde Dollar konnte KKR 9,6 Milliarden Dollar aus Beatrice herausschlagen.

Die Anhänger der kreditfinanzierten Unternehmensübernahme sehen aber auch Vorteile der Raidermanie in den achtziger Jahren. Erst durch die Übernahmeschlachten seien versteckte Werte und verborgene Reserven aus den Unternehmen hervorgeholt worden. Argumente, die auch im Laufe der jetzigen Fusionswelle wieder zu hören sind. Nachdem Kohlberg Kravis Roberts 1988 die wenig bekannte Firma Duracell gekauft hatte, drängte sie jahrelang das Management, in Forschung und Entwicklung zu investieren. »KKR hat uns immer gefragt, ob wir genug ausgeben«[11], erinnerte sich der ehemalige Duracell-Vorstandschef Robert Kidder in einem Interview mit dem *Economist*. Die britische Wirtschaftszeitung hatte allen

Anlaß, Kidder über die Vergangenheit zu befragen. KKR hatte Duracell gerade für 3,7 Milliarden Dollar an Gillette verkauft. Bezahlt hatten die Banker in der Hochzeit der feindlichen Übernahmen ganze 350 Millionen Dollar.

Durch feindliche und freundliche Übernahmen, Betriebsschließungen und die als Restrukturierung schöngeredete Umwälzung der US-Wirtschaft in den vergangenen zwei Jahrzehnten wurden 40 Millionen Arbeitsplätze vernichtet. Andererseits haben amerikanische Unternehmen und ausländische Investoren in den USA 67 Millionen Arbeitsplätze geschaffen. Weniger optimistische Beobachter der amerikanischen Wirtschaft sprechen immerhin noch von 30 Millionen neuen Arbeitsplätzen. In Europa steht ein derartiger Schub noch aus. Der Boom auf dem amerikanischen Arbeitsmarkt wurde in ganz erheblichem Maße von der unglaublichen Menge Kapital getragen, die an den Aktienmärkten der USA verfügbar ist. Über 40 Prozent der amerikanischen Haushalte halten Aktien. Da die US-Bürger im Alter nicht auf eine ausreichende staatliche Rente hoffen können, bleibt ihnen nichts anderes übrig, als ihr Geld mit hohen Renditen in Pensions- und Investmentfonds anzulegen. Aus 10 000 in US-Fonds angelegten Dollar sind in den vergangenen 20 Jahren 56 170 Dollar geworden. In einem deutschen Investmentfonds konnten in derselben Zeit nur 45 780 Dollar aus demselben Einsatz werden.

Da die Amerikaner gleichzeitig kaum sparen – die Sparquote sank von 6,2 Prozent 1992 auf 3,8 Prozent 1997 –, geben sie ihr Geld für Autos, Kleidung und den Hausbau aus und heizen damit die Geschäfte der Unternehmen wieder an. Höhere Umsätze und damit im günstigen Fall steigende Gewinne lassen auch die Börsenwerte steigen. Ein schöner Kreislauf aus Gewinn, Konsum, Gewinn. Ihm verdanken die Amerikaner ein jährlich um über sechs Prozent wachsendes Einkommen. Eine wundersame Vermehrung des Einkommens wurde jedoch nicht nur in den USA erreicht. Kapital ist wie Wasser. Es sucht sich den Weg des geringsten Widerstands, läuft durch die schmalsten Ritzen, verdichtet sich in breiten Strömen und sammelt sich schließlich in großen Becken. Als besonders lukrativ für Geldanlagen jeder Art erwiesen sich in den neunziger Jahren die aufstrebenden Märkte in Südostasien: Thailand,

Philippinen, Malaysia, Südkorea und Indonesien. Hier eröffnete sich ein nahezu grenzenloser Markt, völlig ungesättigt, mit Millionen Menschen, die zunächst vor allem Geld brauchten: für Bürotürme, Hotelbauten, Unternehmen, Straßen und den Konsum. Und dies floß von den Konten der US-amerikanischen, britischen, deutschen und französischen Investmentfonds sowie Banken an die Börsen zwischen Kuala Lumpur und Bangkok.

Gerne sagen die Börsenhändler voller Stolz, daß der Finanzmarkt der einzige Markt ist, an dem die Sonne nie untergeht. 24 Stunden lang, an fast jedem Tag im Jahr schieben sie die Weltleitwährungen US-Dollar, Yen und seit dem 1. Januar 1999 den Euro über die Kontinente. Wenn in Europa die Währungshändler langsam ihre Computer-Terminals verlassen, erwachen die Kollegen in Nordamerika, die ihre elektronischen Handelsbücher an die Broker in Tokio, Singapur und Sydney weiterreichen. »Pro Woche werden an den Devisenmärkten höhere Beträge umgesetzt als im gesamten Welthandel eines Jahres«[12], schreibt die internationale Unternehmensberatung McKinsey. An einem einzigen Tag tätigen die Devisenhändler zwischen Frankfurt und Buenos Aires weltweite Transaktionen mit einem Volumen von 1,2 Billionen Dollar.

Und es sind nicht nur die jungen Männer, die davon träumen, sich schon nach wenigen Jahren dem Luxus hingeben zu können. Daß mit Devisentransaktionen viel Geld zu verdienen ist, hat George Soros eindrucksvoll bewiesen. Der als Spekulant in Verruf geratene Milliardär hat im Laufe seines Lebens mehrere Male die Weltwirtschaft durcheinandergerüttelt und Staaten wie Großbritannien und Mexiko in heftige Krisen gestürzt.

4. Die Krise nährt die Krise: der große Crash

Wenn früher in Venezuela ein Ölfaß umfiel, interessierte das Anleger auf den internationalen Finanzmärkten überhaupt nicht. Heutzutage reicht bereits ein leichtes Kippen, und die Händler von Aktien und Bonds, Futures und anderen Finanzderivaten geraten in Panik. Die Krise nährt die Krise. Nachdem Mitte August 1998 Rußland de facto seine Währung Rubel abgewertet und seine Schuldenzahlungen ausgesetzt hatte, sahen sich die Anleger gezwungen, sich neu zu orientieren. Sie zogen ihr Geld von der Börse Frankfurt zurück, da sie um ihre Renditen aus Papieren deutscher Banken fürchteten. Diese hatten in den Jahren zuvor, in Erwartung enormer Gewinne in dem aufstrebenden Riesenreich, 54 Milliarden Mark an Rußland verliehen. Mit der Rubelabwertung wurde klar, daß sich die Investoren hier verkauft hatten und nun enorme Verluste hinnehmen müssen. Die Frankfurter Fondsverwalter und Broker legten das Geld aus den deutschen Bankentiteln daraufhin in Brasilien und Argentinien an, was ihnen aber kurz darauf auch als nicht mehr günstig erschien. Hektisch schichteten sie erneut um, bis sie schließlich in amerikanischen Staatsanleihen Sicherheit zu finden meinten.

Dieselbe globale Umschichtung erreichte in der dritten Augustwoche 1998 die Devisenmärkte: Nach dem Rubel geriet auch der polnische Zloty und schließlich der brasilianische Real und der venezolanische Bolivar in Bewegung. Die Börse in Venezuelas Hauptstadt Caracas brach am Donnerstag derselben Woche erst um 9,5 Prozent und am Freitag um weitere 8,4 Prozent ein. Der venezolanische Präsident Caldera überlegte daraufhin, sein Land mit Sondergesetzen vor den Auswirkungen der Krise in Rußland zu schützen. Dabei hatte das südamerikanische Land kaum Verbindungen zu Rußland.

Beide sind jedoch abhängig von Energieexporten. 75 Prozent seiner Devisen nimmt Venezuela jährlich durch den Verkauf von Erdöl ein. Doch aufgrund der Krise in Asien im Jahr zuvor war der Preis eingebrochen. Denn dort wurde die Produktion verringert, und damit sank auch der Bedarf an Energieträgern. Außerdem benötigten die asiatischen Industrienationen nach den immensen Devisenabflüssen aus ihren Staaten jeden Dollar, um ihre eigene Währung zu halten – sie kauften also weniger Öl.

Die Finanzjongleure auf der ganzen Welt, panisch damit beschäftigt zu retten, was noch zu retten war, sahen Mitte August 1998 nur die Parallelen zwischen den beiden so weit auseinanderliegenden Ländern. Wenn Rußland 1997 schätzungsweise zu 48 Prozent von den Öl- und Gasexporten abhängig war und diese 1998 nur noch einen Anteil von 38 Prozent zu den Staatseinnahmen beitrugen, was würde dann erst in Venezuela passieren? Zumal sich die venezolanische Regierung ebenso wie die russische nicht um schnelle Reformen bemühte. Zudem galt der venezolanische Bolivar zu 40 Prozent als überbewertet. Und da die Währung in den ersten Monaten 1998 bereits 14 Prozent an Wert verloren hatte und außerdem Gerüchte kursierten, der Bolivar werde abgewertet, zogen die Spekulanten ihr Geld aus Caracas zurück. Damit nicht genug: Wenn erst der Bolivar abgewertet würde, dann gerieten wohl auch die argentinische und die brasilianische Währung unter Druck – schließlich wäre ganz Südamerika verloren.

Mexico erging es nicht besser. Zwar hat das Land nach der Tequila-Krise Anfang 1995 alle Auflagen des IWF umgesetzt und gilt nun als dessen Lieblingskind. Doch ist der Staatshaushalt auch dort durch den Ölpreisverfall belastet. Außerdem plante die mexikanische Regierung, Schulden von Banken und Unternehmen aus der damaligen Krise zu übernehmen. 65 Milliarden Dollar würde sich Mexiko damit aufladen. Dabei hatte der mexikanische Peso bereits seit Januar 1998 17 Prozent verloren. Das motivierte die auf Gewinnmaximierung ausgerichteten internationalen Anleger natürlich nicht. Sie verließen den Finanzplatz Mexico-City, und der Peso verlor in der Woche der Rubelabwertung noch einmal 4,6 Prozent im Verhältnis zum US-Dollar.

Mit Rußland selbst hatte der Rückzug aus Lateinamerika nichts zu tun. Die Handelsbeziehungen zwischen Mexiko und Rußland belaufen sich auf einen Austausch von Waren, die nicht einmal 200 000 US-Dollar wert sind. Und auch wenn dem einen oder anderen Russen ein Glas Tequila abgehen würde, könnten beide Länder gut ohne einander leben. Aber das sind Überlegungen, die nervöse Spekulanten in der Krise nicht anstellen. Für sie steht im Vordergrund, daß sie ihre anscheinend weltweit von Verlusten bedrohten Gelder in sichere Häfen bringen.

Aber wo war man im August 1998 noch sicher? Die Spekulationen um mögliche Abwertungen in Lateinamerika zogen auch die Börsenkurse in Madrid nach unten. Denn Spanien hat traditionell beste Verbindungen nach Südamerika. Spanische Unternehmen gehören zu den größten Investoren in den Ländern auf der anderen Seite des Atlantiks. Doch die goldenen Dächer, die schon Christoph Kolumbus vor 500 Jahren auf diesem Kontinent entdeckt haben wollte, hatten für spanische Anleger ihren lockenden Glanz verloren. Sie verkauften eilig Anteile an den größten Investoren in Lateinamerika – der spanischen Telefónica und den Banken Bilbao Vizcaya und Santander –, die ihren Börsenwert innerhalb einer Woche um zwei Billionen Peseten schwinden sahen.

Die Panik war groß. Ob in Europa, Amerika oder Asien – weltweit fragten sich Politiker, Wirtschaftsexperten und Unternehmer, was sie gegen die »russische Grippe« unternehmen könnten. Oskar Lafontaine, damaliger SPD-Vorsitzender und im späteren Kabinett Schröders kurzzeitig Finanzminister, forderte ob dieses ungehemmten Kapitalismus, doch wieder feste Wechselkurse zwischen den Weltwährungen einzuführen. Dies sollte Devisenspekulationen weniger attraktiv machen. Ein Vorschlag, über den der renommierte amerikanische Wirtschaftswissenschaftler Rudi Dornbusch sagte: »Gut, daß die Amerikaner nicht wissen, wer Oskar Lafontaine ist. Sonst würden sie sofort Deutsche Mark in einem Umfang verkaufen, der Herrn Lafontaine nicht recht sein kann«.[13]

Das über den Globus gehetzte Kapital hinterließ in allen Staaten Wunden. Am schmerzhaftesten und spektakulärsten für die Finanz- und Unternehmenswelt war der 23. September

1998. Denn ein als solide geltender Investmentfonds, das Long-Term Capital Management (LTCM), kollabierte. Derartige Zusammenbrüche kannten die Kapitalgeber bislang nur von den undurchsichtigen Wirtschaftsmärkten Asiens. Plötzlich waren die westlichen Länder im Mark getroffen. Wenn LTCM aufgelöst werden müßte, überlegte der Chef der US-Notenbank Alan Greenspan, dann wären die Folgen katastrophal. Die in Luft aufgelösten Milliarden des Fonds »könnten die Wirtschaften vieler Staaten beschädigen – unsere eigene eingeschlossen«[14], befand Greenspan und organisierte ein Hilfsprogramm über mehrere Milliarden Dollar für die private Kapitalmaschine LTCM. Das Geld dafür kam von privaten Banken, unter anderem beteiligte sich die Deutsche Bank mit einer halben Milliarde Mark an der Rettung. Der mögliche Zusammenbruch von LTCM rief Ratlosigkeit bei den Bankiers hervor, schließlich war eines ihrer Lieblingsspielzeuge gerade zerbrochen. Überhaupt schien im August und September 1998 nichts mehr so wie es war. Die sprudelnde Quelle der Erträge aus den Kapitalmärkten versickerte, denn die Anleger an den Börsen hatten sich in die ruhigen Gewässer der Schatzanleihen und Bundespapiere zurückgezogen. Kamen sonst Monat für Monat Fonds für 15 Milliarden Dollar auf den Markt, waren es in den Monaten der Rußlandkrise nur noch vier Milliarden Dollar.

Die Krise der russischen Währung erfaßte die Welt ein Jahr, nachdem die Asienkrise die Weltwirtschaft erschüttert hatte. Thailand hatte damals mit der Freigabe seiner Währung Baht am 2. Juli 1997, die darauf innerhalb von Stunden 20 Prozent verlor, eine Epidemie in ganz Asien ausgelöst. Erst mußten die Philippinen im Kampf gegen die Devisenspekulanten aufgeben. Malaysia konnte sich einige Tage wehren und verteidigte mit Milliarden von US-Dollar aus dem Staatshaushalt seine Währung Ringit. Dies zunächst mit Erfolg, doch am 24. Juli fiel der Ringit auf einen seit 38 Monaten nicht mehr dagewesenen Tiefstand. Der Premierminister Mohamad Mahathir beschimpfte Spekulanten wie George Soros daraufhin als Gauner und hoffte, sich mit Verschwörungstheorien retten zu können. Im selben Zeitraum verloren die Währungen Indonesiens und Singapurs an Wert. Honkong konnte seinen

Dollar nur mit Hilfe von einer Milliarde US-Dollar retten, mit der die Spekulanten ausgestochen wurden. In den nächsten Monaten verfiel noch der Wert des Taiwan-Dollar und der südkoreanische Won. Der IWF pumpte von Anfang an Milliarden US-Dollar in die Staaten Ostasiens, die wenige Monate zuvor noch als Musterbeispiele auf den *Emerging Markets*, den aufstrebenden Märkten, gegolten hatten. Die Währungsfondsmanager und ihr Direktor Michel Camdessus waren noch wenige Monate vor Ausbruch der Krise voll des Lobes über die ostasiatischen Staaten gewesen: Diese hatten ihre Kapitalmärkte geöffnet und Kapitalverkehrskontrollen abgeschafft, die Inflation abgeschwächt und das Wirtschaftswachstum auf hohem Niveau gehalten. Keine andere Region der Welt war in den vergangenen drei Jahrzehnten in dem Maße gewachsen wie Südostasien. Das Bruttoinlandsprodukt der Tigerstaaten hatte seit 1965 im Durchschnitt jährlich zwischen 4,7 (Indonesien, Malaysia, Thailand) und 7,2 Prozent (Korea) zugelegt. Auch der Lebensstandard der Bevölkerung hatte sich durch die Folgen des freien Handels, der Niederlassungsfreiheit für ausländische Unternehmen und der Milliardensummen, die ins Land geflossen waren, deutlich verbessert.

Diese Entwicklung fand mit der Asienkrise ein jähes Ende. Die Verwalter der amerikanischen und europäischen Investmentfonds zogen innerhalb weniger Tage ihre Milliardensummen von den Börsenplätzen Asiens ab. Kapital ist wie ein scheues Reh. Erschreckt man es, flieht es. Wäre die Flucht des Kapitals aus Südostasien akustisch erfaßt worden, hätte sie sich allerdings nicht mehr wie ein davonhuschendes Reh angehört, sondern eher wie eine über die Steppe rasende Elefantenherde. 108 Milliarden US-Dollar nahmen Investmentbroker in der zweiten Jahreshälfte 1997 aus den aufsteigenden Staaten Asiens heraus – ungefähr die Summe, die 1996 über das ganze Jahr verteilt noch hineingeströmt war. Amerikanische und europäische Banken blieben innerhalb von Tagen auf einem Haufen Kreditforderungen sitzen, ohne die geringste Chance, das Geld von den asiatischen Staaten und den dortigen Unternehmern zurückzubekommen. Die multinationalen Konzerne mußten hilflos mit sehen, wie ihre Tochterunternehmen pleite zu gehen drohten und ihr Lieblingsmarkt unterging.

Die Folgen für die Menschen in den Ländern waren dramatisch. Die Unternehmen entließen in Massen Arbeiter, schlossen ganze Betriebe oder drosselten die Produktion. In Surabaya, der größten Industriestadt in Indonesien, fielen die durchschnittlichen Stundenlöhne von zwei US-Dollar auf 30 Cent. Die südkoreanischen *Chaebols*, die gigantischen Industriekraken, setzten täglich 10 000 Menschen auf die Straße, in Thailand stiegen die Preise für die Grundnahrungsmittel Reis und Mehl um 50 Prozent. Selbst Unternehmer, Manager und hochrangige Banker fanden sich von einem Tag auf den anderen vor dem Nichts wieder und begannen, in den Straßen der asiatischen Metropolen Sandwiches zu verkaufen oder sich mit anderen Gelegenheitsjobs über Wasser zu halten. Die Asienkrise und die damit verbundenen politischen Unruhen führten im Frühjahr 1998 zum Sturz des indonesischen Despoten Suharto. Im selben Jahr – zwölf Monate nach Ausbruch der Asienkrise – verloren acht Millionen Menschen in Indonesien ihren Arbeitsplatz, in Thailand und Korea verdoppelte sich die Zahl der Arbeitslosen.

Den plötzlich arbeitslos gewordenen oder in Armut gestürzten Millionen Menschen half es auch wenig, daß der IWF Milliarden Dollar in die Staatswirtschaften pumpte und Reformen anmahnte. Die Länder sollten aus sich selbst heraus die Krise bewältigen – finanziell nur notdürftig abgesichert – und durch hartes Arbeiten an einer soliden Finanzpolitik das Vertrauen der internationalen Kapitalgeber wiederherstellen. Denn der größte Teil der aus den Steuergeldern der reichen IWF-Mitgliedstaaten bezahlten Kapitalspritzen floß direkt in die Taschen der Währungsspekulanten und sicherte die Rückzahlung der Kredite bei den Gläubigerbanken in Europa, den USA und Japan. So verpflichteten sich die asiatischen Staaten zwar gegenüber dem IWF, ihre maroden und überschuldeten Banken zu schließen und ihre Staatsbetriebe abzuspecken, um an die Milliarden des Fonds zu kommen. Doch dies sicherte lediglich die Glaubwürdigkeit gegenüber den ausländischen Schuldnern, nicht aber den zuvor maßvollen Lebensstandard der Bevölkerung. Als altes Hausmittel empfahl der IWF wie üblich eine Erhöhung der Zinsen, um das Geld im Land zu halten, und weniger öffentliche Ausgaben, um den Staatshaushalt zu festigen. Ungünstigerweise verstärkten beide Mittel aber die Rezession.

Die Krise konnte in Zeiten der Globalisierung selbstverständlich nicht auf Asien beschränkt bleiben. Panik erfaßte die Aktienhändler in New York, London und Frankfurt gleichermaßen. Als der amerikanische Aktienindex Dow Jones am 27. Oktober 1997 innerhalb weniger Stunden um über sieben Prozent auf 7161 Punkte sank, war auch den Bewohnern der alten Industrieländer klar: Die asiatische Grippe hat uns infiziert.

Und auch zwei Jahre nach Ausbruch der Asienkrise hat sich Europa nicht wieder erholt. »Die wachstumsdämpfenden Effekte der Asienkrise haben sich im zweiten Halbjahr 1998 wie erwartet verstärkt«[15], stellten die Analysten der Deutschen Bank im Januar 1999 nüchtern fest. Das Bruttoinlandsprodukt der elf Euroländer werde deshalb 1999 nicht wie erforderlich wachsen. »Die Exportschwäche dürfte vorerst weiter anhalten«[16], dieser knappen Analyse einer weitreichenden Entwicklung schließt sich auch Hans-Olaf Henkel, Präsident des Bundesverbandes der Deutschen Industrie (BDI), an. Nicht einmal um zwei Prozent werde die Wirtschaft 1999 in Deutschland wachsen. Diese klägliche Zahl hatte die Bundesregierung als Prognose für das Jahr ausgegeben. »Ich schließe wegen der anhaltenden Schwierigkeiten in Asien und Lateinamerika sowie der merklich abgekühlten Konjunktur in Großbritannien und Kontinentaleuropa sogar die Gefahr rückläufiger Exporte für das gesamte Jahr 1999 nicht aus«[17], sagte Henkel in gewohnt unterkühlter Stimmlage auf dem *Handelsblatt*-Wirtschaftsforum. Mit anderen Worten: In zwei der wichtigsten Wirtschaftsregionen der Welt – Asien und Europa – ist die Lage desolat. Bleiben allein die USA, die die Weltwirtschaft ankurbeln und global handelnden Unternehmen zu den erhofften Umsätzen und Gewinnen verhelfen können. Der Boom der amerikanischen Wirtschaft wird noch weiter stabil bleiben, das sagen die Wirtschaftswissenschaftler auf beiden Seiten des Atlantiks voraus. Die Amerikaner haben, so scheint es, alles: Viel Geld, viel Lust auf Konsum und viele unbefriedigte Wünsche. Ihre

Unternehmen sind innovativ, ihre Produkte wettbewerbsfähig, ihre Ideen zur Kapitalvermehrung genial. Kein Wunder also, daß die nicht eben verwöhnten europäischen Unternehmen jeder Branche in die USA schielen und auch dorthin wollen. Und wenn sie schon nicht über den großen Teich hinüber können, dann wünschen sie sich zumindest amerikanische Zustände in Europa.

Aber noch beherrscht die schleppende Konjunktur Europa. Deutliches Zeichen für die Krise in Deutschland sind die sinkenden Investitionen in Maschinen, Anlagen und die dafür notwendigen Produktionsstätten. Die sogenannten Ausrüstungsinvestitionen waren zwar 1998 kurzfristig gestiegen, doch in den ersten Monaten 1999 hatten sie gerade mal den Stand des Jahres 1991 erreicht. In den USA hingegen legten die Investitionen in Erneuerungen und Erweiterungen der bestehenden Unternehmen um 5,6 Prozent zu, und seit 1995 sind die Ausrüstungsinvestitionen in den USA zweistellig gestiegen. »Da sieht man, was es heißt, wenn eine Wirtschaft brummt«[18], bemerkt anerkennend Horst Siebert, einer der fünf Wirtschaftsweisen, die die Bundesregierung in wirtschaftlichen Fragen beraten. Die Direktinvestitionen, also das von ausländischen Unternehmen in Deutschland investierte Geld, sind seit Jahren sehr bescheiden. So flossen 1998 zwar 24 Milliarden Mark ins Land, aber deutsche Unternehmen investierten 121 Milliarden Mark außerhalb der Landesgrenzen. 80 Prozent davon gaben die Unternehmen allein für Fusionen und Unternehmenskäufe aus.

Die Rezepte gegen die wirtschaftliche Krise sind vielfältig. Je nach politischer Ausrichtung empfehlen Politiker und Wirtschaftswissenschaftler unterschiedliche Maßnahmen. Denn vier Millionen offiziell registrierte Arbeitslose in Deutschland drängen auf eine Lösung. Die einen setzen ihre Hoffnung auf ein Bündnis für Arbeit, die anderen glauben an die Kraft des Marktes und die Haushaltskonsolidierung, während die Linke messianische Wirkungen in staatlichen Beschäftigungsprogrammen und einer Ausweitung der Staatsverschuldung sieht.

Doch die Lehren des britischen Wirtschaftswissenschaftlers John Maynard Keynes haben keine Konjunktur. Er hatte in Zeiten der großen Depression nach dem Börsencrash von

1929 empfohlen, daß der Staat trotz leerer Kassen mit großen Summen in die Wirtschaft eingreifen solle. Wenn durch die staatlichen Investitionen die Menschen wieder arbeiten und verdienen, kurbeln sie auch mit ihrem Lohn die Wirtschaft wieder an, so die Theorie von Keynes. Und wenn die Konjunktur erst angesprungen ist, dann zahlen die Unternehmen auch wieder Steuern, die dem Staat zugute kommen.

Die antizyklische Konjunktursteuerung nach Keynes ist seit einiger Zeit wieder in Mode, doch glauben mag an sie so recht niemand mehr. Selbst ihr glühendster Anhänger in Deutschland, Oskar Lafontaine, mußte einsehen, daß Keynes vorläufig ausgedient hat. Unter anderem weil Lafontaine seine Ideen weder in Deutschland geschweige denn international durchsetzen konnte, ist er im März 1999 nach nicht einmal sechs Monaten von seinem Amt als Finanzminister zurückgetreten.

Sind Politiker auch zerstritten, so wissen Unternehmer genau, was sie wollen. »Die Steuern müssen runter, runter, runter«, so schallt es auf jeder Tagung der deutschen Industrie, des Mittelstands und des Handwerks. »Die Nagelprobe wird in der Steuerpolitik liegen«[19], sagt BDI-Präsident Henkel über die Investitionsfreude seiner Verbandsmitglieder. Aber selbst niedrigere Steuern auf Umsätze, Fabrikhallen und Beteiligungen werden die Vorstandschefs nicht von ihrer momentanen Lieblingsstrategie zur Gewinnmaximierung abbringen: der Fusion.

II. In der Größe liegt die Macht

1. Die Fusion als letzte Strategie der Unternehmenslenker

Jede Zeit hat ihre Mode. Das gilt nicht nur für Schlaghosen und Plateausohlenschuhe, sondern auch für Unternehmensstrategien. Und so unterliegen auch Vorstandsvorsitzende den Trends und Moden der Managementtheorie, die ihnen ihre fürstlich bezahlten Berater vorschlagen. Unternehmer streben zwar stetig nach mehr Umsatz, Gewinn und Marktanteil, doch zeigt sich ihnen naturgegeben erst im nachhinein, ob ihre Strategie die richtige war. In den sechziger und siebziger Jahren glaubten die Vorstandschefs, daß nur diversifizierte Mischkonzerne im globalen Kampf mithalten können. Also kauften die Unternehmenslenker im Inland kräftig ein und expandierten im Ausland. Sie blähten ihre Konzerne auf, gliederten bis dahin völlig branchenfremde Betriebe ein und hofften, als Gigant im Wettlauf um Marktanteile zu den Siegern zu gehören.

Doch schon bald zeigte sich, daß die Konzerne zu unübersichtlich wurden und verlustreiche Unternehmensteile den Gewinn des Gesamtkonzerns schmälerten. Die Bosse hatten sich vergaloppiert; ihre Riesenkonzerne waren zu schwerfällig, um schnell und flexibel auf die Veränderungen des Marktes zu reagieren. Jeder Verlust in einem Tochterunternehmen ließ zudem die Aktienkurse des Gesamtkonzerns purzeln und setzte die Konzernlenker unter Druck, der von unterschiedlichen Seiten ausgeübt wurde: von den Großaktionären wie Banken und Versicherungen, die ihre Rendite schwinden sahen sowie von den Aufsichtsräten, die nicht selten die Hauptaktionäre in dem Aufsichtgremium vertreten. Hinzu kam die unangenehme Frage, ob man nicht vielleicht die falschen Entscheidungen gefällt hatte. Auch der elitäre Kreis der Vorstandsvorsitzenden, die sich bei diversen gesellschaftlichen, politischen und wirtschaftlichen Ereignissen mit schöner Regelmäßigkeit treffen, setzte die Verantwortlichen unter Druck. Sie sehen sich auf dem Wiener Opernball, ein anderes Mal tagt der Wirtschaftsgipfel im Schweizer Skiort Davos, dann findet schon wieder die Cebit-Messe in Hannover statt, und Golf spielt man schließlich auch noch.

Also ging es wieder rückwärts. In den achtziger Jahren empfahlen die in den Vorstandsetagen der Konzerne allgegenwärtigen Unternehmensberater den Managern, daß sie ihre Mammutkonzerne abspecken sollten. Die Vorstandschefs verkauften also die unrentablen Konzerneinheiten, verkleinerten ihre Produktpalette und verschlankten das Restunternehmen. Konzentration auf das Kerngeschäft, so nannten die wiederum zu Rate gezogenen Unternehmensberater die neue Strategie zur Gewinnmaximierung ihrer Kunden. Ein Begriff, der Dynamik verspricht. Er verleiht den Vorstandschefs das Image, sich nun auf das Wesentliche zu beschränken. Denn wer sich konzentriert, setzt Prioritäten und spart Kosten. Wer das Kerngeschäft in den Vordergrund rückt, hat die Zeichen der Zeit erkannt. Und diese fordern von den Managern: Rationalisieren, optimieren, maximieren.

Die Vorstände und Unternehmer verfolgten in erster Linie das Ziel, die Kosten zu senken. Am einfachsten gelang ihnen dies, indem sie Arbeitnehmer entließen und Arbeitsplätze strichen. Die Rationalisierungen durch Mitarbeiterschwund nahmen teilweise groteske Züge an, wenn Unternehmen kurze Zeit nach der Entlassung ihre übriggebliebenen Mitarbeiter für Überstunden bezahlen mußten, da sonst die Produktion zusammengebrochen wäre. In manchen Fällen hatten die Unternehmen ihre Auftragslage auch derart falsch eingeschätzt, daß sie schnell wieder neue Arbeitnehmer benötigten, um ihren Betrieb aufrechtzuerhalten. Gleichzeitig trennten sich die Konzerne von den Tochtergesellschaften, die entweder nicht lukrativ genug waren oder den Renditeerwartungen nicht entsprachen. Die aus der Konzernfamilie ausgestoßenen Töchter konnten aber auf sich allein gestellt oft nicht überleben. Hunderttausende von Arbeitsplätzen gingen während dieser Konzentrationsprozesse verloren; allein in Deutschland waren es zwischen 1991 und 1996 über zwei Millionen Stellen. Dazu haben allerdings auch die Werkschließungen und Stillegungen ganzer Regionen in Ostdeutschland beigetragen, doch läßt sich die Höhe der Zahl nicht allein damit erklären.

Während die Unternehmen zu Hause aufräumen, investieren sie gleichzeitig auf den Weltmärkten weiter, kaufen artverwandte Unternehmen und errichten Betriebe auf den Märkten der Zukunft. Denn in den aufstrebenden Ländern Asiens und Lateinamerikas sind nicht nur die Kosten für Arbeitskräfte, Rohstoffe und Transport billiger, sondern, viel wichtiger: dort sind die Kunden. In Thailand und Brasilien, China und Mexiko warten Hunderte von Millionen von Menschen auf die Produkte und Dienstleistungen der westlichen Industriestaaten. In Deutschland, aber auch in den anderen Industrienationen, wird gern behauptet, daß Unternehmen nur wegen der billigen Arbeitskräfte Standorte in diesen Ländern aufgebaut haben. Das beinhaltet die Unterstellung, daß sie die Arbeitnehmer gegeneinander ausspielen und Millionen Menschen in Deutschland nur deswegen arbeitslos sind, weil ihre Arbeitsplätze in Billiglohnländer verlagert wurden.

Zum Teil ist dies richtig. Die deutsche Textilindustrie zum Beispiel fertigt den Großteil ihrer Ware ausschließlich wegen der absoluten Billiglöhne in Asien und Nordafrika. In Deutschland können die Produzenten schlicht die Löhne nicht mehr zahlen, und das, obwohl die wenigen noch in ihrem Beruf tätigen Textilarbeiterinnen zu den am schlechtesten bezahlten Beschäftigten gehören. Dennoch stehen die Kosten in keinem Verhältnis zu den erzielbaren Preisen, denn kein Kunde zahlt für ein einfaches Kleidungsstück genauso viel wie für französische Designermode. Andererseits gibt es zahlreiche Beispiele, die zeigen, daß Unternehmen, die Arbeitsplätze durch ihren Gang ins Ausland sichern konnten, überhaupt nur dadurch überlebt haben. Zahlreiche Wirtschaftswissenschaftler und Forschungsinstitute haben sich in den vergangenen Jahren mit dieser heiklen und politisch brisanten Frage beschäftigt. Der Berliner Wirtschaftsprofessor Jürgen Kromphardt hat für die SPD-nahe Friedrich-Ebert-Stiftung die Auswirkungen der Globalisierung auf den Arbeitsmarkt untersucht und kommt zu dem Fazit: »Es herrscht große beziehungsweise weitgehende Übereinstimmung, daß die deutschen Direktinvestitionen im Ausland die inländischen Arbeitsplätze eher absichern als beseitigen.«[20]

Vorstände und Unternehmer haben für solche feinsinnigen Gedankenspiele meist keine Zeit. Sie müssen dafür sorgen, daß ihr Unternehmen wettbewerbsfähig bleibt, mithin von Jahr zu Jahr mehr umsetzt und gewinnt. Doch wie weiterwachsen in einer krisenanfälligen Weltwirtschaft, die schon durch den Verfall des thailändischen Baht empfindlich getroffen werden kann? Wie den Umsatz steigern, in einer Welt, die nicht weiß wohin mit ihren industriellen Überkapazitäten? Die Kosten sind bereits auf das niedrigste Niveau gesenkt und Arbeitnehmer bis zur Produktionsunfähigkeit der Betriebe entlassen. Die Preise lassen sich ebenfalls nicht erhöhen, denn dann könnte die Konkurrenz zuschlagen; außerdem würde der Markt dies nicht akzeptieren. Neue Produkte zu entwickeln ist teuer und dauert je nach Branche mehrere Jahre. Zudem müssen sie vermarktet werden, und auch das verschlingt Geld. Zudem weiß kein Unternehmer vorher mit Sicherheit, ob die Kunden seine Ware kaufen werden oder ob nicht längst ein Konkurrent ein ähnliches Produkt auf den Markt gebracht haben wird. Manch ein Konzernlenker mußte zudem auch erkennen, daß sein Unternehmen gar nicht in der Lage ist, neue Waren und Dienstleistungen konkurrenzfähig zu entwickeln. Die deutschen Banken sind dafür ein gutes Beispiel. Jahrelang haben sie Millionen in die gewinnbringenden und zukunftsträchtigen Bankgeschäfte investiert, teure britische Investmentbanken aufgekauft und für viel Geld Broker angeheuert. Trotzdem geben die US-amerikanischen Investmentbanken weiterhin weltweit den Ton an und steigern ihre Umsätze jährlich in einem Maße, von dem die deutschen Bankiers nur träumen können.

Den Ausweg aus all diesen Problemen sehen die Manager in der Fusion. Die Unternehmenslenker kaufen nicht mehr nur die Kleinen der eigenen Branche, sondern die Größten. Sie suchen den Kontakt zu den bislang unerbittlich bekämpften Konkurrenten im In- und Ausland, um sich mit ihnen zu verbünden und ihre Konzerne zu verschmelzen. Aus der Daimler-Benz AG und der Chrysler Corporation wird DaimlerChrysler, die Bayerische Hypotheken- und Wechselbank und die Bayerische Vereinsbank fusionieren zur HypoVereinsbank, und von den Konzernen Hoechst und Rhône-Poulenc bleibt nicht einmal der Name, wenn sie sich nach ihrer Fusion Aventis nennen. Seit Mitte der neunziger Jahre vergeht in Europa kaum ein Tag, an dem die Wirtschaftsseiten der Zeitungen keine Fusion, keinen Mega-Deal oder keine Elefantenhochzeit verkünden. Jeder geplante Zusammenschluß stellt die bisherigen in den Schatten, und nur noch Superlative scheinen den nationalen und den grenzüberschreitenden Unternehmensverschmelzungen gerecht zu werden.

Allein in Deutschland haben sich 1998 von den börsennotierten Unternehmen 296 Aktiengesellschaften zusammengeschlossen oder sich gegenseitig aufgekauft. Der Wert dieser Unternehmen, also das an den Börsen plazierte Kapital, hat dabei die bisherige Rekordsumme von 478,7 Milliarden Mark erreicht. Diese hohe Zahl der im Fachjargon *Mergers & Acquisitions* genannten Transaktionen soll aber nicht darüber hinwegtäuschen, daß die meisten Fusionen außerhalb der Börsen stattfinden. 2206 Zusammenschlüsse oder Aufkäufe mit deutscher Beteiligung hat die in Sankt Gallen beheimatete Datenbank des Fachblatts *M&A Review* für 1998 gezählt. Damit liegt das Ergebnis dieses Jahres aber noch hinter dem Rekord von 1997, als 3283 Transaktionen von deutschen Unternehmen jeder Größe und Branche gezählt wurden. Gemessen an dem Wert der Unternehmen war allerdings 1998 das bisherige Rekordjahr: Weltweit haben in diesem Zeitraum Unternehmen im Wert von 2,1 Billionen US-Dollar fusioniert. Diese Summe entspricht in etwa allen in einem Jahr in Deutschland hergestellten Waren und Dienstleistungen; hier wird immerhin das dritthöchste Bruttosozialprodukt der Welt erreicht. Das in Geld gemessene Volumen von Fusionen und Übernahmen hat sich seit 1992 weltweit versechsfacht.

Dabei sei Größe allein kein Wert, wie die Vorstände gerade eben fusionierter Konzerne einstimmig sagen. Aber nur durch einen übermächtigen Verbund meinen sie, Marktanteile sichern und den Umsatz steigern zu können. Edward Kerschner, Aktienstratege der Investmentbank Paine Webber, weiß, daß durch Übernahmen und Fusionen Umsatzzuwächse erzielt werden können, ohne daß weitere Kapazitäten aufgebaut werden müssen. Denn hierdurch lassen sich noch einmal Aufwendungen einsparen. In Verwaltung, Vertrieb und Forschung wird Personal abgebaut, da viele Posten zunächst doppelt besetzt sind. Zudem verteilen sich die festen Ausgaben proportional auf eine breitere Umsatzbasis. Unter dem Strich sinken die Kosten zumindest in der Bilanz, deren gutes Abschneiden wiederum für die Aktienkurse verantwortlich ist. Außerdem hatten beide Unternehmen vor der Fusion ihre Märkte bereits erobert und Kunden gebunden. Nach dem Zusammenschluß profitieren beide von den Vertriebswegen des anderen. Dies bedeutet – um bei dem Beispiel DaimlerChrysler zu bleiben –, daß der deutsche Konzern nun seine Limousinen auch in Chrysler-Geschäften in den USA verkaufen kann. Andererseits ist es Chrysler möglich, seine Gefährte in Daimler-Läden an den Kunden zu bringen. Und auch das sogenannte Humankapital verdoppelt sich nach einer Fusion. Die neue Gesellschaft hat nun einen breiten Pool an kreativen, innovativen und leistungsstarken Mitarbeitern, aus dem sie die besten auswählen kann.

Gerade sie jedoch stellen die größte Herausforderung an ein fusioniertes Unternehmen. Man könnte auch sagen, daß die Zuammenführung aller Mitarbeiter sehr schwierig umzusetzen ist. Von der Telefonzentrale über die Werkhalle und das Lager bis hinauf ins Management müssen Menschen nach einer Fusion mit den Kollegen aus dem ehemaligen Konkurrenzbetrieb zusammenarbeiten. Diese bringen eine völlig andere Unternehmenskultur mit, haben andere Gewohnheiten, Rechte, Pflichten, Vergünstigungen und Gehälter. Nach internationalen Fusionen stehen sich zudem Menschen gegenüber, die eine andere Sprache sprechen und aus einer anderen Kultur kommen, die starke, schwache oder gar keine Gewerkschaften haben. In allen Unternehmensteilen und auf allen Ebenen fragen sich die Mitarbeiter darüber hinaus zu Recht: Überlebt mein Job die Fusion, oder werde ich überflüssig?

Bis die Mitarbeiter der beiden Unternehmen einvernehmlich miteinander arbeiten können, vergehen nach Meinung von Unternehmensberatern zwei Jahre. »In dieser Zeit sind die Führungskräfte damit beschäftigt, die Hackordnung neu herzustellen, um Positionen zu kämpfen, aufzupassen«[21], sagt

Hermann Simon, Geschäftsführer einer internationalen Unternehmensberatung. Hahnenkämpfe sind anstrengend und zeitintensiv. Die Manager sind also von ihren eigentlichen Aufgaben abgelenkt und können sich nicht ums Geschäft kümmern. Und das setzt sich bis in die hintersten Winkel des Unternehmens fort. Denn wenn schon die Führungskräfte nicht an einem Strang ziehen und mit gutem, einvernehmlichen Beispiel vorangehen, werden die zusammengewürfelten Mitarbeiter auf den unteren Ebenen nicht gerade motiviert an einer gemeinsamen Zukunft arbeiten. Simon meint deswegen, daß nicht »der gefeierte Deal als solcher, sondern der sich anschließende Integrationsprozeß«[22] über den Erfolg des Unternehmens entscheidet.

Fusionen erfüllen die in sie gesetzten Erwartungen je nach Branche zur Hälfte bis zu zwei Dritteln nicht. Die großen Synergieeffekte bleiben aus, die Einsparungen sind nicht so hoch wie gehofft, und der Gewinn läßt sich nicht in dem erwünschten Umfang steigern. Etliche Untersuchungen zeigen zudem, daß die fusionierten Unternehmen nach einigen Jahren mit ihrem Umsatz und Gewinn unter dem Branchendurchschnitt liegen. Tun sich also manchmal nur die Schwächsten einer Branche zusammen, um überhaupt überleben zu können? In den USA, der Heimat der Mega-Fusionen, fragen sich manche Analysten und Investmentbanker bereits, ob Fusionen nicht das »Spiel der Verlierer« sind. Diese Überlegung hält die Investmentbanker und Unternehmensberater jedoch nicht davon ab, weitere Zusammenschlüsse in allen Branchen einzufädeln und kräftig daran zu verdienen.

2. Europa ist der Himmel für Fusionierer

»Aber haben wir es tatsächlich nur mit einer Mode zu tun, die schon bald von einer neuen abgelöst wird und deren Sinn zu Recht bezweifelt werden kann?«[23], fragt sich Paul Achleitner, Mitinhaber der Frankfurter Niederlassung der Investmentbank Goldman Sachs und an fast allen großen Zusammenschlüssen in Europa beteiligt. »Dies kann eindeutig verneint werden«[24], beantwortet der Investmentbanker seine Frage gleich darauf, schließlich verdient seine Branche kräftig an der Fusionslust und dem Fusionsdruck der Konzernlenker. Der größte Coup der aus den USA kommenden Bank Goldman Sachs war bislang der Deal zwischen der Daimler-Benz AG und Chrysler, den sie gemeinsam mit anderen Investmentbanken eingefädelt hatte. Immerhin umfaßte er einen Auftragswert von 40 Milliarden Dollar.

Doch das ist alles nichts im Verhältnis zu den noch kommenden Fusionen im geeinten Europa. Denn noch liegen die europäischen Unternehmen zehn Jahre hinter den USA zurück, sagen Investmentbanker. Dort haben sie bereits in den achtziger und frühen neunziger Jahren unter den Konzernen aufgeräumt, sie verschmolzen, auseinandergerissen, geschlossen. Konsolidierung nennen das die Bankiers, die jährlich selbst Milliarden mit der Umgestaltung umsetzen.

Am Ende des Jahrhunderts ist nun Europa an der Reihe. In allen Branchen, in allen europäischen Ländern tummeln sich zu viele Unternehmen und buhlen um dieselben Märkte, die zu klein sind und zu wenig Kunden bieten. Da Wachstum und Marktanteile die Logik der Banker und ihrer Kunden bestimmen, können nur einige Unternehmen überleben. Die anderen werden aufgekauft oder vom Markt gefegt. »Wenn Industrien sich nicht selbst restrukturieren, dann werden Geschäftemacher und Kapitalanlagefirmen es für sie tun«[25], sagt John Hepburn, Vizechef von Morgan Stanley International, eine andere große Investmentbank. Schon 1999 würden europäische Unternehmen im Wert von über einer Billion Dollar fusionieren, schätzten die Banker und waren mit der Summe unzufrieden, denn die Zahl mit den zwölf Nullen macht immer noch weniger als zehn Prozent des Bruttosozialprodukts der EU-Staaten aus. In den USA hingegen liegt der Anteil von Fusionen und Beteiligungen schon bei 20 Prozent der gesamtwirtschaftlichen Leistung. Merger Mania, so hat das *Wall Street Journal* dieses Geschehen genannt: Europa ist dem Fusionswahn verfallen.

Diese Entwicklung hat unter anderem der Euro ausgelöst, der von den europäischen Staatsmännern als Hilfsvehikel zur politischen Einheit des Kontinents erdacht wurde. Die wichtigsten Industrieländer sollten nicht mehr nur durch die EU politisch gebunden sein, sondern mit einer gemeinsamen Währung aneinandergeschmiedet werden. Dies kommt außerdem der Wirtschaft zugute, fallen doch nun Verluste durch schwankende Wechselkurse weg. Darüber hinaus können Unternehmen die Kosten für Produkte und Arbeitsstunden in den EU-Staaten auf einen Blick vergleichen. Die Einführung des Euro zum 1. Januar 1999 ist somit gleichsam die größte bisher in Europa vollzogene Fusion, vereinigt sie doch bislang elf nationale Währungen. Die noch nicht beigetretenen Staaten Großbritannien, Schweden, Dänemark und Griechenland werden in kurzer Zeit ebenfalls hinzukommen, da sie sich eine Außenseiterrolle wirtschaftlich nicht lange leisten können.

Mit der gemeinsamen Währung wächst der Druck auf die europäischen Unternehmen, in allen Euro-Märkten präsent zu sein. Zum Beispiel gehen seit Jahren 60 Prozent der deutschen Exporte in die Staaten der EU, doch dies genügt nun nicht mehr. Die Unternehmen müssen vor Ort sein, um zu verkaufen und den Marktanteil in einem vereinigten Europa zu halten. Wer nicht rechtzeitig über die Landesgrenzen guckt, den bestraft die Konkurrenz. Deswegen kaufen sich Unternehmen über nationale Grenzen hinweg in anderen Ländern ein. Die Vorstände von Aktiengesellschaften können diese Strategie am einfachsten umsetzen, indem sie mit gleichwertigen Partnern fusionieren.

Der Euro hat auch dazu beigetragen, daß die Aktienkurse an den europäischen Börsen noch einmal gestiegen sind. Mit dem Euro sind nämlich auch die Zinsen im vereinigten Europa gesunken, bislang auf das historische Tief von 2,5 Prozent. Damit haben private Anleger das Interesse an Sparkonten verloren und geben ihr Geld lieber in Investmentfonds, die wesentlich höhere Renditen versprechen. Sie plazieren ihr Geld an der Börse, wodurch die Aktienkurse der Konzerne kräftig steigen.

Teure Aktien, das heißt eine hohe Börsenkapitalisierung, sind für Konzerne die beste Voraussetzung, um andere fusionswillige Aktiengesellschaften zu einer gemeinsamen Zukunft zu bewegen. Dann nämlich verfügen sie über eine Milliardenschwere Kasse, aus der sie Übernahmen und Verschmelzungen finanzieren können, ohne ihr geradezu als heilig angesehenes Eigenkapital anzutasten oder gar renditefeindliche Kredite aufzunehmen. In jüngster Vergangenheit hat sich folgendes Vorgehen eingebürgert, sobald sich zwei Konzerne einig sind: Die Gesellschaften schlagen ihren Aktionären vor, die Wertpapiere in einem bestimmten, aber für sie günstigen Verhältnis in Anteilsscheine des neu entstehenden Unternehmens zu tauschen. Ist die Mehrheit der Aktionäre mit dem Tauschplan einverstanden, verschwinden die Aktien der beiden alten Unternehmen. Mit Druck und Ausgabe der neuen Aktie beginnt quasi auch das Leben der frisch fusionierten Gesellschaft. Die Aktionäre haben bislang immer zugestimmt, denn sie werden mit Treueprämien, Sonderzuteilungen oder Vorzugsrechten belohnt. Außerdem steigen normalerweise die Kurse der nun wieder neu an der Börse plazierten Aktien, denn Broker und Anleger gehen davon aus, daß der fusionierte Konzern lukrativer arbeitet, als die beiden bisherigen. So haben alle Beteiligten etwas von dem Deal: Die Kleinaktionäre freuen sich über den Gewinn aus dem Nichts ebenso wie die Großaktionäre und Investmentfonds, die am Tag der Fusion Hunderte von Millionen einnehmen, ohne selbst Kapital eingesetzt zu haben. Für die Unternehmen ergibt sich durch den Aktientausch noch ein weiterer Vorteil, da sie hierbei keine Steuern zahlen müssen. Denn de facto kaufen sie ja nicht hinzu, sondern wandeln ihre Wertpapiere in Anteilsscheine eines neu entstehenden Konzerns um.

Zudem können sie sich durch hohe Aktienkurse vor einer feindlichen Übernahme schützen, die von einigen Interessenten dann schlicht nicht zu finanzieren wäre. Feindlich heißt, daß eine Gesellschaft die andere übernehmen will, obwohl diese nicht daran interessiert ist. Berüchtigtes Beispiel in Deutschland ist die Attacke von Krupp-Chef Cromme auf den Konkurrenten Thyssen (s. Kapitel III. 3). Auch die Offerte von Olivetti-Boss Colaninno an die Telecom Italia stieß bei deren Chef Franco Bernabè nicht auf Gegenliebe, und kurzfristig sah es so aus, als könnte die Übernahme durch die teuren Aktien verhindert werden (s. Kapitel III. 7). In diesem Fall gelang dies jedoch nicht.

»Europa ist der Himmel für Fusionierer«[26], schrieb die amerikanische Zeitschrift *BusinessWeek*. So wundert es nicht, daß die aggressiven Raider über den Atlantik hierher kommen. Die Investmentfirma Kohlberg Kravis Roberts und die nicht weniger berüchtigten Clayton Dubilier & Rice haben sich bereits in London niedergelassen. Von dort aus wollen sie den europäischen Kontinent aufrollen und auf dieselbe Weise umstrukturieren wie in den achtziger Jahren die USA. Ihre Strategie ist dieselbe geblieben: Wenig eigenes Geld einsetzen, den Großteil mit Hilfe von Investmentbanken über Fonds an der Börse aufnehmen, mit dem so gesammelten Kapital Unternehmen kaufen, sie ausschlachten, umbauen und dann teuer an der Börse plazieren. Sie konzentrieren sich bei ihren feindlichen Übernahmen auf kleinere Aktiengesellschaften, da diese bei europäischen Anlegern nicht so hoch im Kurs stehen. Die Machenschaften der Raider fallen dann einer auf Konsens und friedliches Miteinander ausgerichteten Gesellschaft zunächst nicht auf. Aber deren Geschäfte werden sich dennoch lohnen. Die Investmentbank Morgan Stanley, im Vergleich zu den Raiders als seriös einzustufen, schätzt, daß mit feindlichen Übernahmen nach US-Modell in Europa 30 Milliarden Dollar zu verdienen sind. Auch die herkömmlichen Banken, denen Millionen von Kunden ihr Gehaltskonto und ihre Ersparnisse anvertraut haben, verdienen reichlich mit dieser in Europa bisher verpönten Vorgehensweise. Und die sogenannten Privatbanken profitieren so ebenfalls weitaus stärker als durch das Einfädeln einer freundlichen Fusion. Geht es bei einer feindlichen Übernahme zum Beispiel um eine Milliarde Dollar, nimmt eine an der Fusion beteiligte Bank vier Millionen Dollar durch Beratungen und andere Dienstleistungen ein. Für eine Neufinanzierung durch einen erneuten Börsengang nach einer feindlichen Übernahme hingegen kann die Bank bis zu 18 Millionen Dollar einstreichen, weiß ein Insider der Branche zu berichten.

Geht es auf der Welt um Fusionen, tauchen immer wieder dieselben Namen auf. Die fünf Investmentbanken Goldman Sachs, Morgan, Stanley Merrill Lynch, Credit Suisse First Boston und Salomon Smith Barney teilen sich weltweit den Kuchen aus Fusionen, Übernahmen, Beteiligungen und Privatisierungen. Unter ihnen selbst ist ebenfalls eine Fusionsmanie ausgebrochen, die großen Geschäftbanken der Welt suchen global nach Partnern. Beispiel dafür ist die Deutsche Bank, die mit der US-Investmentbank Bankers Trust fusionieren will. Ihnen allen steht eine Riege von weltweit agierenden Unternehmensberatungen zur Seite, wie etwa McKinsey, Gemini Consulting, Booz-Allen & Hamilton, Boston Consulting Group, Arthur D. Little und A. T. Kearny, um nur die größten zu nennen. Sie beschäftigen in ihren Büros in allen Hauptstädten der industrialisierten Welt Tausende von Beratern, Analysten und Researchern, die täglich Firmenprofile, Branchenanalysen und Kundenstrategien zusammenstellen. Material, das nicht öffentlich zugänglich ist, wird von Informationsbrokern und Bonitätsprüfern wie zum Beispiel dem Verein Creditreform in Deutschland zusammengetragen. Sie sammeln alles, was für die Bewertung eines Unternehmens relevant ist: Wie hoch ist das Unternehmen verschuldet? Wie schnell zahlt es seine Warenlieferungen? Gibt es Verzögerungen? Wechselt das Management häufig, oder hat es noch nie gewechselt? Informationen über Aktiengesellschaften lassen sich leichter herausfinden, denn hier gibt die öffentlich zugängliche Bilanz Auskunft über die wichtigsten Zahlen. Außerdem agieren Aktiengesellschaften in größeren Märkten, so daß sie einfacher beobachtet werden können.

Der Markt für die Consultants ist enorm, die Beratungshonorare sind gigantisch. Auf über 100 Milliarden US-Dollar Umsatz schätzt Gemini Consulting den weltweiten Beratungsmarkt. Denn: »Die ständig steigende Komplexität der Unternehmensumwelt erzeugt Unsicherheit in Bezug (sic!) auf unternehmerische Entscheidungen und Handlungen und wird damit zum Haupttreiber des Bedarfs an professioneller Beratung.«[27] Die USA, die den weltweit grassierenden Renditewahn vorantreiben und die Shareholder Values erfunden haben, stellen für die Berater den größten Markt dar. Doch Deutschland schließt dicht auf und rangiert an zweiter Stelle. 1999 werden die Consultants mit ihren Strategien zur Gewinnmaximierung schätzungsweise 21,5 Milliarden Mark in Deutschland umsetzen. Das sind 15 Prozent mehr als im Jahr zuvor.

3. Das auslaufende Modell: der industrielle Vollzeitarbeitnehmer

An Fusionen und Übernahmen verdienen alle Beteiligten. Einzig die Arbeitnehmer scheinen die ewigen Verlierer im Kampf der Unternehmenslenker um Größe und Prestige zu sein. Allerdings ist noch unklar, ob die Globalisierung der Wirtschaft bislang mehr Arbeitsplätze erhalten und geschaffen oder vernichtet hat. Diese Frage läßt sich weder für die Industrieländer Europas und die USA noch für Entwicklungsländer oder die aufstrebenden Staaten Asiens und Lateinamerikas endgültig beantworten. Fest steht jedenfalls, daß weltweit 150 Millionen Menschen völlig ohne Arbeitsplatz und eine Milliarde Menschen unterbeschäftigt sind – das ist ein Drittel der arbeitsfähigen Weltbevölkerung.

»Die weltweite Arbeitsplatzsituation ist grauenhaft und wird noch grauenhafter«[28], sagt Michel Hansenne, Generaldirektor der Internationalen Arbeitsorganisation ILO. Doch haben 27 Millionen Menschen durch die Einrichtung der Freihandelszonen Arbeit gefunden. Und selbst Bernhard Jagoda, Präsident der Bundesanstalt für Arbeit und Verwalter von vier Millionen Arbeitslosen in Deutschland, ist der Meinung, daß nicht die Globalisierung an sich das Problem der mangelnden Arbeitsplätze ist, sondern allein die Geschwindigkeit, mit der sie abläuft.

In Deutschland liefern sich die Gegner und Befürworter der Globalisierung seit Jahren einen Schlagabtausch nach dem anderen und beharren doch immer auf denselben Argumenten. Für Industrievertreter steht fest, daß sie einzig durch die Globalisierung Arbeitsplätze erhalten, da sie nur durch eine Ausdehnung das Unternehmen und damit die Beschäftigung dort retten konnten. Da Fusionen eine direkte Folge der Globalisierung sind, sichern auch sie Arbeitsplätze. Die gegenteilige

Meinung vertreten Gewerkschafter und den Arbeitern verpflichtete politische Gruppen und Parteien. Sie gehen davon aus, daß der Drang zur globalen Ausdehnung Arbeitsplätze in den Industriestaaten vernichtet und Fusionen mehr Stellen zerstören als retten.

In der Tat findet keine Fusion ohne Stellenabbau statt. Die vielbeschworenen Synergieeffekte lassen sich in den meisten Fällen am einfachsten durch Personalkürzungen erreichen. Die Stellen in Vertrieb und Marketing, Verwaltung und Produktion sind nach einer Fusion theoretisch doppelt besetzt. Die in allen Branchen besonders kostenintensive Abteilung Forschung und Entwicklung beispielsweise hat nun zwei Chefs, obwohl einer doch auch reicht. Da zumindest in Deutschland Politiker, Unternehmer und Gewerkschafter um Konsens bemüht sind, entlassen die Konzerne ihre Arbeitnehmer in den seltensten Fällen. Statt dessen haben sie sich mit den Gewerkschaften und dem Staat auf die sogenannten sozialverträglichen Lösungen geeinigt. Arbeitnehmer gehen in den Vorruhestand, lassen sich umschulen und weiterbilden oder werden in Auffanggesellschaften vorläufig weiterbeschäftigt. Selbst wenn die Unternehmen teilweise ganz ansehnliche Ablösesummen an ihre ehemaligen Mitarbeiter zahlen, kann dies doch nicht darüber hinwegtäuschen, daß die Hauptlast eines jeden gestrichenen Arbeitsplatzes das Gemeinwesen in Form des Staates zu tragen hat. Mit anderen Worten: Die noch arbeitende Bevölkerung zahlt mit höheren Sozialabgaben, einer gestiegenen Lohnsteuer, Mehrwertsteuer und der jüngst eingeführten Ökosteuer für die Renditeerwartungen der Vorstandschefs und ihrer Großaktionäre. Trotz aller Bemühungen, im Rahmen der sozialen Marktwirtschaft einen Konsens zu finden, bewahrheitet es sich, daß Gewinne privatisiert, Verluste aber auf die Gesellschaft übertragen werden.

Der soziale Konsens in Deutschland zahlt sich aus, auch wenn BDI-Präsident Hans-Olaf Henkel ihn als »Konsensgesülze« diffamiert. Offiziell sind hierzulande knapp vier Millionen Menschen als Arbeitslose registriert. Hinzu kommen schätzungsweise drei Millionen Menschen, die im Vorruhestand leben, in Umschulungen oder Arbeitsbeschaffungsmaßnahmen untergekommen sind, mit Sozialhilfe ihr Dasein fristen oder sich mit Gelegenheitsjobs durchschlagen. Dennoch ist es ruhig in Deutschland. Keine Massendemonstrationen fordern ein anderes System und rechts- oder linksextreme Parteien haben bislang nur bei Kommunal- oder Landeswahlen Chancen, Sitze in den demokratischen Gremien zu erlangen. Beide extremistischen Lager bemühen die Globalisierung, um die Arbeitslosigkeit zu erklären. Für die Rechten sind die zugezogenen Migranten schuld daran, daß Deutsche keine Arbeit haben. Außerdem ist ihnen das sogenannte Großkapital zuwider. Sie lehnen Privatisierungen ab und fordern staatliche Beschäftigungsmaßnahmen. In diesen Punkten treffen sie sich mit den Forderungen der extremen Linken, die Unternehmer und Kapitalisten für alles Übel dieser Welt und selbstverständlich auch den Arbeitsplatzverlust verantwortlich machen.

Noch haben die Unterprivilegierten, die zu kurz Gekommenen und die Opfer der Rationalisierung sich nicht organisiert, um die Macht der Multis zu stürzen. Auch Politiker aller Parteien bleiben ruhig angesichts der Macht der Konzerne und versuchen allenfalls wie die rot-grüne Bundesregierung, über Zugeständnisse bei der Steuerreform die Konzerne im Land zu halten und im Bündnis für Arbeit neue Jobs zu schaffen. Die Bemühungen wirken jedoch eher hilflos und haben bislang keine Arbeitsplätze in nennenswertem Umfang entstehen lassen. Dabei drängt die Zeit. Denn die Frage ist, wie lange der soziale Friede in Deutschland noch hält.

Die Megadeals der multinationalen Konzerne lösen Unbehagen aus. Bei den Arbeitnehmern schüren sie die Angst vor Arbeitsplatzverlust, bei nicht Betroffenen erschreckt die Größe der Unternehmen und die ungeheuer hohe Zahl der freigesetzten Mitarbeiter. Doch die globalen Megakonzerne beschäftigen direkt nur drei Prozent der arbeitsfähigen Weltbevölkerung. »Eine zu vernachlässigende Größe«[29], wie die Handels- und Entwicklungsorganisation der Vereinten Nationen lakonisch feststellt. Dabei sind die Multis für 70 Prozent des Welthandels verantwortlich und tragen zu 80 Prozent die weltweit getätigten Investitionen. Selbst in einem hochindustrialisierten Land wie Deutschland beschäftigen die Großkonzerne nur drei bis vier Prozent der Arbeitnehmer. Noch einmal die gleiche Anzahl von Menschen findet in Firmen

Arbeit, die direkt von den Großunternehmen abhängen. Das sind zumeist mittelständische Betriebe, die Teile fertigen, liefern, versenden oder die Produkte der Großkonzerne vertreiben. Die eigentliche Jobmaschine in Deutschland, wie übrigens in allen industrialisierten Ländern, ist der Mittelstand, er beschäftigt 95 Prozent aller Arbeitnehmer. In den vergangenen Jahren sind die meisten Arbeitsplätze durch Pleiten und Konkurse vor allem kleiner und mittelständischer Betriebe insbesondere in Ostdeutschland verlorengegangen.

Der Wirtschaftswissenschaftler Willi Leibfried ist daher der Meinung: »Die Angst, daß aufgrund des Wettbewerbsdrucks letztlich die Arbeitskräfte in den Industrieländern durch Arbeitsplätze in den sogenannten Billiglohnländern ersetzt werden, geht schließlich auch von der falschen Vorstellung aus, daß die Produktion der Länder insgesamt eine fest vorgegebene Größe ist. Dies ist aber nicht der Fall, denn die durch den Handel und die Produktivitätsfortschritte steigenden Realeinkommen eröffnen neue Absatzmöglichkeiten, so daß die gesamte Produktion ansteigen kann und insgesamt mehr zu verteilen ist.«[30] Wenn also deutsche Unternehmen einen regen Handel mit Polen betreiben, kommt das zunächst mal beiden Beteiligten zugute. Die polnischen Einkäufe sichern in Deutschland Arbeitsplätze, die Polen können mit den Produkten selbst ihre Wirtschaft aufbauen. Wenn nun ein deutsches Unternehmen feststellt, daß es die teuer in Deutschland produzierten und dann für viel Geld nach Polen transportierten Waren ebensogut dort herstellen kann, wird das Unternehmen seinen Betrieb verlagern. Dadurch gehen in Deutschland aller Erfahrung nach Arbeitsplätze verloren. Diese werden aber an anderen Stellen gewonnen, da nun Polen die Waren exportiert und Devisen erwirtschaftet, mit denen wiederum in Deutschland andere Produkte eingekauft werden. Dadurch entstehen hierzulande neue Jobs in anderen Branchen oder neu entstehenden Unternehmen. Dieses Phänomen heißt Strukturwandel, und Deutschland befindet sich ebenso wie andere Industrieländer mitten in dem schmerzhaften Umwandlungsprozeß von einer Industrie- in eine Dienstleistungsgesellschaft.

Deutschland ist das siebtreichste Land der Welt und der Wohlstand kommt allen zu, auch wenn manche dies aus politischen Gründen nicht wahrhaben wollen. Arbeitnehmern geht es heutzutage wesentlich besser als noch zu Zeiten des Wirtschaftswunders und der Vollbeschäftigung in den fünfziger und sechziger Jahren. Gemessen am heutigen Wert hat 1960 ein westdeutscher Arbeitnehmer 1300 Mark Lohn nach Hause getragen (damals 430 Mark). Heutzutage verdient ein durchschnittlicher Arbeitnehmer in Westdeutschland 2800 Mark und in Ostdeutschland 2400 Mark. Der Lebensstandard ist also in den Zeiten der Globalisierung auch für untere Einkommensschichten gestiegen und hat nicht ausschließlich die Bankkonten der Reichen und der Oberschicht aufgebessert. Unbestritten ist dennoch, daß die Vorstandschefs der multinationalen Konzerne ein Vielfaches von der Lohnsumme ihrer Arbeitnehmer verdienen. Wenn DaimlerChrysler-Chef Jürgen Schrempp schätzungsweise 2,7 Millionen Mark im Jahr verdient und sein Konto noch mit einigen Millionen Mark aus den gestiegenen Aktienkursen auffüllen kann, schürt dies den Neid und sorgt für Schlagzeilen. Lösungen für die Arbeitsmarktmisere lassen sich allerdings durch derartige Emotionen nicht finden. Gekürzte Einkommen in den Chefetagen führen auch nicht automatisch zu mehr Geld in den Taschen von Geringverdienern.

Ganze Abteilungen von Wissenschaftlern bei den Vereinten Nationen und der Weltarbeitsorganisation, den Industrieverbänden und in den Universitäten beschäftigen sich seit Jahren mit dem Schwinden der Arbeitsplätze und den Möglichkeiten, diese Entwicklung aufzuhalten beziehungsweise umzukehren. Den Stein der Weisen hat bislang niemand gefunden. Für manche gelten die Niederlande als Wegweiser für die Zukunft. Die dortige Regierung hatte sich bereits 1982, als Politiker in Deutschland noch von der Vollbeschäftigung schwadronierten, mit Gewerkschaften und Unternehmern zusammengesetzt und das sogenannte Polder-Modell entwickelt: Die Lohnsteigerungen wurden begrenzt, Vollzeitarbeitsplätze in Teilzeitjobs umgewandelt und die Arbeitszeiten verkürzt. Die christlichliberale Regierung kürzte das Arbeitslosengeld und die Sozialhilfe und fror die Gehälter ihrer Staatsbediensteten ein. Jugendlichen unter 21 Jahren garantierte der Staat einen Ausbildungsplatz, nahm ihnen allerdings den Anspruch auf

Sozialhilfe, wenn sie von dieser Möglichkeit keinen Gebrauch machten. Gleichzeitig senkte die Regierung die Unternehmenssteuern von zunächst 48 auf 42 Prozent und 1989 dann auf 35 Prozent. 1990 vereinfachte und verringerte sie die Einkommenssteuer, die Mehrwertsteuer reduzierte sie von 20 auf 17,5 Prozent.

Die Erfolge des Nachbarlandes können sich sehen lassen. Die Staatsverschuldung sank, und die Wirtschaft wächst 1999 voraussichtlich um 3,6 Prozent. Offiziell sind nur 450 000 Menschen in den Niederlanden arbeitslos, und die Quote soll 1999 bei 5,6 Prozent liegen. Vor der Durchführung des Polder-Modells betrug sie 20 Prozent. Niederländische Unternehmen haben sogar bereits Schwierigkeiten, genügend Arbeitskräfte zu finden. Seit einigen Jahren werben sie deshalb in Deutschland Arbeitnehmer an, die trotz geringerer Sozialleistungen und niedrigerer Löhne gern über die Grenze ins Nachbarland pendeln, um dort zu arbeiten. Selbst Schuldirektoren suchen deutsche Lehrer, um den Unterricht aufrechtzuerhalten. In den vergangenen Jahren haben sich zudem zahlreiche ausländische Unternehmen wegen der günstigeren Steuern in den Niederlanden niedergelassen oder dort Betriebe eröffnet. Der Staat erleichterte ihnen die Standortwahl noch dadurch, daß er das Arbeitsrecht lockerte, befristete Arbeitsverträge zuließ und Kündigungen erleichterte. Zur Freude des niederländischen Einzelhandels wurden die Ladenöffnungszeiten liberalisiert. Jeder Händler darf nun selbst entscheiden, wann sein Laden geöffnet und wann er geschlossen ist.

Für ein Land wie die Niederlande, das auf sozialer Verantwortung und gesellschaftlichem Konsens fußt, bedeutete diese weitgehende Liberalisierung einen Bruch mit dem Erarbeiteten. Den Holländern war es früher undenkbar erschienen, daß Zeitarbeitsverträge normal sind und sie vormittags woanders arbeiten als nachmittags. Oder, daß ihr Lohn – wenn überhaupt – nur sehr moderat steigt. Auch brauchten die holländischen Männer einige Jahre, bis es für sie selbverständlich war, nur Teilzeit zu arbeiten und während der anderen Zeit den Familienhaushalt zu versorgen. Doch die Niederländer sahen ein, daß sie ihren Wohlstand nur würden halten können, wenn sie ihre Ansprüche zurückschraubten.

Ganz anders ist die Lage in den USA. Sie waren nie ein ausgeprägter Sozialstaat wie einige der europäischen Länder, gelten aber ebenfalls als Modell für eine zukunftsfähige Wirtschaftsform mit geringer Arbeitslosigkeit und hohem Wachstum. In den USA hatte die gnadenlose Umstrukturierung der Wirtschaft in den achtziger Jahren zunächst 40 Millionen Jobs zerstört. Doch durch die Neuausrichtung wurden in den vergangenen zwei Jahrzehnten auch insgesamt 67 000 Millionen zusätzliche Arbeitsplätze geschaffen. Das sind über 20 000 mehr, als verloren gingen. Der Großteil der Stellen ist – genau wie in den Niederlanden – im Dienstleistungssektor entstanden. Hierzulande werden die neuen Arbeitsplätze meist abfällig als »McJobs« bezeichnet, da viele hiervon unterbezahlt, die Arbeitsbedingungen schlecht und die Arbeitszeiten wenig menschenfreundlich sind. Vor allem Schwarze und Einwanderer aus Lateinamerika in den USA müssen sich oft mit Jobs als Gebäudereiniger, Pommes-frites-Verkäufer und Altenpfleger begnügen, für die sie nicht mehr als den Mindestlohn von 4,75 Dollar die Stunde bekommen. Davon kann niemand in Würde leben. Amerikaner nehmen deswegen oft mehrere solcher Arbeitsstellen an, bleiben aber trotzdem in relativer Armut. Schätzungsweise 30 Millionen *Working Poor*, arbeitende Arme, hat die vielbeschworene US-Dienstleistungsgesellschaft hervorgebracht.

Doch das ist wie immer nur die halbe Wahrheit. Im Jobwunderland USA sind im gleichen Maße anspruchsvolle, sogar hoch qualifizierte Dienstleistungsarbeitsplätze in der Software-Branche und der Filmwirtschaft, bei Investmentbanken, Unternehmensberatungen und Werbeagenturen, in Forschungseinrichtungen und bei Bildungsträgern entstanden. In neuen Branchen also, in denen US-Firmen wie Microsoft, Novell, Oracle, Yahoo! oder die Unternehmensberatung McKinsey und die Marktforschungsgruppe Nielsen momentan die Weltmarktstellung innehaben. Aber nicht nur weltweit bekannte Unternehmen haben Arbeitsplätze geschaffen, sondern ebenso Tausende von kleinen und mittleren Betrieben. Die oft als Einmannbetrieb gestarteten Dienstleister der Zukunftsbranchen haben von den frei fließenden Milliarden des amerikanischen Kapitalmarktes profitiert. Die Renten- und Investmentfonds haben ihr Geld nämlich nicht nur renditeträchtig in Asien angelegt, sondern es gleichfalls jungen, aufstrebenden und zukunftsträchtigen Kleinunternehmern als Risikokapital zur Verfügung gestellt. Sicherlich hat auch die berühmte amerikanische Mentalität (»Vom Tellerwäscher zum Millionär«) dazu beigetragen, daß sich in den USA mehr Menschen selbständig machen und risikobereiter sind als in Deutschland. Auch sind die Arbeitsgesetze in den USA lockerer: Es wird schneller geheuert und gefeuert, so daß Amerikaner zwangsläufig mobiler sind. Anders als in Deutschland erwarten sie außerdem nicht, einen Arbeitsplatz für das ganze Leben zu haben.

Aber die Bedingungen für Selbständige waren in den vergangenen Jahren vor allem wegen des verfügbaren Kapitals günstig. Allein in den neunziger Jahren verdreifachten sich die Risikokapitalinvestitionen in kleine, sich entwickelnde Unternehmen. 1996 haben die Risikokapitalgeber 6,3 Milliarden Dollar in vielversprechende, aber unsichere Jungunternehmen investiert. Und die sorgten damit kräftig für Arbeitsplätze. So beschäftigten die ehemaligen Studenten und Mitarbeiter des renommierten Massachusetts Institute of Technology (MIT) schon 1994 in über 4000 von ihnen gegründeten Unternehmen 1,1 Millionen Menschen und erwirtschafteten einen Umsatz von 232 Milliarden Dollar.

In Deutschland und den meisten anderen Ländern Europas steht ein derartiger Schub noch aus. Und so wird es bleiben, so lange Gesetze und Regularien die Existenzgründung erschweren und zu wenig Kapital im freien Umlauf ist. Den Deutschen fehlt es aber auch an Mut, sich selbständig zu machen, wie Risikokapitalgesellschaften immer wieder feststellen. »Der Unternehmer hat keinen Vorbildcharakter in Deutschland«[31], sagten sie. Woher auch? Jahrzehntelang war der Unternehmer ein Wesen, das in weiten Teilen der Bevölkerung unbekannt war oder als politisch nicht korrekt galt. Schüler haben zwar Berufspraktika als Schlosser, Chemielaborantin und Rechtsanwaltsgehilfin absolviert, Studenten Betriebswirtschaft, Politologie und Amerikanistik studiert – doch niemand hat ihnen je beigebracht, sich selbständig zu machen. Erst seit 1998 bietet die private Universität Witten/Herdecke einen Aufbaustudiengang Unternehmensführung an. Andere Universitäten sind dem Beispiel zaghaft gefolgt und bieten nun zumindest Seminare zu diesem Thema an.

Politikern und Gewerkschaftern fehlt aber ebenso der Mut, einzugestehen, daß die Zeiten der Vollbeschäftigung endgültig vorbei sind und die sogenannten Traditionsindustrien keine Perspektive bieten. Manch ein Arbeitnehmer wird in Deutschland noch von der Lehre bis zur Rente im selben Betrieb arbeiten. Aber so ein lebenslänglicher Job wird die Ausnahme sein. »Zwei Prozent Arbeitslose, Normalarbeit als Regelfall, soziale Identität und Sicherheit qua Job: Das ist Geschichte«[32], sagt der Soziologe Ulrich Beck, der sich seit Jahren intensiv mit der neuen Arbeitswelt beschäftigt. Bayern und Sachsen beriefen Beck in ihre gemeinsame »Zukunftskommission«, die Wege aus der Arbeitskrise zeigen sollte. Becks Fazit: »In zehn bis fünfzehn Jahren wird auch bei uns nur noch die Hälfte der Arbeitnehmer eine Festanstellung haben. Der Rest wird sich mit bunten, kurz- und mittelfristigen Jobs begnügen müssen.«[33]

Das ist für eine Gesellschaft, die sich Jahrzehnte lang über Arbeit und Aufschwung definiert hat, eine schwere Belastung. Gleiches gilt aber auch für den einzelnen arbeitenden Menschen. Denn die neuartige Arbeitsgesellschaft fordert von ihm neben den bisher schon erwünschten Tugenden – Ehrlichkeit, Pünktlichkeit, Fleiß – und dem fachlichen Wissen eine Fülle von weiteren Fähigkeiten, die nirgends gelehrt werden. Einen Arbeitsplatz wird nur noch derjenige bekommen, der die Kriterien der modernen Dienstleistungsunternehmen und der multinationalen Konzerne erfüllt. Beruhigend zu wissen ist allein, daß sich beide gegenseitig dringend brauchen. Denn ohne den Arbeitnehmertyp des 21. Jahrhunderts werden die Konzerne auf den Weltmärkten versagen.

4. Das Modell der Zukunft: der flexible und mobile Arbeitnehmer

Um die Stellenanzeigen in den Wochenendausgaben der großen Tageszeitungen zu verstehen, muß der Suchende mindestens Englisch können. Von Tele-Direct Sales Engineer ist da die Rede, Firma Wam!net sucht einen Account Executive und bei einem Autovermieter könnte der Suchende Key-Account-Betreuer oder Travel-Trade-Industry-Manager werden. Hat der Stellensuchende schließlich herausgefunden, welche Art Arbeit sich hinter dem Kauderwelsch verbirgt (»Setzen Sie Ihren hands-on-Arbeitsstil optimal um.«), wird er mit den Anforderungen, die er zu erfüllen hat, konfrontiert. Kreativ soll er sein, denn nur Erfindungsgeist wird das Unternehmen weiter nach vorn bringen und Gewinne sichern. Dazu gehört auch die Freude an schnellen Entscheidungen, denn der Wettbewerb wird härter. Wer zuerst kommt, mahlt zuerst. Flexibel muß der neue Mitarbeiter sein, damit er sich auf ein neues Arbeitsumfeld schnell einstellen und mit anderen im Team arbeiten kann. Deswegen darf er sich auch nicht aus der Ruhe bringen lassen und muß in stressigen Zeiten einen kühlen Kopf bewahren. Da der neue Mitarbeiter eines international ausgerichteten Unternehmens nach 30 Jahren Globalisierung mit Menschen jeder Nationalität, Religion und Hautfarbe zusammenarbeitet, muß er tolerant und aufgeschlossen sein. Und weil ihn sein zukünftiger Arbeitgeber auch mal für ein paar Monate in die Tochtergesellschaften nach China, in die USA oder nach Spanien schicken möchte, muß der Neue sich verhandlungssicher auf Englisch unterhalten können und selbstverständlich mobil sein.

»Multikulti im Großraumbüro«[34] hat die *WirtschaftsWoche* die neuen Zustände in den Unternehmen leicht ironisch genannt. Dabei ist keine Abteilung und keine Berufsgruppe von den modernen Zeiten ausgenommen. Die Einkäuferin bestellt weltweit in mehreren Sprachen Rohstoffe und Fertigungsteile, ihr Kollege im Vertrieb verkauft die Produkte global, der Versandkaufmann muß mit dem Kollegen in Kuala Lumpur ebenso zurechtkommen wie mit dem in Alabama. Die Monteure und Facharbeiter wiederum erklären ihren Kollegen aus dem neu erworbenen Werk in Brasilien die Maschinen, die Ingenieurin erläutert die Baupläne. In der Vorstandsetage verhandeln Management und Vorstände derweil mit dem französischen Konkurrenten über eine anstehende Fusion.

Die meisten dieser Gespräche und Verhandlungen werden auf Englisch stattfinden. »Eine Sprache – nämlich das Englische – wird sich im Management durchsetzen, sozusagen als zweite Muttersprache«[35], das steht für Roland Berger, Deutschlands berühmtesten und erfolgreichsten Unternehmensberater, fest. Dennoch werde die eigentliche Muttersprache nicht wegfallen. Denn Sprache bestimmt das Denken und Fühlen, und die neuen Unternehmen brauchen alle Eigenschaften, die die Menschen verschiedener Nationalitäten mitbringen. »Menschen, die aus unterschiedlichen Kulturen kommen, fällt eben mehr ein«, sagte Unternehmensberater Berger und zählte seine Beobachtungen auf: »Die Italiener können ihre Stärke im Design und Marketing ausspielen, die Deutschen ihre Fähigkeiten als Tüftler, Ingenieure und Organisatoren. Die Franzosen sind Superinformatiker und -analytiker, die Engländer die besten Finanzleute.«[36]

Das wissen auch die Personalchefs der Großkonzerne. Für die über Landesgrenzen hinweg entstandenen Unternehmen werden sie sich in Zukunft daher Arbeitskräfte aus allen Staaten suchen. Da in den nächsten Jahren vor allem europäische Unternehmen – vom Großkonzern bis zum Mittelständler – fusionieren werden, kommen Arbeitnehmer vor allem in der EU unter einen bis dahin nicht gekannten Konkurrenzdruck. Ingenieure und Graphikerinnen, Controller und Software-Expertinnen zwischen Stockholm und Lissabon werden sich um dieselben Jobs bewerben – und gleiche Chancen haben. In Zukunft wird noch stärker zählen, was teilweise schon immer maßgeblich für eine Stellenvergabe war: fachliches Know-how. Da Wissen, Intelligenz, Verständnis, Kreativität und Bildung bislang nicht technisch reproduzierbar sind, es keinen noch so ausgetüftelten Computer mit diesen Qualitäten gibt, entscheiden in Zukunft einzig die Mitarbeiter eines Unternehmens über dessen Wettbewerbsfähigkeit.

Nachdem durch Rationalisierung in den Unternehmen bis zur Schmerzgrenze, das heißt bis kurz vor Produktionsstop, Personal abgebaut wurde, sind die Mitarbeiter nun wieder von entscheidender Bedeutung. Der Mensch im Betrieb stellt damit keinen unangenehmen Kostenfaktor dar, der wegrationalisiert werden muß, sondern er ist es, der die Voraussetzungen dafür schafft, Kosten zu schmälern, Produkte zu verbessern und Prozesse zu optimieren. Die Fähigkeiten der Mitarbeiter sind der Garant für Marktanteile, Umsatz und Gewinn eines Unternehmens.

Das gilt übrigens nicht nur für die Büroabteilungen, sondern genauso für die Arbeitnehmer in den Fertigungshallen. Da Geld überall auf der Welt vorhanden und vor allem in jeder Menge verfügbar ist, entscheidet auch nicht mehr allein das Kapital über Forschungsfortschritte, Neuentwicklungen, Produktionsverbesserungen und Verkaufserfolge. Ebenso wichtig sind dabei clevere, weltoffene und flexible Arbeitnehmer.

Diese Eigenschaften werden im allgemeinen eher jungen Menschen zugeschrieben. Da in Deutschland – genau wie in allen anderen Industrieländern – die Geburtenrate jedoch seit Jahren sinkt, sind Unternehmen dazu gezwungen, verstärkt in aller Welt nach Humankapital suchen. Ein unschönes Wort, doch es verdeutlicht die Wichtigkeit, mit der Unternehmen ihre Personalauswahl belegen. Es kommt daher nicht von ungefähr, daß Unternehmer und Industrievertreter seit Jahren in Deutschland für ein Einwanderungsgesetz plädieren, eine leichtere Einbürgerung und einen weniger strikten Umgang mit Arbeitserlaubnissen fordern.

Aber wo ist er, dieser Arbeitnehmer des 21. Jahrhunderts? Es gibt nicht einmal genügend Manager, die alle diese Anforderungen erfüllen, ganz zu schweigen von Mitarbeitern weiter unten in der Hierarchie. Eine »seltene Spezies«[37] schreibt die *WirtschaftsWoche* über den Euro-Manager. Das ist erstaunlich, da vor allem angehende Führungskräfte meistens schon während ihrer Ausbildung in verschiedenen Ländern studieren und lernen. Die renommierten Universitäten, in denen die zukünftigen Manager ihren begehrten Master of Business Administration (MBA) machen können, befinden sich in St. Gallen, Fontainebleu, Barcelona und Harvard, nicht in Deutschland. Gerade für MBA-Kandidaten wäre es angemessen, daß sie in verschiedenen Ländern Praktika absolvieren oder dort zeitweilig arbeiten. Und auch von Studenten – ob Betriebswirtschaft oder Maschinenbau – wird heutzutage allgemein erwartet, daß sie schon einmal längere Zeit im Ausland verbracht haben. Wenn es dann allerdings an die Umsetzung geht, sehen Deutschlands Unternehmensvertreter im Ausland schlecht aus. 30 Prozent aller ins Ausland geschickten Mitarbeiter scheitern, hat das Institut für Interkulturelles Management herausgefunden. Die meisten leiden zu sehr unter der Trennung von der Familie, geraten in Alkoholabhängigkeit, haben psychosomatische Krankheiten, werden lethargisch und erledigen ihre Arbeit nicht mehr oder scheitern an der Mentalität des Gastgeberlandes.

Aber auch der Umgang mit nichtdeutschen Kollegen und Geschäftspartnern will gelernt sein. Welcher deutsche Unternehmensgesandte weiß schon, daß er sich in arabischen Ländern nicht in der Öffentlichkeit die Nase putzen darf, da dies als äußerst unhöflich gilt. Und seinen chinesischen, koreanischen und japanischen Verhandlungspartnern sollte er auf keinen Fall während eines Gesprächs die Schuhsohle entgegen halten, sie würden sich sonst beleidigt fühlen. Angeblich sind schon Milliardendeals zwischen amerikanischen und japanischen Konzernen in letzter Minute wegen derartigen Verstößen gegen die Etikette geplatzt. Aber auch kleine Unachtsamkeiten, die fehlende Höflichkeitsfloskel und ein falsch plazierter Witz können multikulturelle Geschäftsbeziehungen beeinträchtigen. Bis zu zwei Milliarden Mark verlieren deutsche Unternehmen jährlich durch ungeschickte Mitarbeiter im Ausland, das hat die Bochumer Ruhr-Universität errechnet.

Harte Zeiten kommen auch auf die Führungskräfte und ihre Angestellten in den international fusionierten Multis zu. In den USA sprechen sich die Mitarbeiter üblicherweise – unabhängig von ihrer Stellung in der Hierarchie – mit dem Vornamen an. Ein eigener Arbeitsplatz mit Topfblume und individuellem Wandschmuck ist in den meisten amerikanischen Unternehmen unbekannt. Entweder haben die Mitarbeiter gar keinen festen Arbeitsplatz, oder sie sitzen mit bis zu 150 anderen in einem Großraumbüro, in dem allenfalls mannshohe Trennwände ein wenig Intimsphäre schaffen. Platz für persönliche Gegenstände ist nicht vorhanden. Gerade in den Zukunftsbranchen – Internet, Software, Medien, Dienstleistungen – ist es durchaus üblich, daß auch höhere Angestellte bis hin zum Chef in den Großraumbüros arbeiten. Die USA bringen aber noch weitere Überraschungen mit in europäisch-amerikanische Konzernehen. So gehört es zum guten Ton, ja kann über Aufstieg und Karriere entscheiden, mit Kollegen und Vorgesetzten auch die Freizeit zu verbringen. In Deutschland wäre es wie in den meisten anderen europäischen Staaten undenkbar, daß ein Ingenieur den Manager des Hauses fragt, ob er mit ihm Tennis spielen geht. In US-Firmen ist dieser zwanglose Umgang erwünscht und wirkt nicht anbiederisch.

Doch auch innerhalb Europas hat jedes Land seine unterschiedlichen Mentalitäten und Gewohnheiten, die grenzüberschreitende Firmenzusammenschlüsse nicht eben vereinfachen. Sind ein Glas Wein in Frankreich zum Mittagessen, ein schnelles Glas Bier oder ein Sherry zwischen Frühstück und Mittag in Spanien ein Ausdruck von kultivierter Lebensart oder einfach Lebensfreude, gilt dies in nordeuropäischen Ländern als ungezügelt. In den USA wäre dieser lockere Umgang mit Alkohol schon ein Kündigungsgrund.

Zum Multikulti in Büro und Werkhalle kommen die unterschiedlichen Firmenphilosophien und Unternehmensmentalitäten hinzu. Wer jahrelang für einen Betrieb gearbeitet hat, identifiziert sich auch mit dem Unternehmen und dem Produkt. Normalerweise ist eine solche Bindung an den Arbeitgeber erwünscht, denn sie stärkt die Loyalität. Doch in fusionierten Unternehmen stoßen zwei Philosophien aufeinander. Die Arbeitnehmer hatten bisher den Konkurrenten ihres Chefs ebenso verachtet, wie der selbst es tat. Nach der Fusion sollen sie mit dem ehemaligen »Feind« friedlich und kooperativ zusammenarbeiten. Das ist nicht eben einfach, und fusionierte Konzerne geben Milliarden dafür aus, die Kulturen der Unternehmen zusammenzubringen. Geschieht dies nicht rechtzeitig und schnell genug, bescheren die Unterschiede neben Problemen enorme Kosten, die bis zu 40 Prozent des Gewinns ausmachen können. So tragen die unterschiedlichen Persönlichkeiten und eine Vermischung von Kulturen ihren Teil dazu bei, daß Fusionen in 50 bis 70 Prozent aller Fälle nicht die in sie gesetzten Erwartungen erfüllen.

Was aber machen nun die anderen Menschen? Die, die nicht den hochgeschraubten Anforderungen der nachindustriellen Zeit genügen? Die, die keine Fremdsprachen beherrschen, nicht kreativ genug, zu unflexibel und zu ungebildet sind? Sie werden sich mit schlecht bezahlten Hilfsjobs begnügen müssen. Sie werden die Dienstleistungen erbringen, die sich die gut Verdienenden leisten können. Der Soziologe Ulrich Beck nannte die zu erwartende Entwicklung in den Industrieländern Europas »Brasilianisierung«: »Europas Zukunft kann man – wenn die Politik jetzt nicht handelt – in vormodernen Ländern, zum Beispiel in Brasilien, besichtigen. Dort verdienen sich die meisten Menschen ihren Lebensunterhalt als Dienstboten aller Art oder sind Arbeitsnomaden, die zwischen verschiedenen Tätigkeitsfeldern, Beschäftigungsformen und Ausbildungen hin- und herpendeln. Phasen der Erwerbsarbeit wechseln sich mit Phasen der Arbeitslosigkeit ab.«[38] Beck gibt Deutschland noch zehn bis 15 Jahre, bis auch hier derartige Zustände herrschen werden.

III. Paarungsbereitschaft in jeder Branche

Gründe für eine Fusion gibt es für alle Unternehmen in sämtlichen Branchen. Denn jeder Konzern will wachsen, kann dies aber aus eigener Kraft nicht in dem erwünschten Ausmaß. Schwäche gibt niemand gerne zu, und deswegen haben sich die Unternehmenslenker auf einen bestimmten Sprachkodex geeinigt. Von feindlichen Übernahmen einmal abgesehen, bezeichnen sie angekündigte Fusionen als *Merger of Equals*, als einen Zusammenschluß unter Gleichen. Diese beschönigende Darstellung stellt sich bei genauerer Betrachtung der Unternehmensdaten zwar meistens als unzutreffend heraus, da einer der beiden Beteiligten fast immer stärker ist und von der Fusion profitiert. Aber die Sprachregelung von den gleichberechtigten Partnern soll Arbeitnehmer, Aktionäre sowie die sich für die Fusion interessierenden Regierungen und die Öffentlichkeit beruhigen. Außerdem hilft sie den Vorstandslenkern, in der ersten Phase der Fusionsankündigung das Gesicht zu wahren. Wenn sich dann später – nach vollzogener Paarung – doch etwas anderes herausstellt, ist der Schwächere der Gleichen meistens schon mit Geld abgefunden oder hat einen lukrativen und ruhigen Posten im Aufsichtsrat erhalten. Ein Ende der Brautschau ist derzeit nicht absehbar. In einigen Branchen sind allerdings die schönsten Anwärterinnen mit der größten Mitgift schon vergeben.

1. Autokonzerne stecken im Stau

Ein Blick auf die Schnellstraße einer deutschen Großstadt am frühen Abend genügt, um die Situation der Autokonzerne zu verstehen: Zu viele Autos drängen sich auf zu wenig Raum. Niemand kann richtig Gas geben, denn vor und neben ihm wollen die anderen auch schneller fahren und eher ankommen. Die Gefährte sehen sich zum Verwechseln ähnlich, sind groß, aufgebläht und schwerfällig. Wenn mehrere Fahrer in einem Auto fahren würden, könnten sie Geld, Zeit, Energie und Nerven sparen.

Den Autokonzernen ergeht es nicht anders. Die Unternehmen der führenden autoproduzierenden Länder – USA, Europa, Südkorea und Japan – haben in den vergangenen Jahrzehnten riesige Fabriken mit gigantischen Werkhallen aufgebaut, um Autos in Massen zu produzieren. Acht Millionen Fahrzeuge spuckte General Motors, weltgrößter Automobilkonzern, 1998 aus, Ford kam auf rund 7,8 Millionen, DaimlerChrysler und Volkswagen bauten immerhin auch jeweils um die vier Millionen Vehikel. Zusammen haben alle Konzerne der Welt in dem Jahr 57 Millionen Autos gebaut. Die Zahl hört sich beeindruckend an, doch die Autokonzerne schöpfen ihre Kapazitäten bei weitem nicht aus. Sie könnten jährlich 19 Millionen Fahrzeuge mehr produzieren, das hat der ehemalige Ford-Präsident Sir Alex Trotman ausgerechnet. Sein Kollege Robert Eaton, Chef von DaimlerChrysler, glaubt gar, daß seine Branche 23 Millionen Autos im Jahr mehr herstellen könnte, als zu verkaufen wären. Das bedeutet, daß die Unternehmen höchstens zwei Drittel der theoretisch herstellbaren Gesamtmenge an Autos ausgestoßen haben. Die Fabriken, Roboter, Fertigungsstraßen und teilweise selbst die Mitarbeiter für die volle Kapazität sind vorhanden und verschlingen Tag für Tag Geld. 30 Prozent der weltweit vorhandenen Autofabrikationshallen haben nach dieser Rechnung das ganze Jahr über nichts zu tun. Von den 300 Produktionsstandorten der Welt sind demnach 100 überflüssig.

Außerdem ist der Markt eng. Neben Nordamerika ist Europa eine der Hauptabnehmerregionen. Doch hier tummeln sich zu viele Autoproduzenten, während die Kundenschar relativ konstant bleibt. In der EU leben 370 Millionen Menschen, denen die europäischen Hersteller eine große Auswahl bieten. Da gibt es die Firma Fiat in Italien, die außerdem noch die Marken Maserati, Alfa Romeo, Ferrari und Lancia produziert. Aus Frankreich kommen die Autos von Peugeot-Citroen und Renault, aus Schweden die von Volvo, jetzt zu Ford gehörend, und von Saab unter dem Konzerndach von General Motors. In Deutschland ist es für Autokonzerne noch enger, aber immerhin haben sie eine lange Tradition in dem Land, wurde doch das Automobil hierzulande von Karl Benz erfunden. Von Porsche in der Nische der schnittigen Sportwagen einmal abgesehen, überschneiden sich die Produktpaletten von Volkswagen/Audi, DaimlerChrysler und BMW.

Volkswagen hat in den vergangenen Jahrzehnten bereits in den USA und Lateinamerika Fabriken aufgebaut sowie in Europa eingekauft und sich so einerseits Konkurrenten vom Hals geschafft und andererseits erfolgversprechende Märkte gesichert. So kamen der spanische Autokonzern Seat und das tschechische Unternehmen Skoda zu VW. In den siebziger Jahren hatte VW bereits den deutschen Hersteller Audi übernommen, der in den vergangenen Jahren als Luxusmarke mit hochpreisigen Limousinen aufgebaut wurde. In Italien sicherte sich VW-Chef Ferdinand Piëch Lamborghini und Bugatti, die ein ähnlicher Mythos umweht wie die britische Edelmarke Rolls-Royce. Den schicken Namen darf VW allerdings nur bis 2003 verwenden, dann fallen die Rechte an BMW. Volkswagen behält jedoch die Produktionsstätte und die zu Rolls-Royce gehörende Marke Bentley. Angesichts der Überkapazitäten auch im Hause VW wunderten sich Branchenkenner schon 1998 zum Kaufzeitpunkt, warum Piëch 1,44 Milliarden Mark für Rolls-Royce und Bentley ausgab, um letztlich nur Fließbänder und Hallen zu bekommen.

Durch die bislang spektakulärste transatlantische Fusion von Daimler-Benz und Chrysler liegt dieser neue Konzern auf dem dritten Platz der Weltrangliste (s. Kapitel II. 1). Er konkurriert nun direkt mit General Motors (Platz eins) und Ford (Platz zwei). An vierter Stellen stehen VW und Toyota aus Japan. Einer dieser fünf Großen wird in absehbarer Zeit den kleinsten der drei deutschen Autokonzerne übernehmen: Die Bayerischen Motorenwerke gelten seit langem als Übernahmekandidat. Experten sind sich sicher, daß das Unternehmen nicht allein überleben kann. Als aussichtsreichster Anwärter wird immer wieder Volkswagen genannt, doch auch Ford und Fiat zeigen angeblich Interesse.

Der ehemalige Ford-Chef Trotman geht davon aus, daß es in wenigen Jahren weltweit nur noch sechs Autokonzerne geben wird: Zwei in den USA, zwei in Europa und zwei in Japan. Sein Nachfolger an der Ford-Spitze, Jac Nasser, schloß sich der Sichtweise übrigens an, daß es je zwei Unternehmen in den Zonen der Weltwährungen Dollar, Euro und Yen geben wird. Analysten geben Ford und General Motors, DaimlerChrysler und Volkswagen, Toyota und Honda die besten Chancen, diese Zonen zu besetzen. Andere Meinungen gehen davon aus, daß nur fünf Hersteller übrigbleiben. Bei dieser Prognose dürfte einer der japanischen Anbieter als eigenständiges Unternehmen verschwunden sein. Außer Toyota stehen die japanischen Autokonzerne Nissan, Honda und Mitsubishi nicht gut da. Nissan, zweitgrößter Autohersteller des Landes, mußte für das Geschäftsjahr 1998 einen Nettoverlust von umgerechnet 520 Millionen Mark eingestehen und daraufhin die Dividende für das Jahr streichen. Renault war den Japanern im März 1999 beigesprungen und beteiligte sich mit 35 Prozent an Nissan. Diese beiden Firmen sind Problemfälle in der Autowelt – aufgebläht, unproduktiv und mit zu vielen Überkapazitäten belastet. Sie versprechen sich von der Allianz, in den Markt des jeweils anderen vordringen zu können. Gemeinsam bringen sie es immerhin auf einen Marktanteil von 15 Prozent in Japan und Europa. Langfristig werden jedoch die Vorstände nicht umhin können, Fabriken zu schließen, um so Kosten zu senken.

Zusätzlich zu den hausgemachten Problemen leiden die japanischen Autohersteller an der Asienkrise. 1998, ein Jahr nach Ausbruch der Krise, ist die japanische Autoproduktion auf den Stand von Ende der siebziger Jahre gesunken. 9,96 Millionen Fahrzeuge liefen 1998 von den Bändern, das war ein Einbruch der Produktion um nahezu acht Prozent. Damit haben in diesem Jahr alle japanischen Hersteller zusammen nur unbedeutend mehr Autos produziert als General Motors allein.

Den Nachbarn in Südkorea ergeht es nicht besser. Der Autokonzern KIA ging 1998 pleite, und die Regierung sowie der IWF, der wegen der Finanzkrise ins Land geholt worden war, drängten das marode Unternehmen dem ehemaligen Konkurrenten Hyundai auf. Der größte Autokonzern des Landes leidet jedoch selbst unter den Auswirkungen der Asienkrise: Die Menschen in den asiatischen Nachbarländer können sich kaum neue Autos leisten, und auch im Inland konnten die Koreaner nur noch die Hälfte der Vorjahresproduktion absetzen. Hyundai hat umgerechnet 13 Milliarden Mark Schulden in den vergangenen zwei Jahren angesammelt, die der Vorstand dringend abbauen möchte. Der noch verbleibende andere Autokonzern in Korea, Daewoo, hat es ebenfalls schwer. Er mußte auf Druck der Regierung völlig unrentable kleinere Hersteller übernehmen, die er wegen politischer Interessen nicht schließen darf. Auf lange Sicht werden die Koreaner aber nicht um Stillegungen ganzer Standorte herumkommen: Das Land hat Überkapazitäten von rund 55 Prozent.

Die Autokonzerne haben also global ähnliche Probleme, die sie alle auf dieselbe Weise lösen wollen: durch Fusionen und Übernahmen. Dieser Trend ist in der Automobilbranche nicht neu, hat sich doch die Zahl der Hersteller in den vergangenen drei Jahrzehnten bereits halbiert. Insbesondere in Europa wird sich das Übernahmekarussell weiter drehen, denn die Unternehmen leiden hier nicht nur unter ihren Strukturproblemen, sondern werden durch den Euro weiter unter Druck gesetzt. Durch die Gemeinschaftswährung werden Kosten und Preise direkt vergleichbar. Branchenanalysten rechnen damit, daß die Preise in Europa kräftig fallen werden, nicht zuletzt auch wegen der starken Konkurrenz durch die amerikanischen Anbieter. Der europäische Markt für Mittelklassewagen gilt als derart gesättigt, daß Händler nicht mehr an den verkauften Autos verdienen, sondern lediglich an den

Serviceleistungen nach dem Verkauf. Die Unternehmensberatung Cap Gemini schätzt, daß bei den europäischen Konzernen bis zum Jahr 2000 zwischen Umsatz und Kosten eine Lücke von 18 Milliarden Dollar klaffen wird. Mit anderen Worten: Die Preise fallen schneller, als die Unternehmen rationalisieren können.

Die Vorstandschefs geraten also unter Zugzwang. Die wirtschaftlichen Notwendigkeiten zwingen sie zum Handeln. Niemand möchte außerdem der letzte allein arbeitende Konzern sein, der den Fusionen und Übernahmen seiner Konkurrenten tatenlos zugeschaut hat und übriggeblieben ist. Außerdem hat ihnen ein Mann vorgemacht, wie ein Autokonzern auf Kurs ins 21. Jahrhundert gebracht wird: Jürgen Schrempp, Chef der fusionierten DaimlerChrysler AG. Dieser Weltkonzern hat das Fusionskarussell erst richtig in Schwung gebracht.

Wenn Jürgen nur noch Bob sagt: die DaimlerChrysler AG

Jürgen Schrempp, Vorstandschef von DaimlerChrysler, hat Maßstäbe gesetzt. Seitdem er 1995 Vorstandsvorsitzender der Daimler-Benz AG wurde, hat er den Konzern entschlackt und verschlankt, die verlustreichen Töchter verkauft oder entsorgt. Schrempp zerlegte die marode Tochtergesellschaft AEG in Einzelteile, schloß unrettbare Einheiten und verkaufte den Rest. Den niederländischen Flugzeugbauer Fokker, der seit Jahren Milliardenverluste produziert hatte, trieb Schrempp in den Konkurs, indem Mutterkonzern Daimler-Benz die Rechnungen für seine Tochter nicht mehr zahlte. Den ebenfalls verlustreichen Flugzeugbauer Dornier gab Schrempp mit 300 Millionen Mark Mitgift an das US-Unternehmen Fairchild ab.

1996 hatte Schrempp die Strategie seines Vorgängers, Edzard Reuter, beerdigt. Reuter wollte aus Daimler-Benz einen integrierten Technologiekonzern machen, hatte jedoch die Zeichen der Zeit nicht erkannt und politische Umwälzungen wie das Ende des Ostblocks und seine Folgen ignoriert. Schrempp räumte auf, verabschiedete sich von alten Ideen und konzentrierte sich auf die Kerngeschäfte: Autos, Lastwagen und Busse, Flugzeuge, Raumfahrt sowie hochtechnologische Dienstleistungen. Da Daimler-Benz mit Autos groß geworden war, verschiebt Schrempp 1997 die Autosparte Mercedes-Benz auf die Mutter Daimler-Benz, um die Ausrichtung des Konzerns auf Autos offensichtlich zu machen.

Sein unnachgiebiges Vorgehen über alle guten Sitten der sozialen Marktwirtschaft hinweg und sein sturer Blick auf die Aktienkurse und den Shareholder Value brachten Schrempp den Spitznamen »Rambo« ein. Zielsicher, aggressiv und skrupellos verfolgte er unbeirrbar seinen Weg zu mehr Umsatz, Gewinn, Macht und Marktanteilen. Auch äußerlich entspricht Schrempp dem Bild eines schlagenden Helden: kantiges Kinn, eckige Brille, energischer Gang, strahlendes Lachen und jungenhafter Optimismus. Schrempp ist ein »detailbesessener Fleißarbeiter«, stellte das *manager magazin* fest, und ein »begnadeter Kommunikator, Motivator, Antreiber und akribischer Arbeiter«.[39] Der Mann besitzt Charme und hat auch gezeigt, daß er zu leben weiß. So sorgte Schrempp für Aufsehen, als er mit der Chefin des Daimler-Vorstandssekretariats auf der Spanischen Treppe in Rom eine Flasche Rotwein leerte. Die italienische Polizei interessierte sich damals für die Zechgruppe, die daraufhin international für Schlagzeilen sorgte. Schrempp bekam nun noch das Etikett »Bonvivant« verpaßt, überstand aber den Vorfall ansonsten unbeschadet.

Er liebt das Abenteuer (»Ohne Mut läuft nichts«[40]) und die Herausforderung. Sei es beim Bergsteigen oder als allein verantwortlicher Manager von Mercedes-Benz Südafrika in den finsteren Zeiten der Apartheid. Schrempp hatte schon als Lehrling bei Mercedes-Benz angefangen und kehrte nach dem anschließenden Studium als Automobilingenieur dorthin zurück. Er dürfte zu den wenigen Vorstandschefs der Branche gehören, die selbst einen Motor auseinandernehmen und wieder zusammensetzen können. Und noch etwas unterscheidet Schrempp von den meisten anderen Konzernlenkern. Der mächtigste Mann an der Spitze eines deutschen Industriekonzerns von Weltgeltung kommt aus einer Gesellschaftsschicht, deren Mitglieder es sonst allenfalls bis zum Abteilungsleiter bringen. Auf seinem Weg nach oben halfen ihm keine vom Vater geerbten Verbindungen und keine Seilschaften im Lyon's Club. Schrempp hat seine Begabungen genutzt.

Nach seinem Aufstieg zum Vorstandschef wurde Schrempp der Inbegriff des neuen Managertyps, zum Idol für Jungunternehmer und Managementnachwuchs sowie zur unnahbaren Haßfigur für Gewerkschafter sowie Arbeitnehmer. Es war schon fast wieder ruhig geworden um den Rambo der deutschen Vorstandsetagen, als ihm sein größter Coup gelang. Am 7. Mai 1998 verkündet Schrempp, daß Daimler-Benz mit dem amerikanischen Konkurrenten Chrysler fusionieren wird. Er strahlt ebenso wie Chrysler-Chef Bob Eaton an seiner Seite, als er die Sensation der zusammengerufenen Weltpresse in London mitteilt. Daimler und Chrysler werden eine »Hochzeit im Himmel«[41] feiern, kokettiert Schrempp, der an diesem Tag wie ein frisch Verliebter auftritt. Und er verdeutlicht durch weitere Bilder aus dem Liebesleben das Glück von Chrysler und Daimler-Benz: »Die Braut ist schön und der Bräutigam extremst potent«.[42]

Ob schön oder nicht, die Braut bringt eine ordentliche Aussteuer mit in die Ehe. Chrysler war vor der Fusion der drittgrößte Autohersteller in den USA. Neben den Marken Chrysler verkauft das Unternehmen auch noch Autos unter den Namen Plymouth und Dodge, zudem stellt es den Geländewagen Jeep her. In den neunziger Jahren konnte sich Chrysler zum rentabelsten Autokonzern der Welt hocharbeiten, das heißt, man holte aus jedem investierten Dollar den höchsten Gewinn heraus. Das war bei dem Konzern mit Firmensitz im unscheinbaren amerikanischen Ort Auburn Hills im Bundesstaat Michigan nicht immer so gewesen. In den achtziger Jahren hatte das Management begonnen, den Konzern neu zu ordnen. Bis Anfang der neunziger Jahre wurden alle verlustbringenden Beteiligungen aufgegeben. In den noch verbleibenden Stammwerken stellte der damalige Präsident Robert Lutz die Produktion auf den Kopf und faßte die Arbeiter in Teams zusammen. Diese sind seither für die Produktion eines Autos von der Konstruktion bis zum Verkauf zuständig. Das Modell revolutionierte den Autobau in ähnlicher Weise wie die Erfindung der Fließbandproduktion durch den alten Henry Ford. 1996 war Chrysler so erfolgreich, daß das *Forbes Magazine* den Konzern zum »Unternehmen des Jahres« kürte.

In Europa hat Chrysler es trotz verschiedener Kooperationen mal mit Renault, mal mit Fiat und Lamborghini niemals geschafft, wirklich Fuß zu fassen. In Deutschland verkauft Chrysler gerade mal 20 000 Fahrzeuge im Jahr, in ganz Europa 100 000 Autos. Als Jürgen Schrempp dann am 12. Januar 1998 Chrysler-Chef Eaton eine Fusion ihrer Konzerne vorschlägt, brauchen die beiden Manager daher nur ganze 17 Minuten, um sich grundsätzlich zu einigen. Dann beginnt die Arbeit. Schrempp stellt ein kleines Projektteam zusammen, dem aus dem Daimler-Vorstand nur noch Eckhard Cordes angehört. Außerdem weiht Schrempp noch Rüdiger Grube, den Leiter der Konzernentwicklung sowie Alexander Dibelius, Investmentbanker bei Goldman Sachs, in das Vorhaben ein. Der Aufsichtsrat erfährt erst Monate später, am Tag der Unterzeichnung des Fusionsvertrags, von dem Deal. Einzig Aufsichtsratschef Hillmar Kopper wird am 16. April 1998 unterrichtet, als die Verhandlungen schon weit fortgeschritten sind. Kopper, ehemals Vorstandsvorsitzender der Deutschen Bank, vertritt den Finanzkonzern bei Daimler, da die Deutsche Bank mit 22 Prozent der größte Einzelaktionär in dem Unternehmen ist.

Eaton arbeitet nicht so verschwiegen wie Schrempp. Er informiert seinen Aufsichtsrat von Anfang an, verpflichtet aber selbstverständlich wie Schrempp alle Beteiligten zu absolutem Stillschweigen. Nichts, auch nicht die kleinste Andeutung darf an die Öffentlichkeit gelangen. Allein ein Gerücht über die angedachte Fusion hätte die Aktienkurse der beiden Unternehmen an den Börsen der Welt in die Höhe schnellen lassen und außerdem die Konkurrenz aufgeschreckt. Auch Eaton holt sich fachlichen Beistand bei einer Investmentbank und wählt die Berater von Credit Suisse First Boston.

Die Teams arbeiten in den nächsten Monaten unter Hochdruck. Sie vergleichen und bewerten die Unternehmenszahlen, stecken mögliche Ziele ab, rechnen Kostenersparnisse aus und feilschen um die heikle Frage, welche Rechtsform und welchen Sitz das neue Unternehmen haben soll. Denn Weltkonzern hin, Globalisierung her – so einfach wollen sich weder die Deutschen noch die Amerikaner von ihrer Heimat trennen. Schrempp weiß, daß er eine Verlagerung des deutschen Traditionsunternehmens in die USA oder die Niederlande, die kurze Zeit im Gespräch sind, in Deutschland nicht durchsetzen kann. Gewerkschaften, Aktionäre, Politiker – kurz gesagt: das ganz Land würde dem nie zustimmen, und der aufbrausende Sturm der Entrüstung könnte den Einigungsprozeß vereiteln.

Die Amerikaner stimmen weniger aus nostalgischen oder politischen Gründen für den Verbleib von Chrysler in den USA. Sie fanden die Vorstellung absurd, daß in einer deutschen Aktiengesellschaft auch Arbeitnehmer mit am Tisch des Aufsichtsrats sitzen. Mitbestimmung ist in den USA unbekannt und undenkbar. Aber Schrempp hat gute Argumente, als die Verhandlungen wegen dieser Frage ins Stocken geraten. »Ich habe ihnen gesagt, daß wir von 1995 bis 1998 viele unpopuläre Maßnahmen ergreifen mußten, um es bescheiden auszudrücken«, erzählte Schrempp dem *manager magazin*. »Dies ist für viele unglaublich, aber es war möglich, und die Mitarbeiter haben mitgezogen. Weil wir volle Transparenz hergestellt haben, weil unsere Argumente am Schluß stichhaltig waren. Das System in Deutschland bringt es mit sich, daß der Prozeß zwar länger dauert, manchmal auch schwerfälliger ist. Aber wenn eine Entscheidung gefallen ist, dann stehen alle dazu, und entsprechend zügig kann dann auch umgesetzt werden«.[43]

Niemand hätte »Rambo« derartig auf sozialen Konsens zielende Töne zugetraut, aber Schrempp kann Eaton überzeugen. Sie entscheiden sich schließlich dafür, daß der neue Konzern eine Aktiengesellschaft nach deutschem Recht wird. Zu der Entscheidung trägt allerdings auch bei, daß »es für die Aktionäre auf beiden Seiten des Atlantiks das beste ist«[44], wie Schrempp später sagte.

Die beiden Autobosse treffen sich oft in den Monaten zwischen Januar und Mai 1998. »Dabei pflegten Schrempp und Eaton ein Versteckspiel wie verheiratete Ehemänner, die sich heimlich mit der Geliebten treffen: Sie wechselten oft die Hotels und buchten auch mal ein weniger feines Etablissement, weil sie dort eher unerkannt absteigen konnten«[45], weiß der *Spiegel* zu berichten. Wenn einer der beiden das Hotelzimmer verlassen will, lauscht er erst an der Tür, ob denn auch die Luft rein ist. Die zwei Männer kommen sich näher, und angeblich hat es nie Streit zwischen ihnen darüber gegeben, wer den neuen Konzern führen soll. Sie einigen sich schnell, daß sie das Unternehmen in den ersten drei Jahren gemeinsam lenken werden. Nur eine Frage bleibt bis zum Schluß ungeklärt: Wie soll der Gigant mit weltweit 421 000 Mitarbeitern und einem Umsatz von 234 Milliarden Mark heißen?

Alle drei Namen – Chrysler, Daimler und Benz – gehen auf die Unternehmensgründer zurück und zeugen von Tradition. Außerdem haben die Deutschen Karl Benz und Gottlieb Daimler das Auto erfunden, zudem 1900 mit dem »Mercedes« den ersten modernen Kraftwagen auf den Markt gebracht. Eaton findet, daß die transatlantische Verbindung Chrysler-Daimler-Benz heißen muß. Auf keinen Fall, wehrt Schrempp ab, schließlich bringe Daimler-Benz die größere Aussteuer mit und deswegen komme nur der Name Daimler-Benz-Chrysler in Frage. Benz geht schließlich in den Verhandlungen verloren, doch das Bild des Firmengründers wird die neuen Aktien der DaimlerChrysler AG zieren.

Die Fusionswelle rollte im Mai 1998 bereits, aber einen Zusammenschluß von der Größe hatte es in Europa bis dahin nicht gegeben. Bei dieser Übernahme wurde Kapital in Höhe von 40 Milliarden Dollar umgewälzt – ein bis dahin unerreichter Wert. Die diversen Berater steckten auf beiden Seiten des Atlantiks schätzungsweise 500 Millionen Mark Honorar ein. Allein die Deutsche Bank verdiente nur durch ihre beratende Tätigkeit 60 Millionen Mark an dem Deal. Doch der Aufschrei des Entsetzens blieb aus. Die Gewerkschafter und die Betriebsräte sahen die wirtschaftlichen Notwendigkeiten ein und waren damit beruhigt worden, daß niemand wegen der Fusion entlassen und nicht ein Standort stillgelegt werden sollte. Die Aktionäre beider Gesellschaften stimmten fast zu 100 Prozent der Verschmelzung zu, die Börsenbroker honorierten die Ankündigung ebenso wie Politiker aus allen politischen Lagern. Jürgen Schrempp und Bob Eaton hatten den Deal so perfekt eingefädelt, daß niemand etwas gegen das Entstehen der ersten Welt AG einzuwenden wußte.

Sie hatten allerdings gute Argumente. DaimlerChrysler ist am Umsatz gemessen der drittgrößte Autokonzern der Welt.

Er stellt – vom Luxusauto der Mercedes S-Klasse über amerikanische Alltagswagen und die kleine A-Klasse, vom modischen Geländewagen Jeep bis hin zum Miniaturauto Smart – Modelle her, die alle Bedürfnisse der Autogesellschaft erfüllen. Jeder Typ des Autokäufers kann bei DaimlerChrysler ein Gefährt für seine Ansprüche finden, vorausgesetzt, er kann es sich leisten. Der fusionierte Konzern ist der Weltmarktführer für Lastwagen aller Art, die unter dem Namen Mercedes und dem der US-Marke Freightliner verkauft werden. Nach dem Zusammenschluß kann DaimlerChrysler für all diese Modelle Teile einkaufen, dieselben Plattformen benutzen, die beste Technik über den Atlantik tauschen und die Autos gemeinsam verkaufen. Schon bei der »Verlobungsfeier« 1998 rechneten Schrempp und Eaton für das erste Jahr der Fusion mit Kostenvorteilen von 2,5 Milliarden Mark. Einige Jahre später soll der Konzern dann jährlich fünf Milliarden Mark einsparen.

Jürgen Schrempp erhielt wegen der Fusion den begehrten Titel »Manager des Jahres«, und die auf Übernahmen spezialisierte US-Zeitschrift *Global Finance* verlieh DaimlerChrysler den Preis »Deal of the Year«. Sprechen Vorstandsvorsitzende über Fusionen, fällt der Name Schrempp. So wie er die Übernahme vorbereitet und durchgezogen hat, wollen sie es auch machen, wenn sie denn den Mut finden und es sich finanziell leisten können. DaimlerChrysler gilt als Modell für eine gelungene Fusion. Noch weiß allerdings niemand, ob die unterschiedlichen Kulturen der Konzerne zusammenpassen und sich die Mitarbeiter verstehen werden. »Menschen sind das Wichtigste«[46], sagt Schrempp. Wenn die Arbeitnehmer nicht harmonisch zusammenarbeiten, machen sie Fehler, sind vom Unternehmensziel abgelenkt und können nicht mehr ihre ganze Kreativität, Intelligenz und Kraft auf das Produkt lenken. Störungen und Irritationen kosten also Geld und schmälern die vielbeschworenen Synergieeffekte, mit anderen Worten: den Gewinn.

Doch schon kurz nach Bekanntgabe der Fusion sorgten die Gehälter der Vorstände für eine gewisse Unruhe. Die amerikanischen Manager verdienen im Jahr ein Vielfaches mehr als ihre deutschen Kollegen. Allein Bob Eaton hatte im Jahr vor der Fusion 20 Millionen Mark für seine Verdienste an der

Spitze von Chrysler erhalten. Die für deutsche Verhältnisse enorme Summe setzt sich aus einem millionenschweren Grundsalär und Aktienoptionen in zweistelliger Millionenhöhe zusammen. Die Daimler-Vorstände können da nur vor Neid erblassen, bekommen sie doch im Durchschnitt nicht mehr als zwei Millionen Mark jährlich. So wird Jürgen Schrempps Einkommen auf 2,7 Millionen Mark geschätzt. Bereits im Fusionsbericht haben sie daher festgelegt, daß die Vergütungen »wettbewerbsfähig (...) im Hinblick auf die Höhe«[47] sein müßten. Das heißt nichts anderes, als daß die deutschen Managergehälter angehoben und dem amerikanischen Modell angepaßt werden. Denn kein US-Manager würde sich nach Deutschland versetzen lassen, wenn er dort weniger verdienen würde als in der Heimat. Andererseits ist deutschen Spitzenleuten nicht zu vermitteln, daß sie für gleiche Leistung weniger Geld erhalten. Da der Austausch von Arbeitskräften über den Atlantik hinweg für das Gelingen der Fusion dringend nötig ist, müssen die Gehälter zwangsläufig angeglichen werden. Eine Welt AG will außerdem weiter wachsen und braucht frische Topmanager, wenn die eigenen verbraucht oder abgesprungen sind. Geld bindet in solchen Fällen ganz ungemein an ein Unternehmen. Bei DaimlerChrysler werden Führungskräfte daher in Zukunft ebenfalls leistungsbezogene Aktienoptionen erhalten: Haben sie entscheidend zum Umsatz, zu Kosteneinsparungen oder zu gewinnträchtigen Innovationen beigetragen, wird sich dies in Zukunft auf ihrem Bank- oder Aktienkonto bemerkbar machen. In den USA sind übrigens alle Mitarbeiter von DaimlerChrysler am Gewinn des Unternehmens beteiligt. Für das Jahr 1998 bekamen die 80 775 US-Mitarbeiter durchschnittlich je 7400 Dollar, die rund 19 000 Mitarbeiter der Verwaltung und des Managements erhielten weit mehr, doch über deren Beteiligung schweigt sich die Konzernleitung aus.

Schrempp rechnet damit, daß es zwei Jahre dauern wird, bis aus Daimler-Benz und Chrysler auch innerhalb des Konzerns ein Unternehmen geworden ist. Allein zwölf deutsch-amerikanische Projektteams beschäftigen sich unter Leitung eines Vorstandsmitglieds mit über 100 Fragen der Kulturfusion. Das Unternehmen fördert den Austausch von Mitarbeitern zwischen den Firmensitzen Stuttgart und Auburn Hills und hat eine Bildungsstätte, *Corporate University* genannt, eingerichtet, die den Multikulti-Prozeß beschleunigen soll. Denn in der Führungsetage von DaimlerChrysler ist allen bekannt, daß 70 Prozent der Fusionen wegen mangelnder Mitarbeitermotivation scheitern. Das darf bei der ersten Welt AG nicht passieren, denn es stehen Tausende von Arbeitsplätzen sowie das Prestige der Unternehmenslenker und ihrer Herkunftsländer auf dem Spiel. Jürgen Schrempp lebt seit den Anfängen der Fusionsgespräche ausschließlich für die Firmenehe. »Klar ist, daß ich als einer der Väter eine emotionale Bindung zu DaimlerChrysler habe«[48], erzählte er dem *manager magazin*. Für die neue Liebe opferte Schrempp auch seine Ehe und trennte sich nach über drei Jahrzehnten von seiner Frau Renate. »Sie wollte, daß ich langsam auf die Bremse trete – und ich wollte die Fusion mit Chrysler. Das ließ sich nicht mehr in Deckung bringen«, vertraute Schrempp der *Bild-Zeitung* an. »Ich stand vor der Alternative: Arbeit oder Ehe«, sagte er, »Und ich habe gemerkt: Die Herausforderung der neuen Aufgabe bedeutet mir mehr als alles andere auf der Welt«.[49]

Schweden bevorzugen Amerikaner: wie Volvo zu Ford kam

Der Daimler-Chrysler-Deal wühlte die Branche auf. Zwei der besten Konzerne hatten sich da zusammengetan, und die Bosse der anderen Autokonzerne mußten sich nun beeilten, um noch vergleichbar schöne Bräute zu erobern. Vor allem bei dem US-Hersteller Ford machten die Manager nach Bekanntgabe von DaimlerChrysler lange Gesichter. Die Daimler-Vorstände hatten im Februar 1998 nämlich auch mit ihnen über eine Fusion gesprochen, sich dann aber für die Chrysler-Lösung entschieden. So eine feine Marke wie Mercedes hätte gut in die Produktpalette von Ford gepaßt. Der zweitgrößte Autokonzern der Welt stellt zwar viele Klein- und Mittelklassewagen her und hat mit Lincoln und vor allem dem britischen Jaguar eine sagenumwobene Luxusmarke auf dem Markt, aber zwischen diesen Kategorien »bescheiden« und »edel« haben die Amerikaner nichts anzubieten. Und der mythenumrankte

Aston Martin, die dritte Nobelautomarke unter dem Ford-Dach, ist zwar das Lieblingsauto von James Bond, aber die Kundenschar ist weltweit doch eher begrenzt: Ein Aston ist nicht unter 130 000 Dollar zu bekommen.

Und Sir Alex Trotman sah die Lücke in seinem Autokatalog. Trotman, zu Zeiten des Daimler-Chrysler-Deals noch Präsident von Ford, schickte seine Unterhändler und Investmentbanker auf die Suche. Sie sollten einen würdigen Partner in der Welt finden, dessen Produktpalette und Marktpräsenz das Ford-Geschäft ergänzen würde. Monatelang brodelte daraufhin die Gerüchteküche, doch erst kurz bevor sich die Autowelt zu ihrem jährlichen Stelldichein beim Detroiter Autosalon im Januar 1999 traf, sickerte etwas durch: Ford kauft BMW und den japanischen Konzern Honda, hieß es. Da Ford geschätzte 22 Milliarden Dollar in der Kasse für Übernahmen hatte, wunderte sich niemand über den mutmaßlichen Großeinkauf. Die Amerikaner hätten sich beide Konzerne leisten können. Angeheizt wurde das Gerücht noch durch das lautstarke und selbstgefällige Auftreten des neuen Ford-Präsidenten Jac Nasser. Er hatte erst am 1. Januar 1999 den Vorstandssessel übernommen, ließ sich aber auf der Automesse schon von seinen Ford-Kollegen als Dealmaker feiern. Er dementierte diese Gerüchte auch nicht, sondern sagte nur: »Wenn es eine gute Gelegenheit gibt, werden wir sie uns sicherlich ansehen.«[50]

Die Japaner wußten gar nichts mit dem Gerücht anzufangen. Sie hätten »niemals von einem solchen Plan gehört«[51], sagte ein Topmanager von Honda. Die BMW-Manager in München winkten ebenfalls entnervt ab. Sie hatten in den Monaten zuvor immer wieder erklären müssen, daß ihre Firma unverkäuflich sei. Das liegt weniger an der wirtschaftlichen Notwendigkeit oder dem Wert des Unternehmens, als vielmehr am Hauptaktionär. 49 Prozent der BMW-Aktien hält die Familie Quandt, die an dem Autounternehmen hängt wie an einer leiblichen Tochter. Ihre Verbundenheit geht bis ins Jahr 1959 zurück, als Herbert Quandt die damals fast bankrotten Bayerischen Motorenwerke mit einer Finanzspritze wieder zum Leben erweckte. Seine Ehefrau und die beiden gemeinsamen Kinder verwalten seit dem Tod von Herbert Quandt das

Erbe. »Die Firma zu halten ist ihnen viel wichtiger, als ob ihr Aktienpaket nun 10 Milliarden oder 15 Milliarden Mark wert ist«[52], sagt ein Bankier, der mit der Familie Quandt zusammengearbeitet hat. Niemals wären die Quandts bereit, zu verkaufen, denn das würde die Erinnerung an das Familienoberhaupt beschädigen. Ford-Präsident Nasser und sein Aufsichtsratschef William Clay Ford – immerhin ein Nachfahre von Henry Ford – hatten gegen soviel Familiensinn keine Chance. Das Gerücht über ihre Einkaufstour bewahrheitete sich nicht.

Aber es gibt noch weitere mächtige Clans in Europa, die interessante Besitztümer angesammelt haben. So kämpften zur selben Zeit in Schweden zwei andere europäische Industriedynastien um Macht und Einfluß. Volvo, Flaggschiff der schwedischen Industrie, teilte ebenfalls im Januar mit, einen Anteil von 12,85 Prozent am schwedischen Lastwagenhersteller Scania erworben zu haben. Scania zählt mehrheitlich zum Imperium der Wallenberg-Familie, die sich selbst als die »Rockefellers von Schweden«[53] betrachten (s. Kapitel II. 2). Ihnen gehört in dem Land alles, was Rang und Namen hat und Geld bringt – außer Volvo. Über die Holding mit dem schlichten Namen »Investor« hat sich Peter Wallenberg in den vergangenen Jahrzehnten bei Saab, dem Kugellagerfabrikanten SKF, ABB, der Fluglinie SAS, dem Papierkonzern Stora Enso, dem Maschinenbauer Atlas Copco und dem Pharmagiganten Astra, der kürzlich mit Zeneca fusioniert wurde, eingekauft. Hinzu kommen außerdem noch Minderheitsbeteiligungen am Telekommunikationskonzern Ericsson und dem Haushaltsgerätehersteller Electrolux. In Schwedens Industrie geschieht nichts ohne die Zustimmung des Patriarchen Wallenberg.

Wie gesagt – außer bei Volvo. Bei dem edlen Industriekonzern in Göteborg konnte Wallenberg aus Stockholm nie landen. Ihren Kauf von knapp 13 Prozent der Scania-Aktien empfand Wallenberg daher als »frech und unverschämt«[54]. Wenn jemand in Schweden etwas erwirbt, dann er.

Aber nun hatte Volvo-Präsident Leif Johansson die Anteile und stellte unmißverständlich klar, daß es dabei auch nicht bleiben würde. Wallenberg ärgerte sich zudem darüber, daß Johansson überhaupt zu Volvo gewechselt hatte, war er doch vorher 14 Jahre lang sein Statthalter bei Electrolux gewesen. Es dauerte noch bis Anfang Mai, und Johansson stockte seinen Scania-Anteil auf 20 Prozent auf. Die Botschaft war eindeutig: »Entweder bleiben wir ein wichtiger Teilhaber von Scania, oder wir übernehmen das Unternehmen ganz«[55], sagte Lars Ramqvist, Volvo-Aufsichtsratschef. Und letzteres gelang dann auch. Anfang August brach der Widerstand der Familie Wallenberg, und Volvo übernahm Scania. Investor bleibt mit 13 Prozent an Volvo beteiligt.

Doch bereits in den dunklen Januartagen dämmerte es der Autobranche, daß Volvo andere große Pläne hatte. Das Unternehmen gab dann auch zu, mit Fiat, dem Autokonzern der italienischen Agnelli-Familie, über eine Fusion zu verhandeln. Das wäre »ein gutes Paar«, hieß es aus Analystenkreisen. Fiat sei mit seinen Kleinwagen stark in Südeuropa und den aufstrebenden Ländern vertreten, und Volvo würde die Palette mit seinen Limousinen gut ergänzen. Agnelli, ebenfalls vom Format eines Rockefeller, hatte sich 1998 schon einmal für Schweden interessiert. Damals wollte die italienische Dynastie den Autokonzern Saab übernehmen. In letzter Minute hatte ihnen jedoch General Motors die Mehrheit weggeschnappt.

Manchmal wiederholt sich die Geschichte. Nachdem Ford-Chef Nasser so eine rüde Abfuhr von BMW bekommen hatte, war er in Göteborg vorstellig geworden. Er einigte sich schnell mit Johansson, die Autosparte von Volvo für 6,45 Milliarden Dollar zu übernehmen. An den Lastwagen hatte Nasser kein Interesse, im Gegensatz zu Fiat, die Volvo ganz haben wollten. Johansson aber lag viel an den schweren Fahrzeugen. Außerdem hatte Volvo bereits in der Vergangenheit schlechte Erfahrungen mit mediterranen Gesellschaften gemacht. Als sich Anfang der neunziger Jahre der französische Autokonzern Renault mit Volvo verbünden wollte, lehnten die Volvo-Aktionäre ab. Eine derartige Schlappe nach monatelangen Verhandlungen wollte Johansson nicht noch einmal riskieren. Zudem hatten andere Konzerne in den Jahren dazwischen bereits fusioniert, und weltweit war das Angebot an attraktiven Käufern gesunken.

Ford-Boss Nasser hat in Volvo ebenfalls einen Traumpartner gefunden, ist es doch eines der feinsten Autounternehmen der Welt. Die Schweden produzieren gerade mal 400 000 Autos im Jahr, die jedoch einen exzellenten Ruf haben. Neben dem Firmenlogo hat jeder potentielle Besitzer eines Volvos das Markenzeichen »Sicher« am Kühler kleben. Selbst der kleinste Volvo ist fast schon nicht mehr als Mittelklassewagen zu bezeichnen, und so passen die schwedischen Autos hervorragend in die Produktpalette von Ford. Sie schließen die Lücke zwischen dem Ford Fiesta und dem Jaguar. Außerdem hatten die Schweden in den konservativen und auf Understatement pochenden Nordoststaaten der USA in den vergangenen Jahren ein hervorragendes Verkaufsnetz aufgebaut. Ein Viertel ihrer gesamten Jahresproduktion verkauften sie dort. Ford hingegen hatte sich in der Region bislang nicht durchsetzen können.

Und zu guter Letzt übernahm Ford dann doch noch etwas von BMW. Vorstandsmitglied Wolfgang Reitzle, der nach dem Machtkampf an der BMW-Spitze im Februar 1999 gekündigt hatte, folgte Nassers Bitte und fing bei Ford an. Reitzle soll innerhalb von fünf Jahren den Marktanteil der Luxusmodelle von Ford vervierfachen, denn im Jahr 2004 will das Unternehmen eine Million Luxusautos verkaufen. Vor allem in den USA wächst dieses Segment beachtlich. Zwischen 1993 und 1998 konnten die Edelmarken aller Hersteller um 40 Prozent zulegen, und Experten rechnen damit, daß noch einmal 17 Prozent Wachstum möglich sind. Spannend bleibt zu beobachten, welche Hersteller die Konzentration überleben werden und weiterhin noch selbständig produzieren und verkaufen.

2. Chemiebranche in der Zellteilung

Die Konzerne der Chemie- und Pharmaindustrie haben schon früh begonnen, sich zusammenzuschließen oder gemeinsame Unternehmen zu gründen. In Deutschland am bekanntesten – und lange am spektakulärsten – war der Zusammenschluß von Hoechst und Schering, die 1994 ihre Agrarchemie in der gemeinsamen Tochter AgrEvo zusammenfaßten. Denn in dem weiten Feld der Chemie läßt sich Geld – außer mit Arzneimitteln – in Zukunft hauptsächlich mit gentechnisch verändertem Saatgut sowie passenden Pflanzen- und Insektengiften (Herbizide und Insektizide) verdienen. Die Konzerne trennen sich daher in der momentanen Fusionswelle von der herkömmlichen Chemie, die nicht mehr die gewünschte Rendite bringt, und konzentrieren sich auf pharmazeutische Produkte und Agrartechnik.

Über Marktführerschaft, Umsatz und Gewinn im Agrobusiness entscheiden insbesondere die in den Tiefkühlschränken der Konzerne lagernden Saaten für Massengüter wie Mais, Reis, Weizen, Baumwolle, aber auch Kartoffeln und Obst. Die US-Unternehmen Monsanto und DuPont teilen sich bereits den US-Markt für Baumwoll-, Soja- und Maissaat. Monsanto hat mit 85 Prozent Marktanteil das Monopol auf Baumwollsaaten in den USA, bei Maissaat erreicht es 45 Prozent und bei Soja 25 Prozent Marktanteil. DuPont hat über seine Agrotechnik-Tochter Pioneer eine ähnlich starke Stellung in den USA. Weltweit kontrolliert Monsanto schätzungsweise zehn Prozent des Marktes. Das setzt die internationale Konkurrenz unter Druck, die zwar die anderen Länder unter sich aufteilt, aber auch nach Nordamerika drängt. Die europäischen Konzerne müssen jedoch weitaus mehr in Forschung und Entwicklung investieren, um nicht vom Markt gefegt zu werden.

Die besten Chancen haben wie immer die größten oder die spezialisiertesten Konzerne. Das sind die, die einen oder mehrere der noch rund 1500 unabhängigen Saatzuchtbetriebe kaufen können und die über genügend Kapital sowie Wissen für biotechnologische Forschung verfügen. »Aufgrund der raschen Expansion in voll integriertes agrotechnologisches Know-how und der daraus resultierenden Wissenspolarisierung dreht sich das Akquisitionskarussell immer schneller«[56], schreiben die Pharma-Analysten der HypoVereinsbank. Sie erwarten, daß bis 2001 lediglich drei bis fünf weltweit tätige Agrarkonzerne überleben werden.

Diese Multis beeinflussen mit ihrem Monopol über weltweit vorhandene Saaten und genetische Ressourcen ganz entscheidend die Zukunft der Welternährung. Ihre Wissenschaftler suchen ständig zwischen pazifischen Tiefseegräben, dem Amazonasregenwald und den Hochebenen der Anden nach neuen Pflanzen, die sie gentechnisch verwerten können. Denn in den fernen Biotopen schlummert eine biologische Vielfalt, die sich für die Entwicklung von neuen Arzneimitteln ebenso verwenden läßt wie für die gentechnische Manipulierung von Saaten. Bei einer dieser Exkursionen ins Tierreich fanden Forscher das Gen eines Bakteriums, das sie in das Saatgut von Baumwollpflanzen einsetzten. Durch diesen Eingriff entwickelten die Pflanzen ein Gift gegen die Larve des Eulenfalters, der die Baumwolle schädigt. Kritiker befürchten jedoch, daß die Insekten bald resistent gegen das Mittel werden würden und die Bauern dann nicht mehr gegen sie ankommen werden.

Da den Konzernen bereits Hunderte von Patenten auf alle weltweit vorkommenden Kultur- und Ackerpflanzen gehören, bestimmen sie noch im hintersten Winkel der Erde über die ausgesäten Pflanzen. Die harte Konkurrenz unter den Agrarkonzernen der Industriestaaten hat für die Bauern in Entwicklungsländern fatale Folgen. Sie haben erstens keine Wahl mehr, von wem sie ihr Saatgut kaufen, da die Multis den Markt beherrschen und sich mit Patenten geschützt haben. Zweitens ist diese Saat gentechnisch so manipuliert, daß aus ihren Früchten keine neuen Samen gewonnen werden können. Hersteller Monsanto nennt sein Produkt passenderweise »Terminator« und bietet es bislang erst für Tabak und Baumwolle an. Er arbeitet aber an der Terminator-Technologie für Reis, Hirse, Weizen und Soja. Schätzungsweise 1,4 Milliarden Bauern weltweit sind darauf angewiesen, selbst neue Pflanzen zu ziehen, da sie nicht jedes Jahr Saatgut kaufen können. Seit über 8000 Jahren haben die Menschen einen Teil ihrer Ernte für die Aussaat im kommenden Jahr zurückgelegt. Die gentechnischen Veränderungen der Konzerne machen dies zunichte, damit Marktanteil und Rendite stimmen.

Neben der landwirtschaftlichen Biotechnologie können die aus der Chemie kommenden Konzerne noch mit Arzneimitteln ihre Renditeansprüche befriedigen. Die meisten Chemiekonzerne haben daher in den vergangenen Jahren ihre Unternehmen neu geordnet und entweder das Geschäft mit Kunststoffen, Tensiden und Schwefelsäure vollständig aufgegeben oder aber die Sparte abgespeckt. Denn chemische Produkte sind relativ einfach herzustellen und können heutzutage weltweit aus den Chemiefabriken in den aufstrebenden Staaten oder von den verbliebenen Unternehmen in den Industrieländern bezogen werden.

Große Gewinne lassen sich mit Medikamenten gegen möglichst weitverbreitete Krankheiten einfahren. Wer zuerst ein Mittel gegen Aids, Krebs oder Parkinson entwickelt, wird auf dem Markt bestehen. Auch ein Wirkstoff gegen Schnupfen ließe die Kassen eines Pharmakonzerns auf Jahre kräftig klingeln. Gegen zwei Drittel der bislang bekannten Krankheiten gibt es allenfalls Arzneien, die die Symptome behandeln, nicht aber deren Ursache. Die Chemiker, Biologen und Mediziner in den Labors der Arzneimittelkonzerne suchen daher emsig nach Medikamenten gegen Krankheiten der Industriegesellschaft wie Fettsucht und Erektionsprobleme. Aber Forschung ist teuer. Bis ein sogenannter Blockbuster, ein gewinnträchtiges Medikament, in der Apotheke liegt, vergehen im Durchschnitt zwölf Jahre. Das Mittel muß ja nicht nur im Reagenzglas gefunden werden, sondern zuden noch diverse Tests und Tierversuche überstehen und sich in der klinischen Erprobung bewähren. Wenn es all diese Phasen durchlaufen hat, muß es auch noch zugelassen werden. Ein Pharmakonzern gibt in dieser Zeit über 500 Millionen Dollar für ein Medikament aus, bevor er auch nur eine Mark damit eingenommen hat.

Europäische Konzerne schneiden im Wettlauf der Multis schlecht ab. Sie haben zwar weltweit führende Wissenschaftler und erstklassige Labors, doch Branchenexperten sagen, daß die Europäer an den falschen Mitteln forschen. Falsch heißt in diesem Zusammenhang nicht, daß die Krankheiten unbedeutend sind, sondern vielmehr, daß sich mit den Medikamenten nicht genug Umsatz und Gewinn erwirtschaften läßt. Die Tophits unter den Arzneien der Zukunft werden die sogenannten Lifestyle-Medikamente sein. Mittel gegen Übergewicht, Depressionen, männliche Impotenz und Beschwerden in den weiblichen Wechseljahren. Die meisten davon stammen aus US-Labors. Gelangten 1988 nur zwei derartige Mittel auf den Markt, waren es 1998 bereits zehn. Experten schätzen, daß im Jahr 2002 bereits fünf der zehn Topmedikamente Lifestyle-Produkte sein werden. Und alle werden aus den USA kommen.

Offensichtlich haben die amerikanischen Pharmakonzerne die Zeichen der Zeit erkannt. Wie in allen Industrieländern ist auch in den USA festzustellen, daß die Menschen ein immer höheres Alter erreichen und das meist bei guter Gesundheit. Auf der anderen Seite des Atlantiks ist die Gesellschaft der lustigen Alten schon lange Realität. Eine breite Masse von Männern und Frauen in den besten Jahren, die lebensfroh, unternehmungslustig und mit gut gepolstertem Bankkonto das Lebensdrittel ab 50 genießen wollen. Körperliche Probleme und Wehwehchen stören dabei, so daß sie kaufkräftig und begeistert auf die Lifestyle-Medikamente zurückgreifen. Gesellschaftliche Tabus haben sich in den vergangenen Jahren ebenfalls geändert. Vor 20 Jahren noch wäre es undenkbar gewesen, in der Öffentlichkeit über männliche Impotenz zu reden. Erstens hatten Männer offiziell keine derartigen Probleme und zweitens wenn, dann waren sie nach der gängigen Moral sowieso über das Alter hinaus, in dem sie Sex haben sollten. Der US-Pharmakonzern Pfizer konnte seine blaue Potenzpille Viagra nur in den späten neunziger Jahren herausbringen, als das Thema nicht länger tabu war. Die Investition in Viagra hat sich übrigens gelohnt. Das zufällig entdeckte Mittel erhöhte den Gewinn des Pfizerkonzerns innerhalb von nur sechs Monaten um über 40 Prozent.

Forschung und Entwicklung verschlingen Milliardensummen, so daß Fusionen allein schon deshalb sinnvoll erscheinen. Der Druck auf die Konzerne wird auch noch von anderer

Seite verstärkt. Die Regierungen der Industrieländer arbeiten an Gesundheitsreformen, die vor allem die Ausgaben für Arzneimittel senken sollen. Das bedeutet einerseits, daß nicht mehr so viele Medikamente abgesetzt werden können und andererseits eine Neuzulassung von den Pharmaherstellern schon sehr gut begründet sein muß. Wenn sich das neue Mittel nicht wesentlich von den bereits auf dem Markt befindlichen unterscheidet, werden die Krankenkassen es kaum in ihre Listen aufnehmen. Die Einsparungen bei den Gesundheitsausgaben verstärken also noch einmal den Druck auf die Forschungsvorhaben und den Etat der Konzerne. Hat dann ein Unternehmen endlich ein neues Patent bekommen, laufen gleichzeitig ältere aus. Darauf wartet die Konkurrenz bereits begierig, um das auf dem Markt befindliche Mittel unter anderem Namen selbst herausbringen zu können. Die mit dem Original identischen Nachahmerprodukte – im Fachjargon Generika genannt – erobern nun ihrerseits Marktanteile, die den Konkurrenzdruck weiter steigen lassen.

Für umsatz- und renditeorientierte Vorstandschefs gibt es also genügend Gründe, sich nach fusionswilligen und übernahmebereiten Unternehmen umzusehen. Vor allem die europäischen Konzerne müssen sich beeilen, um von den amerikanischen noch als einigermaßen gleichwertig anerkannt zu sein. Sechs der zehn umsatzstärksten Pharmaunternehmen kommen aus den USA, gemessen am Börsenwert rangieren sogar acht US-Konzerne unter den ersten Zwölf. Die ehemals furchteinflößenden deutschen Pharmariesen sind bereits auf die hinteren Plätze verwiesen und verlieren gegenüber der Konkurrenz aus den USA und den fusionierten internationalen Konzernen immer mehr an Bedeutung. Sie müssen also selbst aktiv werden, solange sie noch interessant sind.

Avanti, avanti, Aventis: Hoechst setzt mit Rhône-Poulenc alles auf Life Science

Das Warten war zermürbend. Wird seine Hoheit Scheich Saud Nasser al-Sabah, Ölminister von Kuwait, dem Begehren der Abgesandten aus Deutschland zustimmen? Wird der Herr über 24,5 Prozent der Hoechst-Aktien der deutsch-französischen Konzernehe zwischen Hoechst und Rhône-Poulenc seinen Segen geben? Der Scheich ließ die Gäste zappeln. Schließlich hatte er schon zuvor mehrfach mitgeteilt, daß der entstehende Konzern Aventis nicht im Interesse Kuwaits liege. Sein Land hatte sich 1981 mit der Kuwait Petroleum Corporation bei dem deutschen Konzern eingekauft, um einen gesicherten Absatz für das Rohöl des Landes zu haben und die Deutschen eventuell an den Golf zu locken. Doch das ausschließlich auf Arzneimittel und Agrarchemie konzentrierte Unternehmen Aventis bräuchte weder das eine noch das andere. Arzneimittel entstehen im Kopf, dann im Labor – also bislang nur in Europa und den USA. Erdöl benötigt Aventis dafür ebenfalls kaum.

Die Strategie der Scheichs war zwar nie aufgegangen, aber wenn ihre Beteiligung nur noch aus einem puren Finanzinvestment bestehen sollte, dann wollten sie das Bestmögliche aus ihrer Position als Großaktionär herausholen. Mitte Mai 1999 – fast ein halbes Jahr nach der Fusionsankündigung – rang sich Scheich Saud Nasser al-Sabah zur »grundsätzlichen Zustimmung« durch. Ein Aufatmen ging durch die Konzernzentralen von Rhône-Poulenc bei Paris und die Frankfurter Hoechst-Zentrale.

Die unerbittlichen Araber haben nach Ansicht des Pharmaexperten Matthias Dürr von der Frankfurter Analystenfirma Independent Research der Fusion allerdings mehr genützt als geschadet. Der kuwaitische Großaktionär habe für eine umfangreiche Überarbeitung der Fusionspläne gesorgt: Ein gestraffter Zeitplan, eine Sonderdividende und ein Aktienrückkaufprogramm hätten die Position der Hoechst-Eigner ebenso verbessert wie ein Anteil von 53 Prozent an Aventis – statt der ursprünglich geplanten 50 Prozent. All dies sei »auf Druck von Kuwait«[57] zustande gekommen.

Jürgen Dormann, laut *Spiegel* der »umstrittenste deutsche Manager«[58], wurde während der sechsmonatigen Hängepartie nicht müde zu verkünden, daß es zwischen seinem Hauptaktionär und ihm »keine grundsätzlichen Unterschiede gab – nie und nimmer«[59]. Was hätte er auch sonst sagen sollen? Immerhin stand sein Lebenswerk auf dem Spiel: Die völlige Zerschlagung der Hoechst AG und ihr Wiederaufstieg als Pharma- und Biotechnologiekonzern.

Als Jürgen Dormann 1994 den Chefsessel in der Hoechst-Zentrale bekam, begann er sofort, seine Vision umzusetzen. Scharen von Unternehmensberatern hatten ihm klargemacht, daß mit Industriegasen, Polyesterfasern, Essigsäure und Autolacken in Zukunft keine Renditesprünge zu erwarten seien. Gewinne hingegen versprachen Medikamente, Impfstoffe, Blutplasmaprodukte, Lebensmittelzusatzstoffe, Pflanzenschutzmittel und auch die Bandwurmpaste für den Haushund. Unter dem kämpferischen Slogan »Aufbruch 94« strukturierte Dormann den Konzern neu, kaufte das Pharmaunternehmen Roussel Uclaf und die Pharmatochter des US-Konzerns Dow Chemical, Marion Merrell Dow, um in den amerikanischen Markt einzusteigen. Dort war Hoechst schon seit Jahren ausgesprochen aktiv und hatte 1987 bereits für fünf Milliarden Mark das Chemieunternehmen Celanese gekauft, um es mit der eigenen Tochter American Hoechst zu Hoechst Celanese zu verschmelzen. Nachdem der Gesamtkonzern 1997 von einer Aktiengesellschaft in eine strategische Management Holding umgewandelt wurde, teilte Dormann die Aktivitäten in zwei Gruppen. Unter Life Sciences faßte er Pharma (Hoechst Marion Roussel), Pflanzenschutz, Pflanzenproduktion (AgrEvo, an dem auch Schering 40 Prozent hält) und Tiergesundheit (Hoechst Roussel Vet) zusammen. In die zweite Gruppe der sogenannten Industrieaktivitäten fielen die Chemiebetriebe Celanese, Trevira, Ticona, Messer und Herberts sowie all ihre Tochtergesellschaften und weltweiten Beteiligungen. Diesen Bereich wollte Dormann bis zum Jahr 2000 abstoßen.

Dabei veräußerte er einige Unternehmen ganz, andere verkaufte er in Häppchen und löste Sparten heraus. Durch den Verkauf trennte sich Dormann weltweit von insgesamt 45 000 der rund 118 000 Mitarbeiter und schmälerte den Umsatz des Kernkonzerns Hoechst um 22 Milliarden Mark. Aber die abgespaltene Chemie verringerte auch die Schulden des Gesamtkonzerns. Celanese entlastete den Hoechst-Schuldenberg um 3,2 Milliarden Mark, und DuPont zahlte für den Lackhersteller Herberts 3,1 Milliarden Mark.

Der Umbau des Hoechst-Konzerns führte zu heftigen Reaktionen bei den Arbeitnehmern. Bislang fast einmalig in der Protestgeschichte gegen Umstrukturierung und Neuorientierung waren die Aktionen der Hoechst-Forscher und Wissenschaftler in Frankfurt, die Transparente mit »No Future«-Parolen aus den Fenstern ihrer Labors hängten. Von den über 1600 Stellen in den dortigen Forschungslabors wollte Dormann 1998 allein 600 streichen. Denn obwohl der Konzern zwischen zwei und vier Milliarden Mark jährlich in die Forschung steckt, war Dormann mit den Ergebnissen der Wissenschaftler unzufrieden: In den vergangenen zehn Jahren habe Hoechst »kein innovatives Produkt auf den Weltmarkt gebracht«[60], sagte er der *FAZ*. Dabei arbeiten über 15 000 Menschen – davon 3500 Wissenschaftler – daran. Damit ist Hoechst eines der forschungsintensivsten Unternehmen der Welt.

Aber der fehlende Durchbruch in den Jahren zuvor hatte Hoechst – trotz Zukäufe und Umstrukturierung – von der Topfünf-Weltrangliste in den achtziger und kurzfristig in den neunziger Jahren auf Platz elf im Jahr 1999 abfallen lassen. »Der Schlüssel für den Erfolg liegt in Innovationen«, betont Dormann daher bei jeder sich bietenden Gelegenheit. »Nur sie geben die Ertragskraft, um durch hohe Reinvestitionen in Forschung und Entwicklung am fortschreitenden Wettbewerb nachhaltig an vorderer Position teilhaben zu können.«[61]

Hoechst war einst mit bahnbrechenden Erfindungen aufgestiegen. Als Farbwerke hatte das Unternehmen im letzten Drittel des 19. Jahrhunderts begonnen. Doch schon früh investierte Hoechst in die Forschung und war an der Entdeckung des Tuberkulose- und des Syphilis-Erregers beteiligt. Zudem entwickelte es Impfstoffe gegen die tödlichen Krankheiten Diphtherie und Tetanus. Gleichzeitig steckte Hoechst Geld in sein damaliges Kerngeschäft mit Farben und Lacken. Durch den Ersten Weltkrieg verlor das Unternehmen ebenso wie die anderen bis dahin weltmarktführenden deutschen Chemiekonzerne viele Patente und damit seine Marktstellung. Die fünf großen deutschen Konzerne (unter anderem auch BASF und Bayer) schlossen sich daraufhin 1925 zur Interessengemeinschaft Farbenindustrie Aktiengesellschaft (I.G.-Farben) zusammen, um gegen die neu entstandene britische und amerikanische Konkurrenz überleben zu können. Dies schaffte die fusionierte Chemieindustrie in der Tat, vor allem dank der Unterstützung durch die nationalsozialistische Regierung, das den I.G.-Farben kleinere Farbwerke von enteigneten Regimekritikern zuschlug. Die I.G.-Farben ihrerseits entwickelten sich zu einem Stützpfeiler der Nazidiktatur.

Durch den Zweiten Weltkrieg gewannen die I.G.-Farben. Zwischen 1939 und 1943 steigerte der Konzern seinen Umsatz um über 55 Prozent auf die damals kaum vorstellbare Summe von drei Milliarden Reichsmark. Hierzu beigetragen haben in erheblichem Maße Zwangsarbeiter aus den von Nazi-Deutschland besetzten Ländern und KZ-Häftlinge. Im Konzentrationslager Auschwitz unterhielten die I.G.-Farben das Zweigwerk Buna, in dem ausschließlich Häftlinge arbeiteten. Da die I.G.-Farben auch Zyklon B für die Massentötungen in den Gaskammern produzierten, verdienten sie direkt an der NS-Diktatur. Als die Alliierten 1945 nach Beendigung des Kriegs und der NS-Zwangsherrschaft die I.G.-Farben zerschlugen, zerstörten sie den mächtigsten Chemiekonzern der Welt. Aus ihm gingen neben Hoechst auch die ebenfalls wieder weltweit tätigen Unternehmen BASF und Bayer hervor. Die I.G.-Farben existieren übrigens als Aktiengesellschaft in Auflösung noch immer. Sie stehen unter anderem wegen ihrer Ablehnung einer Entschädigung für noch lebende Zwangsarbeiter ausgesprochen in der Kritik.

Doch Jürgen Dormann von Hoechst blickt nach vorn. Und in Zukunft wird der durch die Fusion mit Rhône-Poulenc entstandene Aventis-Konzern auf Platz zwei der Umsatzrangliste der global tätigen Chemieunternehmen stehen. Gemeinsam setzen Hoechst und Rhône-Poulenc nach den Zahlen von 1997 34 Milliarden Mark um und beschäftigen nach der Umstrukturierung weltweit 95 000 Mitarbeiter. Bis zu 11 000 Mitarbeiter sollen nach einer Analyse der US-Beratungsgesellschaft Monitor Company in den ersten drei Jahren der Fusion überflüssig werden. Allein 15 Prozent der im Aventis-Pharmasektor Tätigen sollen laut dem im Auftrag von Hoechst erstellten Bericht ihren Arbeitsplatz verlieren. In Deutschland werden sich allerdings die wenigsten der rund 12 000 noch bei der alten Hoechst Beschäftigten sorgen müssen. Mitte 1998 hatte sich der Vorstand mit dem Betriebsrat geeinigt, bis zum Jahr 2002 auf betriebsbedingte Kündigungen zu verzichten.

»Mit Rhône-Poulenc haben wir ein größeres Forschungsbudget als jede andere Pharmafirma – und das weltweit stärkste Vertriebsnetz«, freut sich Jürgen Dormann, der auch bei Aventis den Vorstand übernimmt. Im Pharmageschäft vertreibt der Konzern »vier erfolgreiche neue Produkte mit einem Gesamtumsatz von 1,5 Milliarden Dollar«[62], die in drei Jahren 4,5 Milliarden Dollar einbringen sollen. Hohe Ziele, die Dormann mit seinem Stellvertreter Jean-René Fourtou, ehemaliger Vorstand von Rhône-Poulenc, erreichen will. »Als Typen könnten die beiden Topmanager gegensätzlicher kaum sein«, hat das *manager magazin* festgestellt. Aber: »In ihrem unbändigen Erfolgs- und Führungswillen zeigen sie eine geradezu verblüffende Übereinstimmung.«[63] Dormann gilt als kühl, einsilbig und überheblich. Gesellschaftliche Anlässe meidet er und Seilschaften sollen ein Fremdwort für ihn sein. Der eher joviale Fourtou hingegen pflegt als Mitglied der französischen Ehrenlegion und Vertreter der Großindustrie beste Kontakte in die Pariser Gesellschaft, die noch weit mehr als in Deutschland vorstellbar mit der politischen Klasse verbunden ist. Schließlich war Rhône-Poulenc bis vor kurzem ein staatlicher Konzern, den der frühere Unternehmensberater Fourtou ab 1986 modernisiert hat. »Systematisch hat er unter Führungskräften und Wissenschaftlern im Konzern Netzwerke organisiert«[64], weiß das *manager magazin* über Fourtou zu berichten.

Von den beiden Vorstandschef wird das Überleben von Aventis abhängen. Sie müssen zwei unterschiedliche Unternehmenskulturen zusammenbringen, ihre deutschen und französischen Manager bis auf die Abteilungsleiterebene hinunter dazu bringen, auf Englisch zu parlieren und ihre Wissenschaftler animieren, die Forschungsergebnisse auszutauschen. »Es ist wie bei einer Mayonnaise, die man frisch anrührt«, sagte Optimist Jean-René Fourtou zu dem deutsch-französischen Gemisch. »In den ersten Minuten entscheidet sich, ob es eine gute Mayonnaise wird oder nicht.« Und Aventis ist selbstverständlich eine »verdammt gute Mayonnaise«.[65] Wirklich zusammengerührt wird die Soße übrigens in Straßburg. In der französischen Stadt an der deutschen Grenze wird die Holding mit rund 200 Verwaltungsmitarbeitern sitzen, die den weiterhin in Frankfurt ansässigen Aventis-Konzern managen werden. Von dort wollen Dormann und Fourtou noch fünf bis sechs Jahre Aventis leiten und es zur Nummer zwei unter den Pharmaunternehmen sowie zur Nummer eins der Agrarchemiekonzerne machen. Um diese hochgesteckten Ziele zu erreichen, müssen sie allerdings in den USA, dem größten Wachstumsmarkt für alle Arten von pharmazeutischen und agrartechnischen Produkten, noch weiter zulegen. Bislang ist Aventis in Nordamerika nur schwach vertreten und kann dort seinen Umsatz mit Arzneimitteln nur um 14 Prozent steigern, schätzen die Branchenexperten der Pharma-Marktforschungsgruppe IMS. Der deutsche Konkurrent Bayer kommt hingegen auf 35 Prozent Zuwachs, der europäische Konzern AstraZeneca auf 24 Prozent und das US-Unternehmen Pfizer kann seinen Umsatz um 31 Prozent steigern, schätzen die Analysten. Aventis wird sich daher in den USA nach einem fusionsreifen Unternehmen umschauen müssen, um in den Markt zu gelangen.

Auf Herz und Nieren: die schwedisch-britische Fusion von Astra und Zeneca

Ohne Percy Barnevik geht in Schwedens Wirtschaft nichts. Mit internationalen Ehrungen verschiedener Wirtschaftsuniversitäten ausgezeichnet, sitzt Barnevik im Aufsichtsrat des schwedisch-schweizerischen ABB-Konzerns, den er für die Hauptaktionäre Wallenberg zuvor als Vorstandschef geleitet hatte. Außerdem überwacht er als Aufsichtsrat die Sandvik Aktiengesellschaft, die Investor Gesellschaft sowie die US-Weltkonzerne DuPont und General Motors. Wenn Percy Barnevik auftaucht, geht es um Big Business.

Nicht ganz überraschend ist daher sein jüngster Job. Er hat die Aufsicht über den Pharmakonzern AstraZeneca übernommen, der durch die Fusion des schwedischen Unternehmens Astra mit dem britischen Konkurrenten Zeneca entstanden ist. Im Aufsichtsrat wird Barnevik die Interessen des Astra-

Hauptaktionärs – der Familie Wallenberg – würdig und gewinnbringend vertreten. Sie hielt zwölf Prozent an Astra und hatte sich lange Zeit gegen eine Fusion gewehrt, wäre doch damit ihr Einfluß halbiert worden. Doch schließlich überwogen die Aussichten auf Gewinne und Rendite, und mit Percy Barnevik als Aufsicht wußte das Wallenberg-Imperium sich gut vertreten. Barneviks Einfluß auf die Konzerne des Landes wird einzig durch den der mächtigen Wallenberg-Familie übertroffen, mit der er aber auf das engste verbunden ist. Schließlich sitzt er im Aufsichtsrat der schlicht »Investor AB« genannten Aktiengesellschaft, in der alle industriellen und wirtschaftlichen Aktivitäten der Wallenberg-Dynastie zusammengefaßt sind (s. Kapitel III. 1). Die Familie Wallenberg verdiente ihr Geld ursprünglich mit der hauseigenen Enskilda Bank, investierte aber schon Ende des vergangenen Jahrhunderts in Werften, Industrieunternehmen und Handel. Der Familienpatron Wallenberg hat um 1900 unter anderem die erste Fährverbindung zwischen der Insel Rügen und Südschweden eingerichtet, weil er die Passage als günstige Verbindung für den Handel einschätzte. »Wir sind die Rockefellers von Schweden«, sagt, wie bereits erwähnt, heutzutage seine Enkelin Gita Wallenberg. Die Besitzverhältnisse ihrer Familie lesen sich wie das Branchenverzeichnis der schwedischen Industrie.

Als die beiden Pharmaunternehmen Astra und Zeneca am 9. Dezember 1998 ihre Fusion ankündigten, konnten sie noch vom größten Zusammenschluß Europas sprechen, doch dieser Superlativ hielt in Zeiten des Fusionswahns nicht lange. Die Zahlen hörten sich jedoch zunächst beeindruckend an. Mit gemeinsamen 14 Milliarden Dollar Umsatz war AstraZeneca der viertgrößte Pharma- und Agrartechnikkonzern der Welt. In Europa konnten sie mit dem Umsatz ihrer gemeinsamen Arzneimittelsparte Platz zwei erreichen, und das zusammengelegte Agrarchemiegeschäft belegt gar den dritten Rang. Jährlich 1,1 Milliarden Dollar wollte Tom McKillop, Chef der neuen AstraZeneca-Gruppe, in den ersten drei Jahren nach der Fusion einsparen, unter anderem durch die Streichung von weltweit 6000 Arbeitsplätzen.

Die Aktienhändler an den Börsen von London und Stockholm waren begeistert. Die Zeneca-Papiere kletterten um fünf

Prozent, Astra verteuerte sich innerhalb weniger Stunden um 22 Prozent, dank einiger Millionen der beiden großen schwedischen Investmentfonds MeritaNordbank und SEB. Die Fondsverwalter wollten unbedingt an der Fusion verdienen. Schließlich hatten gerade eine Woche zuvor Hoechst und Rhône-Poulenc ihre Absichten bekanntgegeben, und nun schien endlich Bewegung in die europäische Pharmaindustrie gekommen zu sein. Auch die französischen Unternehmen Sanofi und Synthelabo hatten bereits Hochzeitspläne verkündet. Astra und Zeneca waren bei der letzten Fusionsrunde übriggeblieben, und schon lange hatte es Gerüchte um die feinen und innovativen Pharmaunternehmen gegeben. Wenn sie es nicht aus eigener Kraft geschafft hätten, einen Partner fürs Leben zu finden, wären sie von einem US-Konzern oder einem der übermächtigen britischen Konzerne Glaxo Wellcome oder SmithKline Beecham übernommen worden. Da versprach eine Fusion unter Gleichen, ein Merger of Equals, weit mehr. Außerdem setzten die Branchenbeobachter auf den Herdentrieb der Manager: In Kürze würden weitere Pharmaunternehmen nach Partnern suchen, und dann wären die AstraZeneca-Papiere eine sichere Anlage. Denn von Fusionen profitieren immer auch die Aktienkurse der gesamten Branche.

Da Astra seinen Hauptaktionär Wallenberg geschickt in die Fusionsabsichten einbezogen hatte, konnte die Firmenehe schon im April 1999 geschlossen werden. »Astra und Zeneca sind das perfekte Paar«, frohlockte Konzernchef Tom McKillop. Die Manager seien vom selben Geist beflügelt, die Produktpalette ergänze sich vortrefflich, und die Unternehmenskultur sei von wissenschaftlichem Forscherdrang durchzogen. »Die Unternehmen sind natürliche Partner«[66], meinte McKillop. »Ja, das ist eine gewinnbringende Kombination«[67], versicherte Sergio Traversa, Analyst bei der Pharmainvestmentfirma Mehta Partners. Denn beide Unternehmen seien in bestimmten, voneinander abgegrenzten Gebieten sehr stark.

Astra hält seit Jahren das Patent auf ein Mittel gegen Magengeschwüre, das weltweit zu denen gehört, die am häufigsten verschriebenen werden. Das Medikament, das unter dem Namen Prilosec oder Losec verkauft wird, hat die Schweden in die Weltrangliste gepuscht. Der Bestseller brachte noch

1997 fast die Hälfte des Pharmaumsatzes von Astra. Zeneca hingegen verkauft nach dem US-Konzern Bristol-Myers Squibb weltweit die meisten Medikamente gegen Krebs. Außerdem ist Zeneca der führende Anbieter eines Mittels gegen Migräne und betreibt etliche Krebsheilungs- und Dialyse-Zentren in den USA. Doch Bestseller hin oder her – die Patente für den Blockbuster gegen die Magengeschwüre laufen 2001 aus. Zeneca verliert ebenfalls ab der Jahrtausendwende seine Exklusivrechte auf einige Medikamente. Und es ist mit Sicherheit davon auszugehen, daß Konkurrenten schon seit Jahren auf den Zeitpunkt warten, um die Verkaufshits nachzuahmen. Astra und Zeneca behalfen sich daher mit einer Neuausrichtung von A bis Z.

Kurz nach der Fusion verkaufte AstraZeneca für umgerechnet knapp vier Milliarden Mark seine Spezialchemiesparte mit Tinte und Imprägniermitteln. Mit dem Gewinn aus dem Geschäft wollte Chef McKillop den Pharmabereich ausbauen und in die Arzneimittelforschung investieren. Beobachter mutmaßten sogleich, daß sich AstraZeneca nun auch von seiner Agrotech-Sparte trennen würde, aber diese Gerüchte verwies McKillop ins Reich der Phantasie. Immerhin hatte dieser Konzernbereich 1998 18 Prozent zum Umsatz beigetragen.

Der Verkauf des Chemiegeschäfts bescherte AstraZeneca auch noch eine Schlagzeile. Der ehemalige Chef der Chemiesparte, Jeremy Scudamore, hatte mit Hilfe der Investmentgesellschaften Cinven und Investcorp den Laden übernommen. *Management-Buyout* heißt eine derartige Transaktion im Fachjargon, da sich die Führungsspitze quasi samt Unternehmen vom Mutterkonzern freikauft. Weil der Kaufpreis doppelt so hoch war wie der Jahresumsatz und 14mal so hoch wie der Gewinn, galt das Geschäft als »das bislang größte Management-Buyout in Europa«[68], wie ein Aufsichtsratsmitglied freudig bemerkte. Superlative in Unternehmen beflügeln auch immer die Phantasie der Börsenhändler und Anleger. Sie kauften kräftig AstraZeneca-Papiere und trieben die Kurse innerhalb eines Tages um drei Prozent hoch. Und teure Aktien sind die beste Voraussetzung für weitere Fusionen und Zukäufe.

3. Die Stahlindustrie schmiedet sich zusammen

Stahl ist ein hartes Geschäft. Geht es den Unternehmen gut und läuft die Konjunktur, dann verkaufen auch die Produzenten ihren gewalzten, gezogenen und gespanten Stahl besser. Autokonzerne brauchen dann Bleche, Bauunternehmen Stahlträger, und die Maschinen- sowie Anlagenbauer nehmen Stahl ebenfalls in den gewünschten Tonnenmengen ab. Doch der kleinste Einbruch in der Konjunktur beeinträchtigt den Verkauf von Rohstahl. Die Abnehmer warten dann lieber erst einmal ab, halten ihre eigenen Investitionen zurück, produzieren und bauen weniger. Großkonzerne verringern in schlechten Zeiten zudem ihre Lagerbestände. Das vermindert ebenfalls den Absatz von frischem Stahl aus den Hütten und drückt den Gewinn sowie die Rendite. Die zyklische Abhängigkeit der deutschen Stahlproduzenten von der Konjunktur wurde in der Rezession von 1993 besonders deutlich.

Ende der neunziger Jahre hat sich der Stahlmarkt zwar wieder erholt, doch der Weltmarktpreis ist 1998 derart gesunken, daß die Weltstahlproduzenten ihre Herstellungsmengen drosseln und ihre Arbeiter auf Kurzarbeit setzen. Die europäischen Stahlkonzerne stehen zudem seit Jahren unter Druck der wachsenden Konkurrenz aus Taiwan, China, Südafrika, Indien und den jahrzehntelang hinter dem Eisernen Vorhang verschwundenen Staaten des Ostblocks wie Bulgarien, Jugoslawien oder auch Mazedonien. Der zweite große Stahlmarkt der Welt, die USA, kämpft ebenfalls mit der Globalisierung und der von den Amerikanern massiv vorangetriebenen Öffnung der Handelsgrenzen. Die US-Stahlkonzerne müssen mit den billigen, teilweise gedumpten Stahlpreisen vor allem aus Rußland und Brasilien konkurrieren. Die Staaten der EU und die USA sind die beiden größten

Stahlabnehmer, und jährlich fließen verstärkt Billigprodukte in diese Regionen.

Da Stahl zwar immer benötigt wird, aber andererseits nur mit viel Geld und teuren Anlagen herzustellen ist, bleibt die Anzahl der Stahlproduzenten weltweit überschaubar. Das heißt jedoch nicht, daß die Hochöfen und Produktionsstandorte zwangsläufig gigantische Ausmaße annehmen müssen. In Italien kam man in den achtziger Jahren auf die Idee, kleine und deswegen flexibel arbeitende Stahlwerke zu bauen. Die sogenannten Mini Mills produzieren nur wenige 100 000 Tonnen Stahl im Jahr; das jedoch auf sehr effiziente, kostengünstige und energiearme Weise.

Neue Anlagen werden bis zum Jahr 2000 fast ausschließlich in Asien gebaut. Die meisten der Vorhaben liegen derzeit jedoch wegen der dortigen Krise auf Eis, werden aber in absehbarer Zeit durchgeführt werden. Denn trotz Währungsverfall und lahmender Wirtschaft bleiben die asiatischen Staaten ebenso wie die Länder in Lateinamerika Wachstumsmärkte. Die weltmarktführenden Stahlkonzerne aus Europa, USA, Südkorea und Japan haben nur Chancen, ihre Stellung zu halten und ihre Renditeerwartungen zu erfüllen, wenn sie weiter in diese Regionen expandieren und sich zusätzlich spezialisieren und hochwertigen Stahl produzieren. Denn diesen kann die Konkurrenz aus Asien, Lateinamerika und Rußland nicht bieten. Da die Hauptabnehmer für Stahl, die Automobilhersteller, zunehmend auch andere Metalle wie Aluminium benutzen, wird »die Branche zur permanenten Entwicklung neuer und innovativer Stahllösungen gezwungen«[69], wie die Analysten der Bankgesellschaft Berlin schreiben.

Doch Forschung, Erfindungen und umgesetzte Entwicklungen verschlingen Milliardensummen. Auch die Versuche von Konzernlenkern, die Kosten mittels neuer Prozeßtechniken zu senken, sind zunächst teuer. Mittelgroße Stahlkonzerne, wie zum Beispiel in Deutschland die Salzgitter AG, haben daher keine Chance zu überleben: Sie können sich dringend benötigte Investitionen für neue Anlagen nicht leisten. Die zweite Liga wird deshalb von den Multis gekauft werden oder vom Markt verschwinden. Der britische Stahlhersteller British Steel, nach eigenen Angaben der profitabelste Stahlproduzent

Europas, konnte deshalb im Juni 1999 den wesentlich kleineren niederländischen Hersteller Koninklijke Hoogovens für rund drei Milliarden Mark übernehmen. Von der Fusion profitieren beide Unternehmen. British Steel hat ein Standbein im Euro-Raum und kann damit seine Verluste durch Wechselkursausfälle schmälern, solange das britische Pfund noch nicht zur europäischen Gemeinschaftswährung gehört. Die Niederländer hingegen behalten ihren Stahlproduzenten, der ohne einen starken Partner nach Meinung von Fachleuten das Abspecken und die notwendige Rationalisierung der Branche nicht überlebt hätte.

Da die europäischen Stahlkonzerne nach der Stahlkrise 1993 bereits kräftig entlassen haben, brauchen sie den Großteil der verbliebenen Arbeitnehmer, um die Produktion aufrechtzuerhalten. Die bereits rationalisierten Unternehmen können also nicht mehr nur auf Kostensenkungen durch geringere Mitarbeiterzahlen setzen, es sei denn, sie schließen ganze Standorte. Kein Wunder also, daß Unternehmen durch Fusionen, Kooperationen und Übernahmen ihre Ausgaben verringern und gleichzeitig ihre Kapazitäten ausweiten wollen. In Europa teilen sich die Konzerne British Steel, Arbed (Luxemburg), Usinor-Cockerill Sambre (Frankreich/Belgien) und Thyssen Krupp rund 50 Prozent des Stahlmarktes. Laut Berliner Bankgesellschaft sind sie »die treibenden Kräfte einer sich weiter konsolidierenden und konzentrierenden europäischen Stahlindustrie«[70].

Dallas im Revier: die Thyssen Krupp Stahl AG

Die Geschichte enthält alle Zutaten eines guten Krimis: einen im geheimen ausgeheckten Plan, einen Täter, seine Bande von Mitwissern, ein Opfer und eine Crew von Beschützern. Selbst ein Happy-End haben die Akteure in der größten feindlichen Unternehmensübernahme Deutschlands am Ende dem staunenden Publikum präsentiert. Vorläufig, denn noch weiß niemand, ob sich die Fusion der Erzrivalen Thyssen und Krupp Hoesch zum neu entstandenen Konzern Thyssen Krupp auszahlen wird.

Gerhard Cromme und Ekkehard Schulz, gleichberechtigte Vorstandschefs von Thyssen Krupp, machen zufriedene Gesichter und verbreiten Aufbruchsstimmung, als sie mit dem neuen Konzern am 1. März 1999 endlich offiziell durchstarten können. Gemeinsam wollen sie den fünftgrößten deutschen Industriekonzern mit weltweit 173 000 Angestellten durch die Klippen der Globalisierung lenken. Um die hochgesteckten Umsatzziele zu erreichen, haben sie den neuen Konzern so strukturiert, wie die modernsten Strategiepläne der Unternehmensberater es ihnen empfohlen haben. Von den alten Stahlkonzernen, deren Traditionsnamen die Geschichte der Industrialisierung Deutschlands geprägt haben, ist dabei nicht mehr viel übrig geblieben. Denn obwohl Thyssen Krupp weltweit die Nummer eins in der Produktion von rost-, hitze- und säurebeständigem Flachstahl ist und zu den fünf größten Anbietern von Grundstahl gehört, tragen die Stahlerzeugnisse nur noch zu knapp 30 Prozent zum Umsatz bei. Gemessen am Wert des Unternehmens macht der Stahl sogar nur 20 Prozent aus. »Wir werden im Stahlbereich nicht weiter wachsen«[71], sagte der für Stahl zuständige Vorstandschef Schulz dem *Spiegel.* Laut *manager magazin* ist der Ingenieur für Hüttenkunde »einer der fähigsten Stahlmanager der Welt«. Der Mann habe »Stahl im Blut«.[72] Er weiß, wovon er spricht, wenn er sich mit seinem Kollegen Cromme auf die anderen Sparten von Thyssen Krupp konzentriert.

Umsatz und Gewinn wollen die beiden mit Handel und Dienstleistungen, Anlagenbau, Industriegütern und vor allem Autokomponenten machen. In der Sparte Automotive (Autoteilefertigung) gehört Thyssen Krupp zu den zehn größten von Autokonzernen unabhängigen Zulieferern weltweit. Für den Sportwagenhersteller Porsche baut Thyssen Krupp bereits Vorder- und Hinterachsen für die Modelle Boxster und 911 Carrera. Bei den Sportflitzern soll es selbstverständlich nicht bleiben, daher klapperten Cromme und Schulz schon Monate vor der Fusion alle Autokonzerne ab. Autoteile hatten Krupp und Thyssen auch schon vor der Fusion hergestellt. Aber, wie Krupp-Mann Cromme dem *Spiegel* anvertraute, »durch die Fusion beider Unternehmen sind wir weitaus besser in der Lage, solche Komplettlösungen anzubieten.«[73] Also statt Einzelteilen ganze Lenksäulen und Achsen, die mit wenigen Handgriffen in den durchrationalisierten Autofabriken nur noch eingesetzt werden müssen. »Das ist für unsere internationale Wettbewerbsposition äußerst wichtig«[74], sagt Cromme und weiß sich in bestem Einvernehmen mit Thyssen-Stahl-Mann Schulz.

So harmonisch ging es zwischen den beiden – »fehlt eigentlich nur noch, daß wir miteinander schlafen«[75] (Schulz im *manager magazin*) – nicht immer zu. Denn bis sich selbst die Konzernlogos so ansprechend ineinanderfügten und sich der Thyssen-Bogen schützend über die drei Krupp-Ringe beugen konnte, vergingen eineinhalb Jahre eines Wirtschaftskrimis in mehreren Folgen.

Gerhard Cromme steckte 1996 in der Bredouille. Der von ihm seit über zehn Jahren geleitete Krupp-Konzern drohte durch die Folgen der Stahlkrise von 1993 unterzugehen. Das Unternehmen hatte Milliarden an Schulden aufgehäuft, die im Verhältnis zum Eigenkapital eine »Relation, nicht weit entfernt von der Bonität eines Junk Bonds«[76] ausmachten. In den Jahren zuvor hatte Cromme Krupp durch alle Widrigkeiten der sich ändernden Weltwirtschaft, der Rezession und der lahmenden Konjunktur gelenkt. Er hatte den Konkurrenten Hoesch feindlich übernommen und erfolgreich in den Krupp-Konzern integriert, den Stahlstandort Rheinhausen stillgelegt, das gesamte Unternehmen entschlackt und neu geordnet. Und dennoch: Cromme fehlte Geld für Investitionen und weiteres Wachstum. Wenn nicht bald etwas passieren würde, war ihm 1996 klar, dann würde es Krupp »in fünf Jahren nicht mehr«[77] geben.

Wie jeder andere Vorstandschef auch fällt Cromme seine Entscheidungen selbstverständlich nicht allein mit seinen Vorstandskollegen, sondern ist umgeben von Beratern aus den Investmentbanken und Unternehmensberatungen. Außerdem steht ihm ein Aufsichtsrat zur Seite. Im Hause Krupp jedoch herrscht ein besonderer Geist, denn schließlich trägt der Traditionskonzern seinen Namen nicht umsonst. Beherrscht wird das Unternehmen vom großen alten Mann des Reviers, von Berthold Beitz. Beitz ist mit dem Unternehmen so verwoben, wie die Krupp-Sippe es einst war. Schon zu Lebzeiten von Alfried Krupp, dem letzten der Familie im Konzern, führte Beitz als Generalbevollmächtigter die Geschäfte. Nach dem Tod von Alfried Krupp 1967 wurde Beitz Ehrenvorsitzender des Aufsichtsrats und Chef der Alfried Krupp von Bohlen und Halbach-Stiftung, die seitdem das Krupp-Erbe verwaltet und 50,24 Prozent an der Krupp AG hielt. Ohne den Patriarchen passiert bei Krupp nichts, und Cromme kann seine Entscheidungen nicht fällen, ohne im Stammsitz Villa Hügel vorgesprochen zu haben. Beitz ist 1996 über die desolate Lage des seit über 100 Jahren erfolgreichen Unternehmens genauso schockiert wie sein Ziehsohn und mutmaßlicher Nachfolger in der Stiftung, Cromme.

Cromme beauftragt die Investmentbanker von Goldman Sachs, eine Strategie zur Übernahme von Thyssen – Geheimcode Hammer und Thor – auszuarbeiten. Denn was Cromme wenige Jahre zuvor mit Hoesch geglückt ist, will der »Manager des Jahres 1992« nun noch einmal schaffen: eine feindliche Übernahme. Der Erzrivale, von den Bankern Thor getauft, ist zwar wesentlich größer und umsatzstärker, doch Cromme eilen die Bankvorstände der Deutschen und der Dresdner Bank zur Seite. Sie schnüren ihm ein Paket mit 13,6 Milliarden Mark, mit dem Cromme die Thyssen-Aktien kaufen kann. Die Summe übersteigt zwar bei weitem die Kruppschen Möglichkeiten, doch die Banker rechnen Cromme vor, wie er den Milliardenbetrag nach erfolgreicher Übernahme zurückzahlen kann. 215 Millionen Mark kämen durch die Thyssen-Dividende herein, abgestoßene Beteiligungen brächten ebenfalls einige Millionen und allein durch die Kraft des neuen Großkonzerns ließen sich in kurzer Zeit »auskömmliche Bilanzrelationen«[78] erreichen. Schon bis zum Jahr 2000 wäre die Verschuldung auf sieben Milliarden Mark reduziert. Das wären weniger Schulden, als die beiden Konzerne allein zu verkraften hätten. Mit anderen Worten: Die Fusion rechnet sich, auch wenn sie zunächst teuer scheint. Die Banker sind begeistert: »Mehr als die für den Thor-Erwerb aufgenommenen Finanzschulden sind bis zu diesem Zeitpunkt getilgt«[79], weiß der *Spiegel* aus dem »Hammer und Thor«-Papier zu berichten.

Zur Begeisterung bestand auch aller Grund. Bei geglückter Fusion wären an die Herren von Goldman Sachs 200 Millionen Mark Honorar gegangen. Die Deutsche und die Dresdner

Bank hätten nicht nur kräftig an den Zinsen verdient, sondern endlich beweisen können, daß auch sie wissen, was Investmentbanking ist. Die Amerikaner hatten ihnen seit den achtziger Jahren eindrucksvoll vorgeführt, wie man Geld mit dem zukunftsträchtigen und lukrativen Bankgeschäft verdienen kann, und beide Banken hatten sich in London jeweils eine Investmentbank zugelegt. Großartige Erfolge konnten sie jedoch nicht vorweisen. Cromme kam ihnen da mit seinem Plan gerade recht, und den damaligen Vorstandschef der Deutschen Bank, Hilmar Kopper, störte es auch nicht, daß sein Vorstandskollege Ulrich Cartellieri im Thyssen-Aufsichtsrat saß. Denn, so das alte Credo der Deutschen Bank: Was gut ist für uns, ist gut für Deutschland.

Doch es kam alles anders. Am Freitag, dem 14. März 1997, wird Thyssen-Aufsichtsratschef Heinz Kriwet der vertrauliche Plan der damaligen Krupp-Attacke auf Hoesch zugespielt – das Papier ist mit dem Hinweis versehen, daß etwas Derartiges wieder geplant wird. Auf der Hauptversammlung am selben Tag kann sich der damalige Thyssen-Chef Dieter Vogel noch hinstellen und eine Fusion mit Krupp oder gar eine feindliche Übernahme durch den Konkurrenten ins Reich der Phantasie verweisen. Über das Wochenende verdichten sich zwar die Hinweise, aber die Thyssen-Manager wiegen sich dennoch in Sicherheit. Am Montag schließlich platzt die Bombe. Thyssen-Chef Vogel muß zerknirscht eingestehen, daß Krupp zum Angriff geblasen hat.

Deutschland ist entrüstet. Derart aggressiv waren Konzernlenker bislang nicht vorgegangen. Der damalige Bundeskanzler Helmut Kohl beschwert sich über die unverantwortlichen Manager, und Wolfgang Clement, damals Wirtschaftsminister von Nordrhein-Westfalen, klagt, daß die »Politik den Finanzjongleuren ausgeliefert«[80] ist. Die Gewerkschaften organisieren Massenstreiks, um gegen befürchtete Entlassungen und Hüttenschließungen zu demonstrieren. Aufgebrachte Stahlkocher legen zeitweise das Frankfurter Bankenviertel lahm und heizen die Diskussion um die Macht der Banken in der Industrie an. Die sich so schick und modern gebenden Bankiers haben plötzlich ein Imageproblem und müssen feststellen, daß das Ruhrgebiet doch nicht Dallas ist.

Das größte Problem hat jedoch Thyssen-Chef Vogel. In kürzester Zeit muß er eine Abwehrstrategie auf die Beine stellen. Nach einem ersten Gespräch mit dem Kontrahenten Cromme einigen sich die beiden, über eine Fusion der jeweiligen Stahlsparten ihrer Konzerne zu verhandeln. Über eine gemeinsame Thyssen Krupp Stahl AG hatten sie schon öfter nachgedacht, aber diesmal ist die Sache ernst. Das sehen auch die Thyssen-Großaktionäre Commerzbank, Allianz Versicherung und Thyssen-Stiftung so, die sich in die Abwehrfront einreihen und noch die Spezialisten der US-Investmentbank JP Morgan zu Rate ziehen. Das Klima zwischen Vogel und Cromme ist naturgegeben giftig, Verhandlungen sind nur unter der Moderation von Vertrauenspersonen möglich. »In dieser Lage erwies sich Beitz als Crommes kongenialer Partner«, schreibt das *manager magazin*. »Der Krupp-Senior lud gleich mehrfach zum Essen in die Villa Hügel ein und brachte so die Kontrahenten wieder an einen Tisch.«[81] Immerhin können die beiden Stahlmanager Cromme und Vogel sich dank ausgesuchter Tischsitten innerhalb von einer Woche darüber einig werden, daß Krupp auf die feindliche Übernahme »jetzt und für die Zukunft«[82] verzichtet.

Statt dessen wird schnell klar, daß sie die Stahlsparten beider Konzerne friedlich fusionieren werden. Angesichts der schlechten Stahlkonjunktur, der fortschreitenden Globalisierung und der ausländischen Konkurrenten ergibt dies wirtschaftlich Sinn. Auch lassen sich so am einfachsten Arbeitsplätze und Überkapazitäten abbauen. Die Leitung, so einigen sich Vogel und Cromme, soll der Stahl-Vorstand von Thyssen, Ekkehard Schulz, übernehmen. Er soll dafür sorgen, daß Thyssen Krupp Stahl wettbewerbsfähig wird und bis zum Jahr 2001 noch einmal 6600 Arbeiter weniger in den verbleibenden Hütten Stahl kochen.

Doch wenn Banker rechnen und Unternehmensberater analysieren, dann tun sie dies überaus gründlich. Die beauftragten Consultants kommen alsbald zu dem Schluß: Erst die Vollfusion bringt wirklich die angestrebten Synergieeffekte. Wenn Thyssen und Krupp zusammengehen, kann der neue Konzern schon ab 2001 über eine Milliarde Mark jährlich einsparen. Selbst konservativ gerechnet, wäre die Tendenz der Einsparungen steigend. Bliebe es hingegen bei der Fusion der Stahlsparten, verringerten Thyssen und Krupp ihre Kosten hingegen nur um 550 Millionen Mark jährlich, und das ohne weitere Einsparpotentiale in den folgenden Jahren.

Krupp-Aufsichtsrat Berthold Beitz war begeistert. Allerdings stellte er unmißverständlich klar, daß der Name Krupp in dem neuen Konzern erhalten bleiben müsse. Thyssen-Chef Vogel – nun wieder ganz wachsam – und seine Entourage hatten sich überlegt, nun ihrerseits die Mehrheit an Krupp zu übernehmen wollen. Vogel dachte dabei wohl nicht zuletzt an seine berufliche Zukunft, die er gern als Vorstandschef des neuen Unternehmens weiterführen wollte. Unter Kontrahent Cromme wollte er nicht arbeiten. Krupp-Mann Beitz jedoch konnte sich einen Konzern ohne Cromme nicht vorstellen. Und das Unternehmen zu verkaufen, das kam für ihn erst recht nicht in Frage. Vogel verbiß sich in die Idee und merkte nicht, daß sein Aufsichtsratschef Heinz Kriwet längst in das Beitz-Lager gewechselt war. Die Thyssen-Aufsichtsräte und Mehrheitsaktionäre wollten nach den Verhandlungen und leisen diplomatischen Treffen in der Villa Hügel keine Übernahme, sondern eine Fusion. Für Kriwet lohnte sich seine flexible Haltung: Er ist seit 1998 Vorsitzender des Aufsichtsrats von Thyssen Krupp. Vogel hingegen hielt den Druck nicht aus und kündigte.

Die Gunst der Stunde erreichte nun auch Stahlmann Ekkehard Schulz. Die Aufsichtsräte beider Konzerne beauftragten ihn und Cromme, ein tragfähiges Konzept auszuarbeiten. Sie legten ihre bislang unabhängig voneinander arbeitenden Planungsstäbe zusammen und bildeten 19 Arbeitsgruppen. Am 6. Februar 1998, nicht einmal ein Jahr nach dem Versuch der feindlichen Übernahme, konnten die zukünftigen Vorstandschefs Schulz und Cromme die Einzelheiten der Fusion bekanntgeben. Der bis dato größte Wirtschaftskrimi in der Geschichte Deutschlands fand ein Happy-end.

Der Schmusekurs zwischen Cromme und Schulz hält an. Beobachter und Manager des Hauses Thyssen Krupp sind zwar einhellig der Meinung, daß Cromme der starke Mann im Konzern ist. Das Unternehmen, die Entscheidungen und die Zukunftstrategie trügen seine Handschrift, heißt es. Doch letztlich ist das irrelevant. Was zählt, ist der geglückte Umbau eines Großkonzerns mit 173 000 Mitarbeitern und die Anpassung an den Strukturwandel in einer als nicht zukunftsfähig angesehenen Altindustrie. Ob das Konzept der Doppelspitze Cromme und Schulz langfristig aufgeht und den Wettbewerbsbedingungen standhält, beobachten Analysten und Anleger weiterhin mit Spannung.

4. Die Börsen streben auf den globalen Marktplatz

Der Zug der Unternehmen in die Welt veranlaßt auch die Börsengesellschaften, sich global zu orientieren. Denn von kleinen Börsenplätzen wie Stuttgart, München oder auch Stockholm und Mailand aus können sie den Geldhunger ihrer Kunden nicht befriedigen. Zu diesem Kreis gehören einerseits die Aktiengesellschaften, andererseits Aktienhändler, Banken und andere sogenannte institutionelle Anleger wie Versicherungen sowie Fondsgesellschaften. Grob gesehen, sind es also zwei Gruppen, die sich auf dem Marktplatz Börse tummeln. Dennoch verfolgen sie dieselben Interessen: sehr viel Kapital einzunehmen.

Auf der einen Seite stehen Aktiengesellschaften, die Anteilsscheine an ihrem Unternehmen verkaufen und dann über die Börse handeln lassen. Sie verdienen nur am Verkaufstag an ihren Aktien, da dieser Erlös direkt in ihre Kassen fließt. Der erste Tag und die Vorbereitungen darauf heißen folgerichtig Börsengang, werden aber heutzutage als *Going Public* bezeichnet. Der Gewinn – oder auch der Verlust – aus dem späteren Handel hingegen kommt dem Käufer der Aktie zugute beziehungsweise belastet ihn. Die Investmentabteilungen von Banken regeln das komplizierte und teure Going Public für die Unternehmen. Da eine einzelne Bank mit der Abwicklung eines Börsengangs leicht überfordert sein könnte, teilen sich meistens mehrere Finanzinstitute den meist sehr lukrativen Auftrag. Die börsennotierte Aktiengesellschaft kann selbstverständlich auch eigene Anteilsscheine halten. Diese wird sie aber nicht im eigentlichen Sinne als Kapitalanlage erwerben, sondern um ihren Einfluß im eigenen Konzern zu sichern.

Die Millionen von Kleinanlegern handeln normalerweise nicht selbst an der Börse, sondern beauftragen eine Bank, die gewünschten Papiere zu kaufen oder zu verkaufen. Die Händler der Banken bilden mit den freien Händlern und ihren Kollegen von den Versicherungen und Fondsgesellschaften die zweite Kundengruppe der Börsen. An dem ununterbrochenen Kaufen und Verkaufen in den Hallen sowie in den Computernetzen der Börse verdienen die Börsengesellschaften. Obwohl sich alle Beteiligten über hohe Kurse freuen, ist es für die Börsengesellschaften unwichtig, ob Aktien teuer oder billig sind. Denn ihr Verdienst richtet sich nach der umgesetzten Menge und den daraus abgeleiteten Werten (Derivate). Die Börsen stellen sozusagen die Markthallen zur Verfügung. Sie leben von den Mieteinnahmen und Provisionen, die sich aus der umgeschlagenen Warenmenge ergeben.

Jahrhundertelang besaßen die Börsen das Monopol für den geregelten Handel mit Spekulationsobjekten. In ihren Räumen trafen sich Kaufleute, um Geld für ihre Waren und Geschäfte aufzunehmen: Sie sicherten Schiffslieferungen aus Übersee ab, versetzten Schuldverschreibungen, spekulierten auf die kommende Weizenernte und die Preise für Schweinehälften. Die Ware war in den Börsen nie real vorhanden, doch in gewissem Sinne noch greifbar. Spekulativer und abstrakter wurde der Börsenhandel ab Ende des 19. Jahrhunderts, als erstmals in größerem Umfang Anteilsscheine an den neu entstehenden Aktiengesellschaften ge- und verkauft wurden. Im Prinzip änderte sich bis in die siebziger Jahre dieses Jahrhunderts nichts an dem Geschehen auf dem Börsenparkett: Die Händler kamen morgens, kauften und verkauften Aktien, gingen abends wieder. Doch die fortschreitende Globalisierung heizte ihre Phantasie an. Sie und ihre Kunden suchten schließlich nach immer neuen Möglichkeiten, durch Spekulationen Geld zu erwerben. Die amerikanischen Broker begannen daher Mitte der siebziger Jahre gemeinsam mit den Börsengesellschaften, alle möglichen Arten von abgeleiteten Börsengeschäften, die sogenannten Derivate, zu entwickeln. Dabei kauft man nicht mehr eine Aktie, sondern spekuliert auf deren Kursentwicklung zu einem beliebigen oder festgelegten Zeitpunkt. Mittlerweile gibt es eine schier unüberschaubare Anzahl von Derivaten, da aus ihnen noch weitere abgeleitet wurden. Die Amerikaner kamen auch auf die Idee, die besten Aktien an der New Yorker Börse in einem Index zusammenzufassen (Dow Jones), woraus sich wieder neue Geschäftsvarianten ergaben. Der Phantasie sind bei Spekulationsobjekten an der Börse keine Grenzen gesetzt. Die europäischen und später auch die anderen Börsen der Welt übernahmen die Ideen der Amerikaner, entwickelten Derivate und faßten ihre Aktien in bestimmten Gruppen (Index) zusammen. Die Deutsche Börse brauchte bis 1988, bis sie den Deutschen Aktienindex Dax einführte. In ihm sind die 30 wichtigsten deutschen Unternehmenstitel zusammengefaßt. 1996 kam der Mdax hinzu, in dem die 70 folgenden börsennotierten Unternehmen gelistet sind.

Die multinationalen Konzerne waren von den Derivaten begeistert. Sie erhielten so Zugang zu einem theoretisch unbegrenzten Kapitalmarkt, auf dem sie sich mit Geld eindecken können. Das brauchen sie in Zeiten der globalen Ausdehnung immer dringender für Investitionen im eigenen Land oder in den aufstrebenden Staaten der Welt. Investmentgesellschaften, Banken und Versicherungen nutzten den boomenden Derivatemarkt in den achtziger Jahren ebenfalls zur Geldvermehrung aus dem Nichts.

Doch erst der Computer hatte den Handel mit derartigen fiktiven Geschäften ermöglicht, da diese zuvor nicht abgebildet werden konnten. Durch die Errungenschaften und Entwicklungen des Computer-Zeitalters verlieren die Börsengesellschaften jedoch ihr Monopol. Per Telefon und über das Internet können Anleger heutzutage von fast jedem Punkt der Welt mit Aktien und Derivaten handeln, ohne jemals das Börsenparkett betreten zu haben. Auch Aktiengesellschaften haben das Internet für ihr Going Public entdeckt, und einige wenige Unternehmen betreiben den Handel ihrer Aktien bereits ausschließlich über das weltweite Datennetz. Diese neuen Freiheiten bedrohen also das Handelsmonopol der Börsen, die dem Treiben seit kurzem nicht mehr tatenlos zusehen. Denn schließlich geht es um ihren Gewinn.

Die führenden Börsenplätze der Welt in den USA, Großbritannien und Deutschland haben daher 1998 damit begonnen, sich zusammenzuschließen oder zumindest in einigen Segmenten ihren Handel zu koordinieren. Denn nur, wenn sie ihren Kunden einen noch größeren Kapitalmarkt bieten, können sie die Händler, Banken und Unternehmen an sich binden. Die Konzerne benötigen für ihre Ausdehnung über den Globus und die noch ungestillte Fusionslust große Summen an Kapital, das ihnen der Heimatmarkt nicht mehr in ausreichender Menge bietet. Nur weltweit finden sie genügend Geld bei willigen Anlegern. Die Börsengesellschaften wiederum sparen durch Kooperationen und Fusionen selbst Kosten, da sie nun gemeinsam elektronische Systeme für den Aktienhandel entwickeln können. Denn über kurz oder lang wird der Computerhandel zwangsläufig den traditionellen Parketthandel in den führenden Börsen der Welt ablösen. Der virtuelle Handelsplatz bietet allen Beteiligten Vorteile: Über den Computer können Aktien und Derivate ohne Verzögerungen über den ganzen Erdball gehandelt werden, ohne daß dabei die Zeitverschiebungen von Kontinent zu Kontinent berücksichtigt werden müssen. Zeit ist auch an der Börse Geld. Je schneller der Handel anläuft, desto billiger wird er für die Händler und desto größer sind die Gewinne. Außerdem konnten die technisch hochentwickelten Börsengesellschaften mit den Computerprogrammen ihre Ausgaben senken. Diese Einsparungen haben sie an die Händler weitergegeben, die ihre Kosten für die Abwicklung und Aufbewahrung der Aktien ebenfalls reduzieren konnten. Das wiederum freut institutionelle Anleger, die nun weniger für die Dienstleistungen bezahlen müssen. Ihnen bleibt so mehr Geld, das sie an den Börsen anlegen können.

Die umsatzstärkste Börse der Welt ist die New York Stock Exchange. Ihre Konkurrenten vor der Haustür, die New Yorker Amex und die größte Computerbörse der Welt Nasdaq, haben sich bereits zusammengeschlossen. Gemeinsam werden sie die Börse Philadelphia kaufen. Alle europäischen Börsengesellschaften zusammengenommen können mit den New Yorkern immer noch nicht mithalten: Sie kommen insgesamt nur auf etwa zwei Drittel der an der Wall Street gehandelten Wertpapiere. Doch auch die Europäer sind in Bewegung geraten. Bisher acht europäische Börsen haben eine Kooperation beschlossen und somit den Auftakt zu einer einzigen Europa-Börse gegeben. Und der Weckruf aus dem jahrzehntelangen Schlummerzustand kam aus Deutschland.

Bewegung auf jedem Parkett: die Deutsche Börse AG

Hektisch rennen Männer in schwarzen Anzughosen und feinen weiß-blau gestreiften Hemden umher. Zwischen Schulter und Ohr haben sie ein Handy geklemmt, mit der freien Hand kritzeln sie Buchstaben und Zahlen auf kleine Notizblöcke, reißen einen Arm in die Luft, brüllen in die Menge und lassen dabei die Anzeigentafel mit den permanent ratternden Kursnotierungen und der Kurve des Dax' nicht aus den Augen. Wer welche trägt, zieht immer wieder nervös an seinen Hosenträgern, dem Markenzeichen der Aktienhändler. Eine alltägliche Szene auf dem Parkett der Frankfurter Wertpapierbörse.

Doch sie gehört der Vergangenheit an. Zwar ist es immer noch so, daß die Händler in dem großen Saal der Frankfurter Börse ihre Aufträge ausführen. Seit Juli 1998 können sie sogar bis 17.00 Uhr kaufen und verkaufen, jahrzehntelang schloß das Parkett um 14.00 Uhr. Doch wenn es nach dem Hausherrn geht, dann sitzen die Parketthändler bald neben ihren Kollegen in den Hinterzimmern und handeln nur noch über den Bildschirm. Es wird noch einige Jahre dauern, bis der allgemein mit Börse in Verbindung gebrachte Saal geschlossen wird, aber der virtuelle Raum hat sich zu einer scharfen Konkurrenz entwickelt. »Ob das Parkett bleibt«, sagt Werner Seifert, Vorstandsvorsitzender der Deutschen Börse AG, »lassen wir den Markt entscheiden«.[83] Dabei schaut er unschuldig in die Runde, nuckelt an seiner Pfeife und lehnt sich zurück.

Werner Seifert ist für die Deutsche Börse, was Bill Gates für den Personal Computer ist. Ein kluger Visionär, ein aggressiver Stratege und ein kühler Rechner. Seine Vision besteht darin, »die führende Börsenorganisation zu werden«[84]. Nicht in Deutschland, sondern in Europa und eigentlich auch weltweit. Im eigenen Land hat die Deutsche Börse keine Konkurrenten, da sie als einzige international tätig ist. Die kleinen regionalen Börsen in Bremen oder Stuttgart mit ihrem Lokalkolorit können da getrost vernachlässigt werden. In Europa sieht es aber ein bißchen anders aus, schließlich thront hier über allen der allmächtige Londoner Finanzplatz, der auch die Herzen der Börsianer höher schlagen läßt. Und weltweit zählen dann eigentlich nur noch die USA mit ihren Börsenplätzen New York und Chicago. Die anderen zwischen Frankfurt und dem Global Village sind zu klein und machen nicht genug Umsätze, vor allem aber fehlt ihnen eine wohlüberlegte Strategie.

Als Seifert im August 1993 zum Vorstandschef der Deutschen Börse gewählt wird, ist sie gerade acht Monate alt. Die Geschichte der Börse Frankfurt reicht zwar bis 1585 zurück, die Eigner hatten jedoch erst zum 1. Januar 1993 die Geschäfte rund um die Frankfurter Börse in einer Aktiengesellschaft zusammengefaßt. Bis 1991 war das Frankfurter Parkett eine unpolierte Fläche, die nur von den Industrie- und Handelskammern genutzt wurde. Als Seifert kam, bekannte er freimütig, von Börse nichts zu verstehen. Das störte niemanden, denn Seifert hatte einen vielversprechenden Werdegang hinter sich: Er war Partner der Unternehmensberatung McKinsey, Generaldirektor der Schweizerischen Rückversicherung und Vorstandsvorsitzender der SR Beteiligungen gewesen. Und er verfügte über einen erstklassigen Mentor, der ihn nach Frankfurt geholt hatte: Rolf-Ernst Breuer, damals Mitglied des Vorstands der Deutschen Bank und Aufsichtsratsvorsitzender der Deutschen Börse. Breuer ist seit Mai 1997 Vorstandschef der Deutschen Bank.

Seifert wußte also, wie man ein Unternehmen lenkt, wie Umsätze gesteigert und Marktanteile ausgebaut werden. Er brütete und rauchte Pfeife, aktivierte alte Kontakte zu McKinsey, lernte alles über die Börse, dachte nach und durchschaute das virtuelle Geschäft mit den Optionen, Aktien und Futures dann irgendwann. Die Börse gewinnt ihr Geld ja nicht mit Aktien und den steigenden oder fallenden Kursen, sondern durch den Handel der Papiere in ihrem Hause. Je mehr Wertpapiere an einem Tag ge- oder verkauft werden, desto höher ist der Verdienst der Börse. Im Computer-Zeitalter ist es überflüssig, auf dem Markt zu stehen und dort Ware feilzubieten. Es genügt, über die Datenleitungen mitzuteilen, daß sie dort verfügbar sind. Nun wurden Aktien schon lange vor Werner Seiferts Erscheinen auf dem Frankfurter Parkett nicht mehr real angeboten, sondern immer nur papierlos gehandelt. Aber das hektische Treiben der Händler verschlingt viel Zeit und mutet angesichts eines weltweiten Datennetzes, durch das unabhängig von Raum und Zeit Informationen jeder Art versendet werden können, doch recht altmodisch an.

»Brauchen wir einen physischen Treffpunkt von Händlern und eine Bündelung von Liquidität in einem Auftragsbuch?«[85], fragte sich Seifert und setzte die Informatiker der Börse auf ein elektronisches Handelssystem an. Nach knapp zwei Jahren hatten sie das Programm Xetra (Exchange Electronic Trading) entwickelt, das den gleichzeitigen Handel von 40 000 Aktien ermöglicht und pro Sekunde 60 Geschäftsabschlüsse bewältigt. Die Broker können seit November 1997 wählen, ob sie auf dem Parkett stehen oder am Bildschirm über Xetra arbeiten. Doch der Trend geht eindeutig in Richtung Elektronik. Eineinhalb Jahre nach Einführung des Computerhandels laufen an der Frankfurter Börse bereits 90 Prozent der Geschäfte mit Dax-Werten über das elektronische System.

Mit Xetra können Aktien und alle daraus abgeleiteten Produkte schneller gehandelt werden. Und Zeit ist bekanntermaßen Geld. Denn wenn mehr Aktien in kurzer Zeit gehandelt werden, steigen die Einnahmen der Deutschen Börse. Die verdient, wie gesagt, nicht an hohen Aktienkursen, sondern an der Menge der umgesetzten Kontrakte auf ihrem Parkett und in Xetra. Da die Händler nicht den Überblick über die täglich rund eine Million abgeschlossenen Käufe und Verkäufe behalten können, führt die Tochter der Deutschen Börse, die Clearing AG, die Orders zusammen, bündelt diese und sortiert sie. Außerdem bezahlt sie für die Aktienhändler quasi die von ihnen getätigten Transaktionen. Dabei schreibt die Clearing-Abteilung nur die Summe gut beziehungsweise zieht sie ab, die tatsächlich zugunsten oder zu Lasten der Händler bewegt wurde. Je besser und zuverlässiger das Clearing ist, desto günstiger werden die Transaktionskosten für die Händler. Arbeiten die Clearing-Experten nachlässig oder versagt die High-Tech, kommen an der Frankfurter Börse schnell Zinskosten von bis zu zehn Millionen Mark täglich zusammen, wie von der Deutschen Börse errechnet wurde.

Mehr gehandelte Aktien bedeuten auch mehr Geld auf dem Kapitalmarkt. Und der brauchte das in Deutschland und Europa, findet Werner Seifert. Denn mehr Kapital und vor allem der leichtere Zugang dazu schaffen Arbeitsplätze, steigern das Bruttosozialprodukt und fördern Wachstum sowie Wohlstand – das zeigen die USA, wie Seifert in jedem Vortrag wieder und wieder ausführt. »Über eine Milliarde Euro pro Tag könnte das Bruttosozialprodukt höher sein, wären nicht die europäischen Finanzplätze in ihrer Schubkraft für Wachstum und Beschäftigung gebremst«[86], sagt Seifert. Das liegt nicht nur an Gesetzen und Regularien, das liegt auch an den Börsen in Europa. Denn nach Seiferts Analyse sind sie zu teuer, zu langsam und zu rückständig. Dazu gehört der Parketthandel genauso wie die schlechte Vermarktung von börsengängigen Unternehmen, aber auch die mangelnde Phantasie beim Erfinden neuer Börsenprodukte und die schlechte Nutzung der Kapazitäten der Börsen. Deswegen sind die europäischen Börsen allesamt kostenintensiver als die amerikanischen, die ihre Kunden – Aktiengesellschaften, Banken, Händler und Kleinaktionäre – besser bedienen. Das alles möchte Seifert ändern. Denn in den ganzen ungenutzten Reserven der europäischen Börsen, so hat er ausgerechnet, schlummern über zehn Milliarden Euro, die verdient werden können.

An die will Seifert heran. Von Frankfurt aus kann er den Wert der europäischen Kapitalmärkte aber nur abschöpfen, wenn sich die Börsen zusammenschließen. Angefangen hat Seifert deshalb im Mai 1998 mit der Schweizer Börse. Die Deutsche und die Schweizer Terminbörse verknüpften ihre Datenleitungen und programmierten ihre Großrechner mit derselben Software. Heraus kam die virtuelle Börse Eurex, die beiden Börsengesellschaften zu gleichen Teilen gehört und die die Terminbörsen der beiden Länder verschmilzt. Über Terminbörsen werden keine Aktien gehandelt, sondern aus ihnen abgeleitete Produkte, die sogenannten Derivate. Darunter fallen auch die Optionen und Futures. Anleger setzen dabei auf die zukünftige Entwicklung von Aktien, den Deutschen Aktienindex Dax, den europäischen Aktienindex Dow Jones Euro Stoxx 50 oder auf den Schweizer Aktienindex SMI. Für Unternehmen besonders interessant ist die Absicherung ihrer Wechselkursrisiken durch Optionen über Eurex. Dabei einigen sich Devisenhändler und ihre Kunden auf einen angenommenen Wechselkurs zwischen Euro und zum Beispiel dem Dollar oder britischen Pfund zu einem bestimmten Zeitpunkt. Mit dem garantierten Kurs legen Unternehmen ihre Kosten fest. Schließlich haben sie ihre Ausgaben für Rohstoffe bereits in die erwarteten Gewinne eingerechnet. Auch die Preise für ihre Produkte und Dienstleistungen basieren auf Kalkulationen, die nicht durch Wechselkursschwankungen erschüttert werden dürfen.

Ein Jahr nach ihrem Start ist Eurex die größte Terminbörse der Welt. Anleger haben durch Eurex durchaus Vorteile. Sie können einfacher und schneller auf einen größeren Markt zurückgreifen, in dem mehr Kapital fließt. Und die Gebühren für die Transaktionen sinken, da die umgesetzte Menge größer ist und die Anleger die Synergieeffekte zwischen Deutschen und Schweizern ausnutzen können. Die Schweiz war selbstverständlich nur ein Anfang, denn in allen europäischen Ländern schlummern Schätze, die Seifert heben will. An Eurex sollen sich deshalb möglichst viele Börsen beteiligen. Um ihnen den Zugang zu erleichtern und um schon jetzt an die gewünschten Informationen aus den Kapitalmärkten zu gelangen, hat Eurex bereits ein weites Datennetz über Europa bis nach Chicago und New York gespannt. Seifert ist besonders stolz darauf, daß die Software aus dem Hause der Deutschen Börse die Käufe und Verkäufe ohne Zeitverzögerung ausführt.

Der Verwirklichung seines Traums einer europäischen Börse ist Seifert im Frühjahr 1999 nähergekommen. Mit dem London Stock Exchange, nach New York die größte und umsatzstärkste Börse der Welt, verabredete er den gemeinsamen Handel. Es dauerte nicht lange, und auch die Börsenchefs von Madrid, Amsterdam, Brüssel, Mailand, Paris und Zürich waren von Seiferts Vision überzeugt. Auch sie wollten bei der Europa-Börse dabeisein und erklärten sich dazu bereit, ihre Software anzugleichen und gemeinsame Handelsregeln festzulegen. Zunächst ist geplant, daß sie nur die insgesamt 300 Spitzenwerte ihrer Länder, die sogenannten Blue-Chips, ins Netz geben. Für Deutschland starten die 30 Dax-Titel. Aber es ist lediglich eine Frage der Zeit, bis alle börsennotierten Unternehmen auf dem europäischen Marktplatz gehandelt werden.

Nur wenige Tage nach diesem bahnbrechenden Zusammenschluß konnte Seifert eine echte Fusion ankündigen. Die Clearing AG, Tochter der Deutschen Börse, werde mit der Luxemburger Cedel International zusammengehen. Hinter der Cedel Bank verbirgt sich eine der größten Aktienverwahranstalten Europas. Banken, Fondsgesellschaften und Brokerhäuser hinterlegen hier Aktien, die als Sicherheiten bei den täglichen Geschäften dienen. Häuser wie Cedel oder eben die Deutsche Börse Clearing AG garantieren, daß die Kauftransaktionen der Aktienhändler auch sicher bezahlt werden. Die Händler laufen auf dem Parkett schließlich nicht mit dicken Bündeln Geldscheinen herum. Ihre Ware liegt über den ganzen Zeitraum des Handels in den Tresoren von Cedel und ähnlichen Häusern.

Cedel und die Deutsche Börse Clearing verwalten gemeinsam Wertpapiere in Höhe von über sechs Billionen Euro. Da Cedel bereits an 33 Börsen Geschäfte in 38 Währungen abwickelt, hat Börsenchef Seifert auf einen Schlag Zugang zu Orten in der Welt, an die die Deutsche Börse aus Frankfurt allein nie gelangen würde. Außerdem verringern sich seine Ausgaben, zwischen 250 und 300 Millionen Dollar im Jahr soll die neue Gesellschaft einsparen. Hinzu kommen 150 Millionen Mark für die Deutsche Börse, da sie ein angedachtes Abwicklungssystem nun nicht mehr zu Ende entwickeln muß – das fusionierte Unternehmen übernimmt die Cedel-Software. Die Broker und Banken sparen ebenfalls durch die Fusion. Da sie nun nicht mehr mit verschiedenen Clearing-Häusern verhandeln müssen, geben sie insgesamt zwischen 750 und 900 Millionen Dollar weniger im Jahr für Clearing und Aktienverwahrung aus.

Seifert weiß sich bei seiner zielstrebigen, von Wettbewerbern vor allem als aggressiv bewerteten Strategie in harmonischer Eintracht mit den Hauptaktionären der Deutschen Börse: den Deutschen Großbanken. Sie halten 81 Prozent an der Börsen AG, den Rest teilen sich die zugelassenen Händler (neun Prozent) und die Regionalbörsen (zehn Prozent). Die Bankvorstände sind aus verschiedenen Gründen begeistert von Seiferts Art der Unternehmensführung, und es zeigt sich, daß der Chef der Deutschen Bank, Rolf-Ernst Breuer, den richtigen Mann geholt hat. Einerseits verdienen die Banken am Aktien- und Derivatehandel, besitzen sie doch gleichzeitig die größten Fondsgesellschaften und die Hauptanteile an vielen Aktiengesellschaften. Da Millionen von Kleinaktionären ausschließlich über Banken ihr Erspartes an der Börse anlegen können, verdienen diese auch an den Provisions- und Depotgebühren für Kleingeschäfte. Andererseits streben alle Banken danach, in Zukunft verstärkt Unternehmen an die Börse zu bringen. Die Bankvorstände wittern in dem Geschäftsfeld große Gewinne, und sie haben das Going Public neben ihrer Beratertätigkeit beim Einfädeln von Fusionen sowie Übernahmen zum Schwerpunkt erklärt. Doch es ist offensichtlich, daß die deutschen Sparstrümpfe für die hochfliegenden Pläne nicht ausreichen. Bis Anfang Juni 1999 sind allein in Deutschland 75 Aktiengesellschaften an die Deutsche Börse und den Neuen Markt, der Börse für junge Technologieunternehmen, gegangen. Es sind also viele Aktiengesellschaften, die um die national begrenzte Geldmenge kämpfen. Da Aktiengesellschaften jedoch nur beim Börsengang Kapital in die Kasse bekommen, brauchen sie einen größeren Kapitalmarkt. Wer es sich leisten kann, geht daher schon jetzt am ersten Tag an mehrere Börsen, um sich auch das Geld von Anlegern aus anderen Regionen der Welt zu sichern. Zum Verdruß von Seifert, Breuer und den anderen Kapitalvermehrern liegen die Börsenplätze meistens in den USA. Mit anderen Worten: Die Amerikaner verdienen am Going Public einer deutschen Aktiengesellschaft und machen den deutschen Banken und der Frankfurter Börse das Geschäft streitig.

Der Kreis schließt sich also wieder. Doch der Erfolg gibt Seifert recht. 1998 mehrte er mit seiner Strategie den Umsatz der Deutschen Börse um fast 40 Prozent auf 928,2 Millionen Mark. Der Gewinn vor Steuern kletterte gar um knapp 72 Prozent auf 213,1 Millionen Mark. Seifert hat also genug Kapital in der Schatulle, um weiter zu expandieren und der Deutschen Börse »die Übernahme der europäischen Marktführerschaft«[87] zu ermöglichen.

5. Banken suchen nach Vermögen

Nach paarungswilligen Kollegen suchen die Unternehmenschefs aller Wirtschaftszweige. Ist dieses Phänomen in manchen Branchen auch relativ neu, so haben Bankiers schon früh angefangen, sich nach Gleichgesinnten umzusehen. Gerüchte über Bankenhochzeiten in Deutschland kursieren bereits seit Mitte der neunziger Jahre. Vor allem die bayerischen Privatbanken, Hypobank und Vereinsbank, galten lange vor ihrer Fusionsankündigung als reif für eine Übernahme. Es gab Gerüchte, daß die Commerzbank in München einkaufen wolle, dann war es angeblich die Deutsche Bank, die beabsichtigte, die bayerischen Geldhäuser zu übernehmen. Doch die Bayern entschieden anders. Die Hypo- und die Vereinsbank einigten sich untereinander und waren in Deutschland die ersten größeren Privatbanken, die sich zusammentaten. Das Aufsehen fiel dementsprechend groß aus, denn nun kam endlich Bewegung in den erstarrten deutschen Markt. Die britische *Financial Times* jubelte gar: »Radikale Deals sind möglich in Deutschland.« International gesehen wirkt die bayerische Lösung allerdings eher bescheiden. Die Musik spielt – wie könnte es anders sein – in den USA und in dem Land, das durch Banken berühmt wurde: der Schweiz. Dort gaben im Dezember 1997 die mächtigsten Banken des Landes ihre Fusion bekannt, die mittlerweile auch vollzogen ist. Die Schweizerische Bankgesellschaft und der Schweizerische Bankenverein wollten sich zur United Bank of Switzerland zusammentun und damit weltweit zum größten Haus für das lukrative Investmentbanking werden, der Betreuung von privatem Anlagekapital, Verwahrung von Aktien und der Partnersuche für fusionswillige Unternehmen.

Beim Stichwort Investmentbanking bekommen Banker glänzende Augen. Darin sehen sie die Zukunft der Branche. Denn das Investieren von gesammeltem Kapital an der Börse und vor allem die Abwicklung von Fusionen oder Übernahmen gilt ihnen als der sicherste Weg, um Größe und Macht eines Bankhauses herzustellen oder zu erhalten. Daneben kommt für die Bankiers zwischen Frankfurt, Zürich und New York noch das sogenannte Asset Management, die Verwaltung von Vermögen und Wertpapieren, in Frage. Vereinfacht ausgedrückt, bedeutet dies, daß die Banken die Sparkonten ihrer Kunden in Fonds und andere Sparformen umschichten. Der Vorteil liegt darin, daß die Banken wenig eigenes flüssiges Kapital benötigen, wodurch sie wiederum ihre Profitabilität steigern. Außerdem halten sie ihre Kunden, die sich über die höheren Gewinne bei den neuen Anlageformen mehr freuen können als über die momentan niedrigen Zinssätze für ihr Sparkonto. Zufriedene Kunden sind auch treue Kunden. Die allerdings erwarten heutzutage Renditen von 15 bis 20 Prozent auf ihre Einlagen und fordern von den Banken attraktive Anlagemöglichkeiten, zum Beispiel in Fonds. So bewegen auch sie die Banken dazu, mehr und mehr Investmentbanking zu betreiben. Banker fragen sich daher manchmal, ob die wachsende Menge der Kleinaktionäre zur Lösung des Bankenproblems beiträgt – sie haben mehr Kunden – oder aber ob der Druck von renditesuchenden Kleinsparern die eigentliche Schwierigkeit darstellt – die Banken müssen sich umstellen.

Aus dem ursprünglich mit ihnen in Verbindung gebrachten Geschäft – dem Verleihen von Geld – schöpfen die Banken diesseits und jenseits des Atlantiks immer weniger Gewinne. Denn durch die historisch niedrigen Zinsen hat sich die Spanne zwischen dem Zinssatz, zu dem eine Bank Geld von der nationalen Notenbank aufnimmt, und dem, mit dem sie es weiter verleiht, in den letzten Jahren beständig verringert. In Deutschland zum Beispiel lag der Spielraum der Banken beim Leihen und Verleihen 1994 noch bei drei Prozentpunkten. Der Gewinn daraus wanderte in ihre Kassen. Bis 1999 sank die Spanne auf einen Prozentpunkt. Es ist also an der Zeit, sich nach anderen Geschäftsfeldern umzusehen.

Hinzu kommt, daß sich große Unternehmen längst kein Geld mehr bei ihrer Hausbank leihen, sondern selbst welches auf den Kapitalmärkten aufnehmen. Aktiengesellschaften können dafür zum Beispiel neue Anteilsscheine herausgeben, wie die Deutsche Telekom oder die Deutsche Bank es jüngst getan haben. Außerdem können in den Zeiten der Telekommunikation und weltweiter Vernetzung alle Arten von Bankgeschäften über den Computer abgewickelt werden. Einige Konzerne haben daher eigene Banken eröffnet, um einerseits ihre Kunden zu versorgen, sich aber andererseits auch selbst mit Geld einzudecken und direkten Zugang zu den Kapitalmärkten zu haben.

In den USA hat die verengte Marktsituation bereits dazu geführt, daß sich die Großbanken zusammengeschlossen haben. Im April 1998 fusionierten die Citicorp und die Travellers Group zur Citigroup, dem zweitgrößten Finanzkonzern der USA mit über 100 Millionen Kunden in 100 Ländern und einem Börsenwert von 140 Milliarden Dollar. Travellers Group hatte sich übrigens schon ein Jahr zuvor eine der feinsten reinen Investmentbanken, die Salomon Brothers, zugelegt und war damit für die Citicorp überhaupt erst interessant geworden. Nicht weniger beeindruckte auch die im August 1998 genehmigte Fusion von NationsBank und BankAmerica zum größten Geldhaus der USA. Aber auch die kleineren Banken kaufen sich gegenseitig auf und schließen sich zusammen. Heutzutage gibt es in den Vereinigten Staaten weniger als 9000 Banken – Mitte der achtziger Jahre waren es noch 14500.

Auch in Europa wird sich die Bankenlandschaft verändern, denn die europäischen Konzernlenker übernehmen die Strategien ihrer US-Kollegen. Die europäischen Banken werden jedoch nicht nur durch Zeitgeist und Globalisierung getrieben, sondern stehen zudem durch die Einführung des Euro unter Druck. Die gemeinsame Währung vereinfacht zwar ihre Geschäfte, führt jedoch auch zu mehr Transparenz. Kunden können auf einen Blick die Gebühren und Kosten der verschiedenen Banken in den Euro-Ländern ersehen, vergleichen und sich im Zweifel für die Konkurrenz entscheiden. Durch den Euro fällt auch der bislang lukrative Handel mit Devisen weg, der zwischen 40 und 80 Prozent vom Gewinn einer normalen Geschäftbank ausgemacht hat, wie die Unternehmensberatung McKinsey schreibt. Sie errechnete, daß von 100 Milliarden Dollar Gewinnen, die bislang durch die Devisengeschäften in Europa erwirtschaftet wurden, rund ein Viertel wegfällt. Das ist eine Menge Geld, das die Banken nun auf andere Arten verdienen müssen.

Außerdem verfügen die europäischen Geldhäuser bislang über eine weniger gute technische Ausrüstung als ihre Konkurrenten in den USA. Das heißt, sie müssen in den nächsten Jahren einen Großteil ihrer Gewinne in Software und Computer investieren, um international wettbewerbsfähig zu sein. Denn bis ein Analyst in Frankfurt mit Taschenrechner, Bleistift und Papier zum Beispiel die Gewinnchancen einer Aktienoption an der Börse von Singapur ausgerechnet hat, kann sich der Markt schon wieder völlig verändert haben – selbst wenn die Kalkulation innerhalb von einer halben Stunde korrekt erstellt wird. Da das Geschäft mit Aktien und Devisen wohl das einzige vollständig globale ist, entscheiden Minuten über Gewinn und Verlust. Schon während der Finanzkrisen in Asien, Rußland und Lateinamerika mußten die europäischen Banken erkennen, wie wichtig Vernetzung und High-Tech sind.

Die deutschen Bankhäuser werden 1999 rund 16 Milliarden Mark in neue Informationstechnik investieren, hat das britische Marktforschungsunternehmen Datamonitor ausgerechnet. Bei der Dresdner Bank liegt der Anteil hierfür bereits bei 14 Prozent der Gesamtkosten. Die Deutsche Bank rechnet mit Ausgaben in Höhe von rund zwei Milliarden Mark im Jahr für die technische Aufrüstung nach der Fusion mit Bankers Trust.

Die Automatisierung hat das Finanzgewerbe vollends ergriffen. In Zukunft werden einfache Transaktionen wie Daueraufträge, Überweisungen und Kleinkredite ohne viel Aufhebens entweder vom Kunden selbst am Bankcomputer oder von zu Hause über das Internet abgewickelt werden. Oder einige wenige Bankangestellte werden per Telefon die Order annehmen, allenfalls noch am Banktresen stehen und auf einen Mausklick alle Finanzen des vor ihnen stehenden Kunden überblicken können. Die Vorstände der Banken träumen von einer papierlosen Abwicklung der Geschäfte. Die Arbeitsplätze der Mitarbeiter werden in der Zeit der elektronischen

Datentransfers zunehmend als Kostenfaktor bewertet. Allein in Deutschland werden 450 000 Bankenmitarbeiter in den nächsten Jahren überflüssig, da dann Computer ihre Arbeit erledigen werden. Das sind über die Hälfte der Stellen in den Banken und Sparkassen. Die neuen, wettbewerbsfähigen Banken schaffen andererseits auch neue Jobs, da sie mehr Spezialisten für Software und Computer, mehr Telefonberater und Aktien-Analysten benötigen.

In allen europäischen Staaten werden die Banken dem Wettbewerbsdruck unterliegen und sich umstrukturieren müssen. In einigen Ländern, wie zum Beispiel in Italien, können die Geldinstitute schon allein Milliardensummen einsparen, indem sie ihre Häuser dem Standard der neunziger Jahren anpassen. Über 40 Jahre war in Italiens Bankenwelt gar nichts passiert, so daß nun allein schon Kosten durch transparente und kundenfreundliche Abläufe eingespart werden können. Die Bankhäuser von Schweden, Norwegen, Dänemark und Finnland werden sich in absehbarer Zeit weiter zusammenschließen und den Markt in Skandinavien halten. In Spanien und Frankreich vereinigen sich die größten Banken bereits. Großbritannien spielt die Vorreiterrolle bei der zukünftigen Entwicklung der Banken auf dem Kontinent. Das Ziel aller heißt Investmentbanking.

Die großen deutschen Privatbanken streben dort ebenfalls hin, denn auch sie kämpfen mit den Schwierigkeiten, die die Gewinne schrumpfen lassen. In Deutschland kommt jedoch hinzu, daß sich Banken und Sparkassen gegenseitig das Leben schwer machen. Die Privatbanken wickeln hierzulande nur ein Viertel des Bankgeschäfts ab, davon entfallen 17 Prozent auf die Frankfurter Finanzkonzerne Deutsche Bank, Commerzbank und Dresdner Bank. Den großen Rest teilen sich die rund 2400 Genossenschaftsbanken, Hunderte von städtischen Sparkassen, die zwölf staatlichen Landesbanken und die Postbank. Für die einflußreichen und am stärksten expandierenden Frankfurter Großbanken bedeutet dies, daß sie sich entweder nach neuen Geschäftsfeldern umschauen oder ins Ausland expandieren müssen, um die gesetzten Renditeziele zu erreichen. Der Branchenprimus Deutsche Bank verfolgt beide Strategien.

Big is beautiful: der Finanzkonzern Deutsche Bank/Bankers Trust

Die wirklich wichtigen Verhandlungen führt Rolf-Ernst Breuer, Vorstandschef der Deutschen Bank, selbst. Egal ob es sich um Kunden aus der Großindustrie handelt oder um Geschäftspartner – der mächtigste deutsche Bankier kümmert sich um die Herren persönlich, wenn es um das finanzielle Wohlergehen der Deutschen Bank geht. Mit dem Staatssekretär im US-Außenministerium, Stuart Eizenstat, will Breuer kein Bankgeschäft im eigentlichen Sinne machen, als er im Februar 1999 zum Termin nach Washington fliegt. Eizenstat ist eine der Schlüsselfiguren in Breuers größtem Deal: Die Übernahme der US-Investmentbank Bankers Trust. Ohne den Staatssekretär wird der sorgfältig eingefädelte Kauf nichts werden. Denn die nationalsozialistische Vergangenheit hat die Deutsche Bank wieder einmal eingeholt.

Kurz nach der angekündigten Übernahme meldeten sich überlebende Holocaust-Opfer der NS-Diktatur und verlangten Schadenersatz für ihre Leiden und vor allem für ihre enteigneten Konten, Wertpapiere, Edelmetalle und Güter. Mehrere Opfergruppen reichten Sammelklagen in den USA ein und forderten Milliardensummen von deutschen Konzernen. Von der Dresdner und der Deutschen Bank wollten die Opfer insgesamt 18 Milliarden Dollar Schadenersatz. Die Klagen – darüber waren sich die Juristen der Banken einig – würden sich über Jahre hinziehen, Kosten in Millionenhöhe verursachen und die Geschäfte blockieren. Die angeklagten deutschen Konzerne hatten dennoch bislang eher abgewiegelt, denn schließlich wollten die schicken Weltkonzerne nicht mit Konzentrationslagern und Gaskammern in Verbindung gebracht werden. Auch der Deutschen Bank ist die Nazi-Vergangenheit des Instituts unangenehm, aber immerhin bekennt sie sich dazu. Bereits in den achtziger Jahren baute die Bank ein unabhängiges Institut auf, stellte Historiker ein und beauftragte diese damit, die Vergangenheit des Geldhauses zu erforschen.

Doch mit den Übernahmeplänen von Bankers Trust wird Breuer klar, daß die bislang gezeigte Reue nicht ausreicht.

Denn die US-Notenbank und die Bankenverwaltung des Staates New York müssen das Zehn-Milliarden-Dollar-Geschäft absegnen. Deren Zustimmung schien jedoch äußerst unsicher, nachdem der New Yorker Stadtkämmerer Alan Hevesi Widerstand angekündigt hatte: Solange nicht alle NS-Opfer entschädigt worden seien, werde er der Fusion nicht zustimmen, hatte Hevesi gesagt. Grund genug für Breuer, nach einer geeigneten Lösung zu suchen. Mit Kanzleramtsminister Bodo Hombach reist er daher nach Washington, um mit Staatssekretär Eizenstat über einen Entschädigungsfonds zu verhandeln. Die deutschen Konzerne würden eine größere Summe einzahlen, die dann den Holocaust-Überlebenden und Zwangsarbeitern zufließen sollte, so Breuers Vorschlag. Dafür würde die US-Regierung den deutschen Unternehmen zusichern, daß sie keine weiteren Klagen zu befürchten hätten. Eizenstat war grundsätzlich hiermit einverstanden, und man verabredete weitere Verhandlungen.

Breuer engagiert sich daraufhin für den Entschädigungsfonds und kann 15 deutsche Konzernchefs von der Idee überzeugen. Obwohl bis Mai des Jahres keine konkreten Ergebnisse vorliegen, hat Breuer die Amerikaner zumindest beeindruckt. Nach einer monatelangen Hängepartie erfolgt Anfang Mai 1999 endlich die Zustimmung zur deutsch-amerikanischen Bankenehe. Auch der Widerstand von Alan Hevesi bricht, und so steht der Fusion nichts mehr im Wege.

Eine Auflösung der Verlobung wäre für die Deutsche Bank fatal gewesen. Denn das traditionelle Kundengeschäft mit Spar- und Girokonten verliert für die größte deutsche Bank zusehends an Attraktivität. Überzeugende Deals im lukrativen Geschäft mit Unternehmensfusionen kann die Deutsche Bank ebenfalls nicht vorweisen, und die bereits 1989 zu dem Zweck gekaufte britische Investmentbank Morgan Grenfell in London hat nicht die in sie gesetzten Erwartungen erfüllt. Alles, wovon Vorstandschef Breuer und seine Kollegen träumen, bringt Bankers Trust mit in die Ehe. Zusammen verwalten die Banken weltweit Vermögen in Höhe von einer Billion Mark und halten Wertpapiere über sieben Billionen Mark. Damit ist die Deutsche Bank/Bankers Trust weltweit die Nummer vier im begehrten Asset Management. Mit einer gemeinsamen Bilanzsumme von 1,4 Billionen Mark ist das deutsch-amerikanische Paar die größte Bank der Welt.

Bankers Trust kann bereits 20 Jahre Erfahrung mit dem Bankengeschäft der Zukunft vorweisen, dem Verkuppeln von Unternehmen. In den achtziger Jahren trennte sich die Bank von ihren Privatkunden und konzentrierte sich völlig auf Konzerne. Für die berüchtigte Investmentfirma Kohlberg Kravis Roberts organisierten die Banker das nötige Kapital zum Aufkaufen und Ausschlachten hilfloser Unternehmen. Nachdem das Geschäft mit den feindlichen Übernahmen (*Leveraged Buyouts*) Ende der achtziger Jahre einschlief, stürzte sich Bankers Trust auf die nächste Mode, den Handel mit Futures, Optionen und allen anderen Derivaten, die phantasievolle Broker ausgeheckt hatten. Es stellte sich allerdings heraus, daß sich die Banker in diesem höchst risikoreichen Geschäft verkalkuliert und etliche Kunden fast ruiniert hatten. Bankers Trust mußte diese nach mehreren Klagen mit 400 Millionen Mark entschädigen. Der bisherige Vorstandschef überstand das Fiasko nicht, sein Nachfolger, der jetzige Chef Frank Newman, räumte auf. Schluß mit den Termingeschäften, rein ins Geschäft mit Übernahmen und Fusionen. Da ihm und den verbliebenen Bankern jedoch sowohl das Händchen als auch die Erfahrung für Investmentbanking fehlten, kaufte Newman Banken, die etwas davon verstanden. So kamen das Investmenthaus Wolfensohn, das europäische Aktiengeschäft der britischen NatWest und die Gesellschaft Alex.Brown, die sich um die Börsengänge von mittelgroßen Unternehmen kümmerte, zu Bankers Trust. Doch auch das zugekaufte Knowhow konnte das Unternehmen nicht vor Fehlentscheidungen und Folgen aus riskanten Geschäften bewahren. Bankers-Boss Newman hatte kräftig in den aufstrebenden, aber dann strauchelnden Staaten Asiens, Lateinamerikas und Rußland investiert. Durch die Krisen dort verlor Bankers Trust Milliarden Dollar. Zerknirscht mußte Newman 1998 auch eingestehen, daß sich sein Trust mit 1,4 Milliarden Mark an dem zusammengebrochenen Fonds Long-Term Capital Management beteiligt hatte. Der überlebte die Krise nur, nachdem US-Notenbankchef Alan Greenspan eingeschritten und etliche Banken bewegt hatte, den hochspekulativen Fonds zu stützen. Denn würde dieser sich völlig auflösen, so Greenspan, seien die Volkswirtschaften ganzer Staaten bedroht – auch die der Industrieländer. Die Banken pumpten selbstverständlich nur ungern ihr mühsam erwirtschaftetes Kapital in die Geldvernichtungsmaschine des Fonds. Unter ihnen war auch die Deutsche Bank, die sich mit 500 Millionen Mark an der Rettung beteiligte. »Die scheinbar selbstlose Aktion war ein geschickter Schachzug von Deutsche Bank-Chef Rolf-Ernst Breuer«, schreibt die *WirtschaftsWoche.* »Er erwarb sich damit nicht nur das Vertrauen von Newman, sondern stimmte auch die US-Wettbewerbshüter gnädig.«[88]

Mit Verlusten aus der Asien- und Rußlandkrise kennt Breuer sich aus. Sein Institut hatte schätzungsweise 33 Milliarden Mark in Asien verliehen, als dort 1997 die Krise ausbrach. Das sind sieben Prozent ihrer insgesamt vergebenen Kredite, und damit war die Deutsche Bank von allen deutschen Geldhäusern der größte Gläubiger der zusammengebrochenen Staaten Asiens. Bank-Chef Breuer mußte daraufhin schon im selben Jahr die Risikovorsorge der Bank um 1,4 Milliarden Mark aufstocken. Die Verluste in Asien aber belasten die Gewinne noch immer, ebenso die ein Jahr später hinzugekommenen in Rußland. Dies und mögliche Rückzahlungen sind Themen der Verhandlungen Breuers mit anderen Gläubigerbanken und den Regierungen der betroffenen Länder.

Die Deutsche Bank muß sich dennoch keine Sorgen machen, denn sie bleibt unangefochten die mächtigste und einflußreichste in Deutschland. Weltweit gehört sie zu den zehn größten Banken. In Spanien und Italien ist die Deutsche Bank das größte ausländische Institut. Zudem unterhält sie weitere Niederlassungen in 50 Ländern. Im In- und Ausland gehören ihr zahlreiche Banken, Fondsgesellschaften, Versicherungen, Immobilien- und Hausverwaltungen sowie Aktienpakete von Unternehmen und Konzernen aller Art. Die Deutsche Bank hat sich durch ihre Anteile an den einflußreichsten Konzernen Deutschlands, zu denen unter anderen Daimler-Chrysler, Allianz, Philipp Holzmann, Südzucker und VEW zählen, ein sicheres Polster geschaffen. Die Bankiers aus den Vorständen sitzen in über 150 Aufsichtsräten und 200 Verwaltungsräten deutscher Unternehmen. Die Deutsche Bank ist somit an fast allen Entscheidungen in den tonangebenden Konzernen des Landes beteiligt. Sie entscheidet über die Besetzung des Vorstands, über geplante Aufkäufe und Fusionen, über Restrukturierungspläne und Renditewünsche. Aus dieser engen Verflechtung von Industrie und Bank ergaben sich etliche Skandale. 1997 versuchten die Banker zum Beispiel ihren Klienten Krupp bei dem Versuch der feindlichen Übernahme von Thyssen zu unterstützen (s. Kapitel III. 3). Die Fäden hatte dabei die Deutsche-Bank-Tochter Morgan Grenfell in der Hand. Gemeinsam mit der Deutschen Bank schnürte sie auch das Kreditpaket. Es kam dann anders als geplant, und die beiden Stahlkonzerne einigten sich auf eine Fusion, an der die US-Investmentbanken verdienten. Für die Deutsche Bank war besonders unangenehm, daß sie im Aufsichtsrat des Übernahmekandidaten Thyssen saß. Auch die lang geplante und geschickt inszenierte Übernahmeattacke auf den Baukonzern Philipp Holzmann scheiterte. Die Bankiers hatten sich mit dem Holzmann-Konkurrenten Hochtief eingelassen, obwohl sie 25 Prozent der Holzmann-Aktien besaßen. Um Hochtief die Übernahme zu ermöglichen, hatte sich die Deutsche Bank eine geschickte Strategie ausgedacht. Sie ging schon fast auf, als die europäische Wettbewerbsbehörde schließlich die Übernahme untersagte.

Vielleicht hätten die Kollegen von Bankers Trust den Deutschen sagen können, wie Fusionen und Übernahmen richtig ablaufen. Vorstandschef Breuer jedenfalls glaubt, daß »Bankers Trust uns ganz nachhaltig hilft«[89]. Wo den Deutschen Erfahrung fehlt, können die Amerikaner protzen. Breuer sieht zwar die großen US-Investmentbanken Goldman Sachs, Merrill Lynch und Morgan Stanley unangefochten an der Weltspitze, aber direkt danach will sich Breuer plazieren. Wenn die US-Finanzhäuser sich also um die Großkonzerne der Welt kümmern, muß Deutsche Bank/Bankers Trust nach geglückter Fusion ihre Aktivitäten auf den breiten europäischen Mittelstand konzentrieren. »Der kommt mehr und mehr an den Kapitalmarkt – und da ist Bankers Trust Spezialist«[90], sagte Breuer der *WirtschaftsWoche*.

Stellen streicht er übrigens mit oder ohne Fusion. Bis zum Jahr 2000 sollen von den noch über 2000 Angestellten im

Zwillingsturm der Deutschen Bank in Frankfurt nur noch 700 übrigbleiben. Insgesamt sollen von den rund 49 000 Arbeitsplätzen im Inland 5000 wegfallen, weitere 4000 Stellen werden im Ausland gestrichen. Um wenigstens innerhalb Deutschlands die langgedienten Bankangestellten sozialverträglich loszuwerden, hat die Deutsche Bank eine umfangreiche Altersteilzeitregelung eingeführt. Die Deutsche Bank nennt sich mittlerweile selbst Finanzkonzern – ein Unternehmen also, das weltweit alle Produkte und Dienstleistungen anbietet, die Kunden interessieren könnten. Der Konzern reagiert dabei durchaus flexibel auf deren Wünsche. So führte Breuer die erst 1996 gegründete Telefonabteilung »Bank 24« mit dem Filialgeschäft der Deutschen Bank zusammen, da die Kunden mal am Schalter beraten werden und mal per Telefon ihre Aufträge durchgeben möchten. Die Deutsche Bank/Bankers Trust wird zwar nach der Fusion jährlich über eine Milliarde Mark Kosten einsparen, aber dies ist nicht der alleinige Grund für den Zusammenschluß. Schließlich überschneiden sich die Aktivitäten der beiden Banken nicht, sondern ergänzen sich. Eines weiß Breuer auch ohne langjährige Erfahrung im Geschäft mit Übernahmen: »Fusionen, die nur auf Kostensynergien aufgebaut sind, sind nicht die erfolgreichsten.«[91] Mit der Übernahme von Bankers Trust kann die Deutsche Bank zur führenden europäischen Investmentbank werden, was ihr aus eigener Kraft nach Meinung von Experten nicht gelingen würde.

Bayern bleiben unter sich: die HypoVereinsbank

Eitel Sonnenschein herrscht am 21. Juli 1997, als Eberhard Martini (Hypo-Bank) und Albrecht Schmidt (Vereinsbank) die Fusion ihrer Häuser bekanntgeben. Durch das »gemeinsame Band der bayerischen Kraft und Lebendigkeit«[92], so Hypo-Vorstandschef Martini, ergebe sich mit dem Zusammenschluß von Bayerischer Vereinsbank und der Bayerischen Hypotheken- und Wechselbank in München eine Macht, die dem Wettbewerb standhalten kann. Die fusionierte Bayernbank liegt schließlich der Bilanzsumme nach an zweiter Stelle in

Deutschland und verdrängt damit die Dresdner Bank von ihrem angestammten Platz. Die Freude der bayerischen Bankiers erhöht sich noch dadurch, daß sie ihre Fusion steuerfrei durchführen können. Da Hypo-Boss Martini und Vereinsbank-Chef Schmidt nämlich schon früh den bayerischen Ministerpräsidenten Edmund Stoiber in ihre Pläne eingeweiht haben, dürfen sie mit dem Wohlwollen der Staatsregierung und der Finanzdirektion rechnen. Stoiber seinerseits war an der Fusion sehr interessiert, da er sonst befürchten mußte, daß seine Hofbanken von einem der Frankfurter Häuser geschluckt worden wären. Hartnäckig hielten sich die begründeten Gerüchte, daß die Deutsche Bank die Vereinsbank und die Dresdner die Hypo-Bank übernehmen wollte. Mit der Übernahme durch die »Preußen« wäre München zu einem bedeutungslosen Provinzfinanzplatz abgestiegen, und Frankfurt hätte auf ewige Zeiten den Ton angegeben.

Stoiber half also, wo er konnte und verzichtete auf fünf Milliarden Mark Steuern aus dem Aktientauschgeschäft, durch das die Fusion überhaupt möglich wurde. Vereinsbank-Chef Schmidt hatte sich ausgedacht, das bankeigene Aktienpaket am Versicherungskonzern Allianz gegen die Papiere der Hypo-Kleinaktionäre zu tauschen. 45 Prozent der gestreuten Aktien brauchte Schmidt, um zusammen mit den 35 Prozent Hypo-Aktien seiner Großaktionäre, mit denen er sich bereits im Vorfeld geeinigt hatte, die Stimmenmehrheit bei der Hypo zu bekommen. Für sechs Bankpapiere bekamen die Anleger eine Aktie der Versicherung. Finanziell lohnte sich das: Das Hypo-Papier war zu dem Zeitpunkt mit 76,53 Mark etwas billiger als eine sechstel Allianz-Aktie. Vor Bekanntgabe der Fusion war die Hypo-Aktie 58,50 Mark wert. Die bayerische Lösung nötigte der Konkurrenz Respekt ab. Der Chef der Deutschen Bank, Rolf-Ernst Breuer, sprach von einem »genialen Coup«[93]. Und die Vereinsbank gab zu, daß gerade der Aktientausch »der Charme an der Sache ist«[94].

Berufen konnten sich die Bayern auf das sogenannte Tauschgutachten aus dem Jahr 1958. Der Bundesfinanzhof hatte damals festgestellt, daß es für die Steuerbefreiung genügt, wenn der Aktientausch zwischen Unternehmen art-, wert- und funktionsgleich ist. Da Bankaktien mit denen von Versicherungen vergleichbar sind, liegt die gleiche Art vor. Auch der Wert ist derselbe, sind doch beide Unternehmen renommiert. Die Funktion hingegen ist nur dieselbe, wenn die gleichen betrieblichen Aufgaben erfüllt werden. Dieses Kriterium gilt als nicht erfüllt, wenn sich durch den Tausch die Mehrheiten derart ändern, daß es zu der Beherrschung eines Unternehmens kommt. Dann müssen die Finanzministerien der Länder zustimmen. Dies war bei den Bayernbanken der Fall. Das bayerische Finanzministerium genehmigte jedoch das Vorhaben und verzichtete auf fünf Milliarden Mark Steuern. Und die Aktionäre griffen zu.

Der Aktientausch ist nach bisherigen Erkenntnissen das einzig Geniale an der ersten Fusion von zwei deutschen Großbanken. Die Branchenexperten wunderten sich bereits 1997, wo der strategische Nutzen liegen sollte. Mit einem dichten Filialnetz in Bayern waren die beiden Banken in dem Freistaat verwurzelt und hatten ihren Blick kaum über die Landesgrenzen hinaus gerichtet. Weder Martini noch Schmidt besaßen Erfahrungen in den Bankgeschäften der Zukunft. Einzig in der Finanzierung von Immobilien konnten die beiden Finanzhäuser durch Masse glänzen. Die beiden Vorstandschefs, durch das bayerische Band der Sympathie aneinander geschmiedet, brüsteten sich dann auch bei jeder Gelegenheit damit, Europas größter Immobilienfinanzierer zu sein.

Zunächst lief alles glatt. Der Aktientausch ging über die Bühne, die Betriebsräte der Banken wurden mit Versprechen ruhiggestellt, Entlassungen verschoben und zügig Filialen in Bayern geschlossen. Bis 2003 sollte jährlich eine Milliarde Mark eingespart werden, nachdem einmalig 1,3 Milliarden Mark für die Fusion ausgegeben worden waren. Albrecht Schmidt übernahm den Posten des Vorstandschefs bei der neuen HypoVereinsbank, Eberhard Martini begnügte sich mit einem Sessel im Aufsichtsrat. Schon allein an der Platzverteilung wird klar, daß die Bankenehe mitnichten »unter Gleichen« stattgefunden hat – wie von Schmidt hartnäckig behauptet –, sondern vielmehr seine Vereinsbank die Hypo geschluckt hat.

Ob Schmidt diese Entscheidung je bereut hat, weiß man nicht. Denn schon bald stellt sich heraus, daß die Hypo mindestens 3,5 Milliarden Mark faule Kredite mit in die Ehe gebracht hat. Sie hatte sich bei 52 Immobiliengeschäften quer durch die Republik verhoben und Jahr um Jahr Schulden aufgehäuft. Bereits 1997 mußte Martini, damals noch allein für die Hypo-Bank zuständig, 1,5 Milliarden Mark abschreiben. Wertberichtigung heißt dies in der Sprache der Bilanztrickser. In den Fusionsverhandlungen hatten die Vereinsbank-Prüfer selbstverständlich nach weiteren Leichen in den Tresoren der Hypo geforstet, angeblich jedoch nichts entdeckt. Fündig wurden die Buchhalter erst nach der Fusion, dann aber kräftig. Vorstand Schmidt tobte ob der neuerlich freigelegten 3,5-Milliarden-Lücke, die Branchenbeobachter sogar auf fünf Milliarden Mark schätzen. Er habe »Wut im Bauch«[95] dröhnte Schmidt öffentlich über Martini, forderte ihn zum Rücktritt vom Aufsichtsratsmandat auf und trat eine Lawine gegenseitiger Beschuldigungen los. Martini setzte nach. »Schmidts Charakter ist von Eitelkeit zerfressen, so ein Mann kann keine Bank führen«[96], sagte er dem *Spiegel*. Es folgte ein Schlagabtausch unter den verbundenen Bayern-Bankern, der eindrucksvoll zeigte, wie sehr es im ganzen Hause gärte.

Die zusammengeführten rund 40 000 Beschäftigten der neuen HypoVereinsbank waren sich von Anfang an nicht grün. Jahrzehntelang hatten sie sich mißtrauisch beäugt, und jetzt fanden sie die gemeinsame bayerische Herkunft nicht ausreichend: Wo die Vereinsbank dem Zeitgeist huldigte, klebte die Hypo am Lokalkolorit. Die Vereinsbanker galten als überheblich, die Hypo-Leute als verschlafen. Besonders ärgerte die Hypo-Angestellten, daß ihre topmoderne EDV gegen die lahme Software der Vereinsbank ausgetauscht wurde. Ein Unterfangen, das sich als so schwierig herausstellte, daß noch ein Jahr nach der Fusion nicht einmal die Kontoauszugdrucker in den Filialen funktionierten.

Doch es blieb nicht bei Milliardenloch- und EDV-Problemen. Die Staatsanwaltschaft wachte auf und nahm sich die Immobiliengeschäfte der ehemaligen Hypo-Bank vor. Am 10. März 1999 schließlich tauchten die Staatsanwälte mit einem Durchsuchungsbeschluß in der HypoVereinsbank auf. Die ehemaligen Hypo-Vorstände Eberhard Martini, Hans Fey und Klaus Heiss hätten die Bilanz gefälscht, Geld veruntreut und sich obendrein bereichert. Die Wirtschaftsprüfungsgesellschaft Wedit, Tochter der Hypo, habe zudem über Jahre hinweg dazu beigetragen, »daß die durch die pflichtwidrige Kreditvergabe der Bank im gewerblichen Immobilienbereich entstandenen Verluste verschleiert wurden«[97], wie der *Spiegel* aus den Papieren der Staatsanwaltschaft zitierte. Um nämlich die Milliardenlöcher, verursacht durch spekulative Bauobjekte vor allem in Ostdeutschland und Berlin, zu vertuschen, hatten sich die Hypo-Manager etwas Besonderes ausgedacht. Sie gewährten der für den Bau zuständigen Hypo-Tochter Kredite, mit denen die Schulden zurückgezahlt werden sollten, verzichteten aber zugleich auf deren Rückzahlung. Oder sie setzten die Tilgung bis zum Jahr 2006 aus, nahmen einen »völlig marktunüblichen Minizinssatz von 3,93 Prozent«[98] und verlangten Phantasiemieten für vorher abgestoßene Gebäude.

Die Staatsanwälte hinterließen ein Desaster in der Bank. Aufsichtsratschef Klaus Götte, zuvor jahrelang bereits oberster Kontrolleur der Hypo-Bank, trat zurück, Schmidt und Martini sind zerstritten, und im Vorstand trauen sich die neun ehemaligen Vereinsbanker und ihre vier Hypo-Kollegen nicht mehr über den Weg. »Das Kernproblem, ein tiefsitzendes wechselseitiges Mißtrauen, ist geblieben«[99], schreibt das *manager magazin*. Denn unklar ist, inwieweit und zu welchem Zeitpunkt Schmidt in die kriminellen Machenschaften der Hypo-Bank eingeweiht war. Die Ex-Vorstände der Hypo-Bank jedenfalls behaupten hartnäckig, daß Schmidt vor der Fusion »umfassende Kenntnisse«[100] über das Ausmaß ihrer Immobiliengeschäfte hatte. Aber da bleibt Schmidt seinem bayerischen Umfeld treu: Er dementiert hartnäckig.

6. Versicherungskonzerne mit unstillbarem Hunger

»Versicherungsgesellschaften sind die rastlosesten und übernahmehungrigsten Unternehmen der Welt«,[101] schreibt die US-Zeitschrift *Global Finance*. Das ist durchaus als Lob zu verstehen, denn das Fachblatt beschäftigt sich ausschließlich mit Fusionen, Übernahmen und den dafür nötigen Finanzierungen. Die Redakteure und vor allem die Leser lassen sich zwar von Superlativen nicht so leicht beeindrucken, doch die Einkaufstour der europäischen Versicherungskonzerne in den USA nötigt den Amerikanern Respekt ab. Die Europäer, so schreibt *Global Finance*, »setzen neue Standards«.[102]

Allein in den ersten Monaten des Jahres 1999 beteiligte sich die belgisch-niederländische Fortis-Gruppe mit 2,6 Milliarden Dollar an der American Bankers Insurance Group, und die niederländische Versicherung Aegon übernahm für 9,7 Milliarden Dollar die Transamerica-Versicherung. Zwei Jahre zuvor hatte Aegon bereits die kleinere US-Versicherung Providian geschluckt und der niederländische Konkurrent ING in Iowa einen Lebensversicherer gekauft. Aber auch in anderen Weltgegenden fusionieren und übernehmen sich die Versicherer kräftig. Die australische AMP hat sich für 4,4 Milliarden Dollar die britische National Provident Institution zugelegt und der französische Gigant AXA-UAP – wie der Name andeutet nach der Fusion von AXA und UAP entstanden – die belgische Versicherung Royale Belge. Nebenbei übernehmen die großen Versicherer aus Europa, den USA, Australien und Japan noch kleinere Gesellschaften in den Wachstumsmärkten Lateinamerika und Asien.

Der große Ringelreigen dient nur einem Zweck: mehr Kunden zu bekommen und gleichzeitig die Kosten zu senken. Der Markt für Versicherer ist zwar in den Industrieländern nicht gesättigt, aber die Konzerne müssen immer mehr Energie aufwenden, um an neue Kunden und vor allem an deren Erspartes zu kommen. Doch dies wollen nicht nur die Versicherungen, sondern auch ihre schärfsten Konkurrenten: die Banken und Investmentgesellschaften. Versicherungskonzerne müssen sich also neue Produkte ausdenken, diese bewerben und dann über ihre Vertreter verkaufen, die an den abgeschlossenen Verträgen kräftig mitverdienen wollen. »Der strategische Druck ist derselbe wie in jedem entwickelten Markt: Das Wachstum hat sich verlangsamt, aber die Unternehmenskosten bleiben hoch«[103], bemerkt *Global Finance* trocken. Günstiger ist es da, die Verwaltung verschiedener Unternehmen zusammenzulegen und die Mitarbeiterzahl zu reduzieren, in manchen Abteilungen sogar zu halbieren. Fusionierte Versicherer können außerdem über das Vertreternetz des Partners ihre Policen verkaufen, ohne selbst Vertreter angeworben und ausgebildet zu haben.

Die Versicherer wollen ebenso wie die Banken in das lukrative Geschäft der Vermögensverwaltung einsteigen. Sie nehmen zwar jährlich Milliarden durch die Beitragszahlungen ihrer Klienten ein, müssen aber auch jedes Jahr große Summen für die fälligen Lebensversicherungen auszahlen. Gewinnbringender ist es, wenn die Prämie im Unternehmen bleibt und der Versicherer das Geld an den Börsen anlegt. Der Kunde kann dadurch den Wert seiner Versicherung steigern, während der Konzern an den Prämien und Provisionen verdient. Außerdem wissen die Börsenstrategen der Versicherungen, wie sie die Kursgewinne so geschickt innerhalb des Konzerns verstecken können, daß auch hier von dem mit Fremdkapital erwirtschafteten Gewinn noch etwas hängenbleibt.

Doch wie schon gesagt: An die Milliarden in den Sparstrümpfen wollen nicht nur die Versicherer, sondern auch Banken und Fondsverwalter. Je mehr Gesellschaften um dasselbe Geld buhlen, desto geringere Mengen stehen jeder einzelnen zur Verfügung und desto niedriger sind die Gewinne, die die Konzerne erwirtschaften. Die logische Konsequenz daraus ist, daß sie enger zusammenrücken. Versicherungen suchen sich allerdings nicht nur ihresgleichen, sondern liebäugeln auch mit Banken. In Europa erregte zum Beispiel der

Schweizer Versicherungskonzern Winterthur Aufsehen, der mit der Nummer zwei der dortigen Bankenwelt, Credit Suisse, verschmolz. Die Schweizer waren die ersten in Europa, die sich über die Branchengrenzen hinweg zusammentaten. Beide Unternehmen verschafften sich durch die Fusion zu einem der größten Finanzkonzerne der Welt Vorteile. Die Versicherung konnte nun ihre Policen auch am Bankschalter verkaufen; außerdem war es beiden möglich, auf das jeweils verfügbare Geld des anderen zurückzugreifen. Gemeinsam hatten sie auf einen Schlag 15 Millionen Kunden in ihrer Adreßdatei und verwalteten zum Zeitpunkt der Fusion 1997 über 850 Milliarden Mark.

Die Verwaltung und Vermehrung von Vermögen ist den Versicherungen nicht fremd. Denn schon immer haben sie das von den Kunden eingezahlte Geld in Aktien, Wertpapieren, Staatsverschuldungen und Immobilien angelegt. Auf diese Weise erhöhen sie das eingesetzte Kapital und garantieren die Prämienzahlungen sowie die bei Abschluß garantierten Zinsgewinne für ihre Klienten. Bislang haben die Versicherungskonzerne ihre Anlagestrategien jedoch in erster Linie für sich selbst genutzt und mit den Riesengewinnen aus dem Kapital ihrer Kunden den Eigenwert gesteigert. In Zeiten sinkender Erträge bieten die Konzerne deshalb nun auch den Anlegern ihr Know-how bezüglich der Börsen an. Da die Menschen in allen Industrienationen, aber auch in vielen aufstrebenden Ländern Lateinamerikas und Asiens der staatlichen Rentenversicherung – wenn es überhaupt eine gibt – eher argwöhnisch gegenüberstehen, finden die Versicherer weltweit eine große Menge von bereitwilligen Sparern, die ihr Geld gern einem Versicherungskonzern anvertrauen.

Druck entsteht für die europäischen Versicherungskonzerne durch die gemeinsame Währung Euro und die Liberalisierung innerhalb der EU. Jedem Versicherer ist es möglich, seine Dienste seit der freiheitlichen Regelung in allen EU-Staaten anzubieten. Da alle Menschen in den Euro-Teilnehmerländern mit derselben Währung zahlen, können sie die Leistungen auf einen Blick vergleichen und den billigsten Anbieter wählen (s. Kapitel III. 5). Die britische Wirtschaftszeitung *Financial Times* fragte sich daher angesichts der Fusionslust unter den Versicherern schon: »Könnte es nicht sein, daß die Dinosaurier der Industrie in gegenseitiger Umarmung Trost suchen, weil eine von Liberalisierung und neuer Technologie ausgelöste Welle die traditionelle Geschäftpraxis bedroht?«[104]

In sicheren Händen: die Allianz AG geht weltweit auf Einkaufstour

Allianz-Vorstandschef Henning Schulte-Noelle mag keine großen Auftritte und hält sich auch im Hintergrund, wenn der Versicherungskonzern gerade mal wieder einen spektakulären Kauf verkünden kann. Er gilt als zurückhaltend, unauffällig und diskret. *Die Zeit* nannte ihn im März 1999 »den Meister der leisen Töne«, der jedoch nicht unterschätzt werden dürfe. »Henning Schulte-Noelle verkörpert das System der Allianz: Understatement in Perfektion, eine hocheffiziente Mixtur kühler Strategen und geschickter Diplomaten.«[105] Dieses System funktioniert. Dank Schulte-Noelle ist die Allianz der größte Versicherungskonzern Europas und der zweitgrößte der Welt.

Von der Zentrale in der Nähe des Englischen Gartens in München aus kontrollieren Schulte-Noelle und die rund 350 Mitarbeiter der Holding die Versicherungsgeschäfte zwischen Dubai und Warschau, Madrid und Sydney. Die Allianz hat in 68 Ländern Unternehmen und Beteiligungen gekauft oder ist Kooperationen eingegangen. Die Hälfte ihrer Prämien holt sich die Allianz aus diesem globalen Beziehungsgeflecht, das Schulte-Noelle ständig ausbaut. Besonders interessiert ihn dabei Asien, denn dort lebt der Großteil der unversicherten Menschheit. In China ist die Allianz der erste europäische Konzern, der eine Lizenz zum Versichern der 1,2 Milliarden Menschen und ihres Besitzes erhalten hat. Bereits 1995 sicherte sich Schulte-Noelle den Zugriff auf die begehrte Erlaubnis und konnte daher zwei Jahre später mit dem Regionalversicherer Dazhong Insurance Company ein Gemeinschaftsunternehmen gründen. Da ausländische Unternehmen in China nur dann ein Geschäft aufbauen dürfen, wenn sie ein Joint-venture eingehen, es aber nur wenige chinesische Versicherer gibt, hat die Allianz gute Chancen, zum größten Versicherungskonzern in dem Land zu werden.

Aber auch Taiwan und die noch krisengeschüttelten Staaten Südostasiens sind für die Allianz »ein interessanter Markt«[106]. In der Region Asien-Pazifik will die Allianz schon bis Ende 2000 über drei Prozent der gesamten Prämien des Konzerns einnehmen; 1998 waren es gerade mal ein Prozent. Um dieses Ziel zu erreichen, sicherte sich die Allianz im Mai 1999 ihren Umsatz in Südkorea durch eine Beteiligung von 51 Prozent an dem dortigen Lebensversicherer First Life Insurance. Damit verfügt der deutsche Weltkonzern in Südkorea – dem sechstgrößten Markt für Lebensversicherungen – über einen Marktanteil von 4,5 Prozent.

Wer in Deutschland sein Leben, sein Auto oder einen Wasserrohrbruch versichert, wird kaum ohne die Allianz auskommen. Selbst wenn nicht deren blauer Schriftzug auf der Versicherungspolice prangt, gehört ihr mit großer Wahrscheinlichkeit der Versicherer; zumindest ist sie an ihm beteiligt. Die Allianz hält allein an dem zweitgrößten deutschen Versicherungskonzern, der Ergo Gruppe, rund sechs Prozent. Ergo entstand erst 1997 durch die Fusion der Hamburg-Mannheimer und der DKV Deutsche Krankenversicherungsgruppe mit der Victoria Versicherung und ihrer Tochter D.A.S. Deutsche Automobilschutz Allgemeine Rechtsschutz-Versicherungs AG. Den Deal eingefädelt hatte die Münchener Rück, die eigentlich für Versicherungsunternehmen zuständig ist. Ursprünglich hat sie nichts mit Krankenversicherungen oder anderen sogenannten Erstversicherungen zu tun. Doch auch sie muß ihren Umsatz und Gewinn absichern und ständig nach neuen Geschäftsfeldern Ausschau halten. Deswegen hatte sie ein Jahr vor Ergo die DKV von der Allianz übernommen, die dafür Rück-Anteile bei der Hermes Kreditversicherung und eine Beteiligung an den Wiener Allianz-Gesellschaften bekam. Der Ringtausch von Anteilen zwischen den auch als Schwestern bezeichneten Münchener Versicherungen war unspektakulär, aber clever: Beide halten jeweils 25 Prozent der Aktien von der anderen Gesellschaft. So schützen sie sich gegenseitig vor feindlichen Übernahmen und können lukrative Geschäfte untereinander aushandeln.

Wie in guten Familien üblich, residieren die beiden in direkter Nachbarschaft – in der Königinstraße in München.

Die Allianz ist durch die Beteiligung bei der Münchener Rück gut abgesichert. Nachdem die Rück ihre Erstversicherungsaktivitäten in der Ergo Gruppe geordnet hatte, wurde diese eine ernstzunehmende Konkurrenz für die Allianz. Zu Beginn hielt sie noch 10,1 Prozent an Ergo, doch selbst mit einem Anteil von nur sechs Prozent der Aktien sitzt die Allianz bei Ergo mit am Tisch. Die Münchener Rück und die Allianz bilden über diese gemeinsame Beteiligung ein Konglomerat, das weite Teile des europäischen Versicherungsmarktes unter Kontrolle hat.

Schulte-Noelle hängt ob dieser und ähnlicher beeindruckender Deals der Ruf eines »Strippenziehers« an. »Ein Mann beherrscht die deutsche Finanzszene«[107], schreibt das Magazin *Finanzen.* »Wenn Anteile getauscht, Banken fusioniert, Vermögensverwalter akquiriert werden, zieht meist Allianz-Chef Henning Schulte-Noelle die Fäden«[108], hat das Magazin beobachtet. Schulte-Noelle weist derartige Ehrungen beharrlich von sich. Es sei »genauso schmeichelhaft wie falsch«[109], daß er und seine Vorstandskollegen »ständig an irgendwelchen Fäden ziehen«[110], sagt Schulte-Noelle, wann immer er auf die Verbindungen seines Hauses zur deutschen Industrie und Bankenwelt angesprochen wird.

Und die Allianz hat nicht nur in der weltweiten Versicherungsbranche kräftig eingekauft, sondern in den vergangenen Jahrzehnten auch teilweise bedeutende Firmenanteile in artfremden Branchen erworben. Sie ist am Chemiekonzern BASF ebenso beteiligt wie an Schering oder dessen Konkurrenten Bayer. Außerdem hält sie Anteile an den Wettbewerbern Veba, RWE und Viag und Aktien der Deutschen Bank genauso wie der HypoVereinsbank und der Dresdner Bank.

Mit der Dresdner Bank verbindet Schulte-Noelle mehr als ein grünes Band der Sympathie, denn durch sie kann er das Asset Management, das er 1998 zu einem Kerngeschäftsbereich erklärte, ausbauen. In das Gemeinschaftprojekt Allianz Dresdner Asset Management, kurz Adam genannt, brachte der Versicherungskonzern 670 Milliarden Mark und die Bank 414 Milliarden Mark ein. Unter diesem Namen verwalten und vermehren beide Unternehmen gemeinsam ein Vermögen von insgesamt 1084 Milliarden Mark. Mit der im stillen beschlossenen Fusion ihrer Aktivitäten bezüglich der Vermögensverwaltung rücken die beiden weltweit unter die ersten Fünf in dieser Sparte, die ansonsten von Finanzkonzernen aus Japan, den USA, der Schweiz und Großbritannien beherrscht wird. Die Deutsche Bank, die ebenfalls in dieses Geschäftsfeld der Zukunft strebt, steht mit 423 Milliarden Mark weit abgeschlagen auf einem hinteren Rang. Die vielversprechende Fusion, bei der Adam entstand, heizte dann auch erneut Spekulationen darüber an, daß Schulte-Noelle eigentlich daran interessiert gewesen wäre, die ganze Dresdner Bank zu schlucken. Doch warum sollte er sich mit dem Institut belasten, wenn die beiden Häuser so harmonisch und gewinnbringend zusammenarbeiten? Und ihre Solidarität haben sich die beiden durch eine Überkreuzverflechtung gesichert: Die Dresdner Bank hält zehn Prozent der Allianz-Aktien, die Allianz nennt 21,4 Prozent der Bank-Anteile ihr Eigen.

Die gigantischen weltweiten Beitragseinnahmen von über 90 Milliarden Mark allein im Jahr 1998 sowie die Beteiligungen, Verflechtungen und die in den Jahrzehnten angehäuften Rückstellungen machen die Allianz zu einer uneinnehmbaren Burg. Ihren Schutz suchte im Herbst 1997 Antoine Jeancourt-Galignani, Präsident der Assurances Generales de France (AGF). Sein Konzern – mit Beiträgen von 27 Milliarden Mark im Jahr nicht eben klein – befand sich in Bedrängnis. Der italienische Konkurrent Generali hatte den AGF-Aktionären am 13. Oktober 1997 angeboten, ihre Aktien zu einem Preis zu kaufen, der 20 Prozent über dem aktuellen Kurs lag. Jeancourt war von dem Versuch der feindlichen Übernahme entsetzt und lehnte kategorisch ab. Zwar konnte Jeancourt in Frankreich keinen »Weißen Ritter« finden, doch er erinnerte sich an den elegant gekleideten Deutschen, der ein Jahr zuvor bei ihm vorgesprochen hatte, um ein ähnliches Ansinnen vorzutragen wie die Italiener jetzt. Damals hatte Jeancourt ihn entrüstet abgewiesen. Doch im Herbst 1997 schienen ihm die Deutschen als verläßliche Partner. Hieß es nicht in der Branche, daß die Allianz-Töchter in ihren Heimatländern eigenständig bleiben? Und daß sie ohne deutsche Besserwisserei und Bevormundung auch nach einer Übernahme in Ruhe ihren Geschäften nachgehen können?

Jeancourt reiste also nach München, um die Beziehung zu Henning Schulte-Noelle aufzufrischen. Der Mann gefiel ihm, und schnell einigten sich die beiden auf die Grundzüge der Rettungsaktion vor den Italienern: Die Allianz kauft 51 Prozent der AGF-Aktien, Jeancourt bleibt der Chef in Frankreich, und nach der erfolgreichen Übernahme sieht man weiter. Die beiden beauftragten daraufhin die Investmentbanken Goldman Sachs und Rothschild damit, die Feinheiten auszuloten. »Die Unterhändler wurden auf unauffälliges Verhalten eingeschworen«, wußte der *Spiegel* zu berichten. »Sie durften im Flugzeug zwischen Paris und München nie nebeneinander sitzen, auch Chauffeure und protzige Firmenlimousinen waren verboten. Der Allianz-Chef verlangte ein Arbeiten ohne Scheinwerferlicht und ohne Nebengeräusche.«[111] Innerhalb von drei Wochen erarbeiteten sie einen Plan (Tarnname Triple A), und am 18. November 1997 konnten Jeancourt und Schulte-Noelle in Paris ihren Deal einträchtig bekanntgeben.

Neun Milliarden Mark wollte Schulte-Noelle für 51 Prozent der AGF-Aktien ausgeben. Rund vier Milliarden Mark hatte er in der gut gefüllten Konzernkasse, die Restsumme sollte durch neu an die Börse gebrachte Allianz-Aktien sowie Splittung der alten Anteilsscheine aufgebracht werden. Doch auch die Italiener blieben nicht untätig und verfolgten ihren Plan der feindlichen Übernahme weiter. Kaum hatte sie von dem Angebot der Deutschen gehört, kündigte Generali an, ebenfalls Anleihen auszugeben und das Kapital zu erhöhen. Umgerechnet zehn Milliarden Mark wollte der Konzern zusammenraffen, um die Allianz auszustechen.

Es folgten die stillen Tage der Diplomatie, der Mauschelei und des Schacherns. Öffentlich hielten sich die Versicherungschefs und ihre Unterhändler mit Äußerungen zurück, doch in den letzten Wochen des Jahres 1997 reisten sie des öfteren zwischen Mailand, München und Paris hin und her. Hinter verschlossenen Türen einigten sie sich innerhalb weniger Wochen auf ein friedliches Zusammenleben. Diese Lösung war nervenschonend, billiger und langfristig erfolgversprechender, Generali hätte gegen die Allianz sowieso keine wirkliche

Chance gehabt. Generali stellte daraufhin die Attacken auf AGF ein, und bekam dafür 33,5 Prozent von den Aktien, die die AGF an der Aachener und Münchener Beteiligungsgesellschaft (AMB) hielt. Auch die Allianz verkaufte ihre acht Prozent AMB-Anteile an Generali. Damit wurde das Unternehmen zum drittgrößten Versicherungskonzern in Deutschland. Zusätzlich erhielt Generali noch die Athéna-Versicherung in Frankreich, die sich AGF kurz zuvor gekauft hatte.

So waren alle Beteiligten zufrieden. Und glückliche Gesichter machten die Allianz-Vorstandsmitglieder im Februar 1999 bei der Vorstellung der ersten gemeinsamen Bilanz nach der Übernahme. Die französische Tochter hatte Beiträge in Höhe von 13,6 Milliarden Mark in die Kasse gebracht. So konnte die Allianz weltweit 90,6 Milliarden Mark einsammeln. Das waren 19 Prozent mehr als im Jahr zuvor. Der Gewinn steigerte sich im Jahr der Übernahme um 30 Prozent auf 3,5 Milliarden Mark.

Eine Menge Geld, das Schulte-Noelle in nächster Zeit in weitere Beteiligungen investieren wird. Sei es für weitere Aktien des amerikanischen Versicherungsunternehmens Life USA, für den Kauf von sechs Prozent der Aktien an der ehemals staatlichen französischen Bank Credit Lyonnais oder für den Aufbau von Versicherungen in den unterentwickelten Regionen und hintersten Winkeln der Welt. Schulte-Noelle und seine Crew verfolgen dabei ein Ziel: die stetige Ausdehnung des Unternehmens und die Absicherung des finanziellen Erfolgs. Dabei geht es nicht um persönliche Interessen, denn »Geld ist wirklich nicht alles«[112], wie Schulte-Noelle der *Zeit* anvertraute. Nein, sein Herz schlägt für die Allianz, deren Stellung er ausbauen will. Zurückhaltend, aber doch beständig und gut versichert. Der diskrete Charme des deutschen Versicherungsriesen erleichtert die Einkaufstour, ist jedoch nicht mehr ganz zeitgemäß. Der Name Allianz ist international verhältnismäßig unbekannt, selbst in den Ländern, in denen sie Beteiligungen gekauft hat. Deswegen hat die Allianz 100 Millionen Mark für eine weltweite Werbekampagne veranschlagt, die die Töchter im Ausland hervorheben, aber mit der deutschen Mutter in Verbindung bringen soll. Ihre vornehme Zurückhaltung wollen die Münchner deswegen jedoch nicht aufgeben, denn die Allianz profitiert von der Selbständigkeit ihrer Töchter. Schließlich kennen die sich auf ihrem Heimatmarkt am besten aus. Anzeigen sollen diese Botschaft nun verkünden, um die Allianz »in dieser Zeit der Brautschauen interessanter«[113] zu machen, wie Schulte-Noelle es nannte.

7. Telekommunikationsunternehmen suchen nach Anschluß

Telefonieren ist out, telekommunizieren ist in. Keinem anderen Markt sagen die Analysten derartige Wachstumchancen voraus wie dem der Telekommunikation. Über die Kabel der Telekommunikationskonzerne können Menschen telefonieren, Daten austauschen, Informationen abrufen, in das Internet gelangen, Mails versenden und empfangen, fernsehen sowie Produkte kaufen und verkaufen. Überall auf der Welt ermöglichen Telefonleitungen all das, was Menschen offensichtlich tun wollen und in Zukunft verstärkt tun werden: kommunizieren und konsumieren. Wer über die Kabel verfügt, dem gehört der Markt der Zukunft.

In Westeuropa sind die meisten Kupfer- und Glasfaserkabel in Besitz der ehemals staatlichen Telefongesellschaften, die nach ihre Privatisierung schlicht Deutsche Telekom, Telefónica, Telecom Italia oder France Télécom und British Telecommunications heißen. In den Jahrzehnten ihrer Monopolstellung auf dem jeweils heimischen Markt legten sie landesweit Kabel, bis jede auch noch so entlegene Gemeinde an das Netz angeschlossen war. Nachdem die Europäische Kommission den Markt für Telekommunikation in der EU zum 1. Januar 1998 liberalisiert hat, kämpfen aber auch andere private Anbieter um die Kunden. Doch obwohl Dumpingpreise und Verluste von Marktanteilen den Großkonzernen zu schaffen machen, behalten sie den Joker in diesem Spiel – die Kabel.

Und am Ende eines jeden Kabels befindet sich ein Kunde. Früher nannten die Konzernlenker das letzte Verbindungsstück zwischen Straße und Haushalt – beispielsweise auf der Tiroler Alm oder der Hallig Hooge – abfällig *last mile*, heute heißt es *first mile*. Es ist eben die Verbindung zum Menschen, die letztendlich zählt. Ein paar Meter Draht bestimmen Marktanteil, Umsatz und Gewinn und damit den Börsenwert eines Konzerns. All dies zusammen wiederum entscheidet in der Logik der Telekombosse zwischen New York, Paris und Tokio über die Frage von Leben und Tod. Entweder ein Unternehmen besteht weiterhin eigenständig oder es wird durch einen noch größeren Konzern geschluckt. »Wer nicht kauft, der wird gekauft«[114], ist Ron Sommer, Vorstandschef der Deutschen Telekom, überzeugt. Er brachte die Fusionswelle in Europa ins Rollen, scheiterte jedoch vorläufig.

In den USA dagegen rotiert das Fusionskarussell bereits. Die sieben *Baby Bells*, die sich bislang den Markt für regionale und lokale Gespräche zwischen Atlantik und Pazifik geteilt hatten, schlossen sich seit 1996 entweder wieder zusammen oder kauften andere lokale Telefongesellschaften. Dabei hatte die US-amerikanische Anti-Trust Behörde erst 1984 verfügt, daß der ehemalige Mutterkonzern AT&T – auch Ma Bell genannt – zerschlagen werden müsse, da er ein Monopol bilde und deswegen den freien Wettbewerb sowie die Kreativität junger Unternehmen behindere. Mutter Bell entließ gezwungenermaßen ihre Kinder, die seitdem als Baby Bells bezeichnet werden. AT&T ist heutzutage wieder der größte Telekomkonzern der USA. So konnte er es sich auch leisten, 1998 das immerhin zehntgrößte Unternehmen der Branche, den Kabelnetzbesitzer Tele-Communications Incorporated (TCI), für rund 100 Milliarden Mark zu übernehmen. Im April 1999 legte AT&T-Chef Armstrong nach und fädelte den Kauf von MediaOne ein, ebenfalls im Besitz der begehrten last miles. Die US-Kartellbehörde beobachtet die Branche zwar argwöhnisch, hat aber bislang nichts gegen die Zusammenschlüsse unternommen. Denn ihr angestrebtes Ziel bei der Zerschlagung – das Entstehen neuer Unternehmen und Gesellschaften – konnte sie erreichen. Nach diesen Fusionen hängen rund 26,5 Millionen Haushalte an den Kabeln von AT&T, damit ist der Konzern der größte Kabelnetzbetreiber in den USA.

Aber auch die Baby Bells haben sich weiterentwickelt. Nach und nach kauften sie regionale Konkurrenten auf oder fusionierten mit ihnen. Von den sieben Kindern sind einzig noch US West und BellSouth alleinstehend, doch Gerüchte um Brautschauen und Hochzeitpläne kursieren ständig.

Die nordamerikanischen Telekommunikationsunternehmen nehmen nach Schätzungen der Weltbank etwa 37 Prozent des weltweiten Umsatzes auf dem Markt ein. Und der ist beträchtlich. Auf dem globalen Telekommunikationsmarkt setzen die Unternehmen derzeit schätzungsweise 650 Milliarden Dollar im Jahr um. 35 Prozent davon fließen in die Zentralen der europäischen Konzerne. Ein weiterer Großteil des Umsatzes geht nach Japan. Denn dort sitzt der bisherige Riese der Branche: NTT, der größte Telekommunikationskonzern der Welt. Geschätzte 69,5 Milliarden Dollar setzte NTT 1998 um, und das Unternehmen ist mit Aktien im Wert von 172,32 Milliarden Dollar an den Börsen vertreten. Selbstverständlich sucht auch NTT nach Übernahmekandidaten, konzentriert sich aber bislang auf den japanischen und asiatischen Markt.

In Europa erklingen ebenfalls die Hochzeitsglocken. Die größte Fusion über Landesgrenzen hinweg hatten die Deutsche Telekom und Telecom Italia angekündigt. Diese scheiterte jedoch an der feindlichen Übernahme der Telecom Italia durch Olivetti. Die British Telecom hat mit AT&T ein Jointventure gegründet und nun schielen sie nach Japan, wo sie 30 Prozent an NTT übernehmen möchten. Die schwedische und die norwegische Telekomgesellschaft haben sich bereits zusammengetan, um zumindest in Skandinavien die Nummer eins zu sein. Ob sie sich damit langfristig gegen Übernahmen wehren können, ist jedoch fraglich. In der Schweiz und in den Niederlanden sitzen ebenfalls noch Telekoms in Nischen, die sie voraussichtlich nicht mehr lange halten können. Selbst die spanische Telefónica gilt als reif für eine Übernahme. Die Spanier hatten in den vergangenen Jahren ausschließlich in Lateinamerika eingekauft, wo sie in fast allen Ländern den Markt führen. Aber die Kabeldichte ist dort geringer und nach den wirtschaflichen Krisen sprudeln die Umsätze der Telefónica nicht mehr wie gewünscht und wie für die Gewinnerwartungen notwendig. Auch die France Télécom, Europas zweitgrößter Riese in dieser Branche, muß auf der Hut vor Käufern sein, nachdem die Allianz mit der Deutschen Telekom geplatzt ist, oder selbst Ausschau nach Partnern halten.

Der weiße Ritter wird geschlagen: Olivetti sticht die Deutsche Telekom bei der Übernahme von Telecom Italia aus

Durchhaltevermögen zahlt sich aus. Roberto Colaninno, Vorstandschef von Olivetti, war zum Schluß des bislang größten Übernahmepokers in der europäischen Wirtschaftsgeschichte doch der strahlende Gewinner. Drei Monate hatte er gebraucht, um den fünfmal größeren italienischen Telekommunikationskonzern Telecom Italia zu übernehmen und die Deutsche Telekom auszustechen. Colaninno, einer der fähigsten Wirtschaftsstrategen Italiens, hatte es geschafft, die Banken des Landes, die Regierung und einflußreiche Industriedynastien wie die Fiat-Familie Agnelli hinter sich zu bringen und mit geballter Macht seinen Plan der feindlichen Übernahme durchzusetzen. Die Banken statteten Colaninno mit 6,86 Milliarden Euro aus und die Regierung von Massimo D'Alema stellte klar, daß Telecom Italia italienisch bleiben müßte – und niemals einem deutschen Unternehmen gehören dürfe, schon gar nicht, wenn sich dieses mehrheitlich in staatlicher Hand befände. Die italienische Öffentlichkeit sah dies genauso und konnte der von Telecom-Italia-Chef Franco Bernabè favorisierten Lösung – eine Fusion mit der Deutschen Telekom – gar nichts abgewinnen. Schließlich stimmte dann auch eine hauchdünne Mehrheit von 51,87 Prozent der Telecom-Italia-Aktionäre dem Kaufangebot von Olivetti zu, und die Zitterpartie hatte für Colaninno ein Ende.

Colaninno glaubte sich schon früh am Ziel seiner Träume. Am letzten Samstag im Februar 1999 ereilte ihn bereits die frohe Nachricht, daß die italienische Börsenaufsicht Consob ihn bei der feindlichen Übernahme von Telecom Italia nicht weiter behindern werde. Nur eine Woche zuvor hatte Colaninno die Mailänder Aktienhändler und die Telekommunikationsunternehmer weltweit mit seinem Plan überrascht, den ehemals staatlichen Telefonmonopolisten schlucken zu wollen. Der Deal hätte die größte Übernahme in der italienischen Wirtschaftsgeschichte dargestellt und Olivetti zu einem der globalen Top-ten-Konzerne im Bereich der Telekommunikation gemacht.

Weder das nervöse Zucken von Telecom-Italia-Chef Franco Bernabè, noch die juristisch schlampig vorbereitete Offerte, die die Börsenaufsicht das erste Mal als unvollständig abgelehnt hatte, konnte die Übernahme verhindern. Colaninno und seine Berater besserten das Angebot nach. Und als es einmal angenommen war, konnte der Kontrahent Bernabè nach italienischem Recht ab 1. April nur noch zuschauen, wie Colaninno seinen Konzern ordnete, um das nötige Kapital für den Megadeal zusammenzubringen – oder aber auf einen weißen Ritter hoffen, der mit starker Mannschaft und prall gefüllter Kriegskasse in die Konzernzentrale in Rom einreiten würde.

Und der Ritter kam: Ron Sommer, Vorstandschef der Deutschen Telekom, hatte schon lange begehrliche Blicke ins Ausland geworfen. Mit der France Télécom war er eine Allianz eingegangen, die beide Konzerne mit einer zweiprozentigen Überkreuzverflechtung abgesichert hatten. Sommer hatte Tochtergesellschaften in Brüssel, Paris und London, New York, Tokio, Moskau und Singapur gegründet und die Deutsche Telekom an den Telekommunikationsgesellschaften Malaysias, Indonesiens und der Philippinen beteiligt. Auch in den schnell wachsenden Märkten Osteuropas kaufte sich Sommer ein. In Ungarn erwarb die Deutsche Telekom knapp 60 Prozent an der Telefongesellschaft Matav, die 84 Prozent aller Anschlüsse des Landes besitzt. Und in Österreich konnte sich Sommer mit französischen Partnern den Auftrag für den Aufbau eines Mobilfunknetzes sichern.

Aber der große Wurf war noch nicht dabei. Wie die *WirtschaftsWoche* im April 1999 schrieb, hatte Sommer im Telekom-Vorstand bereits verkündet, daß die »Allianzenbildung nicht überstrapaziert«[115] werden dürfe. Er strebte Fusionen und Übernahmen an, und zwar als aktiver Verhandlungsführer. »Ich will nicht Opel von General Motors werden, sondern Daimler von Chrysler«[116], hatte der agile Manager immer wieder in der Vorstandsetage der Telekom betont. Im März 1999 bot sich Ron Sommer die einzigartige Gelegenheit, mit der Telecom Italia zusammenzugehen. Aus dieser Fusion wäre, gemessen an ihrem Umsatz, die zweitgrößte Telekommunikationsgesellschaft der Welt hervorgegangen, nach dem Wert der

Aktien sogar die größte. Der Megadeal mit Rom hätte die Konkurrenz aus den USA und Japan weit abgeschlagen, und Sommer wäre der Erfüllung seines Traums von der Position des Weltmarktführers in allen Netzen näher gekommen. Denn mit den Kabeln der Italiener wären bereits über 100 Millionen Haushalte an die Netze des neuen Telekom-Giganten angeschlossen gewesen.

Der Plan war zwar gefaßt, aber noch nicht ausgearbeitet. Es fügte sich daher glücklich, daß Franco Bernabè sich seinerseits darum bemühte, die feindliche Übernahme zu verhindern. Er hatte erst fünf Monate vor der Olivetti-Offerte den führenden Posten bei Telecom Italia erhalten und war nicht gewillt, ihn an Roberto Colaninno abzutreten. »Kann sich jemand vorstellen, daß ich keine Reservewaffe vorbereitet habe?«[117], fragte er siegessicher nach einer desaströs verlaufenen Hauptversammlung der Telecom Italia. Die versammelten Aktionäre der hektisch einberufenen Zusammenkunft am 10. April sollten Bernabè eigentlich freie Hand geben, den Konzern übernahmesicher zu festigen. Doch es kamen nur so wenige Anteilseigner, daß sie nicht beschlußfähig waren.

Aber Bernabè hatte sich schon nach anderen Alternativen umgeschaut und die beiden Investmentbanken JP Morgan und Credit Suisse First Boston beauftragt, nach paarungsbereiten und vor allem passenden Kandidaten zu suchen. Durch die Manager der amerikanischen Investmentbank Goldman Sachs, die die Deutsche Telekom in eben dieser Angelegenheit beriet, erfuhr Bernabè schließlich von der Gesprächsbereitschaft der Deutschen. Im Frühling jettete Bernabè daraufhin mehrfach von Rom aus gen Norden, um sich mit Ron Sommer zu treffen. Viele Fragen waren zu klären. Unstrittig war, daß beide gemeinsam den neuen Megakonzern führen wollten. Also mußten sie eine Konstruktion finden, in der sie gleichberechtigte Posten innehaben könnten. Auch sollte der Deal nichts kosten, sondern es war geplant, die Aktien der beiden alten Konzerne in Anteilsscheine des neuen umzuwandeln. Sommers Bewunderung für DaimlerChrysler zahlte sich hier aus. Die Autokonzerne hatten beim Düsseldorfer Bankhaus Oppenheim eine Art Briefkastenfirma gegründet, bei der die Aktionäre der beiden Konzerne ihre Anteile in Wertpapiere des neu entstehenden Konzerns umtauschen konnten. Was bei einer deutsch-amerikanischen Hochzeit möglich war, müßte sich doch für eine deutsch-italienische auch einrichten lassen.

Die Verhandlungen zwischen Sommer und Bernabè wurden selbstverständlich geheimgehalten. Doch es kursierten Gerüchte. Denn daß Franco Bernabè die feindlichen Absichten von Olivetti tatenlos hinnehmen würde, daran glaubten weder die Aktien-Broker noch die Wirtschaftsjournalisten und schon gar nicht die Analysten der Branche. Hartnäckig hielt sich das Gerücht, daß die spanische Telefónica eine mediterrane Achse zwischen Madrid und Rom aufbauen wolle. Auch der British Telecommunications wurde nachgesagt, daß sie gegen ein italienisches Abenteuer nichts einzuwenden hätte. Angeheizt wurde das Gerede über eine mögliche britisch-italienische Fusion noch dadurch, daß sich Franco Bernabè des öfteren in London aufhielt.

Die Deutsche Telekom hüllte sich während dieser Zeit in Schweigen, wenn das Gespräch auf ihre Interessen südlich der Alpen kam. Spekulationen kommentiere man nicht, lautete die Antwort eines Sprechers der Deutschen Telekom auf sämtliche Anfragen. Doch dann ließ Telekom-Chef Ron Sommer selbst die Bombe platzen. Auf der Bilanzpressekonferenz – das wichtigste medienpolitisches Ereignis jeder Aktiengesellschaft – am 15. April 1999 kündigte Sommer an, daß bereits im Juni neue Aktien an die Börse kommen würden. Nach dem ersten Börsengang im November 1996 hatte Sommer noch 286 Millionen Aktien zurückgehalten, um sie aus strategischen Gründen zu einem späteren Zeitpunkt zu plazieren. Am Tag der Verkündung wären diese Aktien 22 Milliarden Mark wert gewesen – Geld, das direkt in das Eigenkapital der Deutschen Telekom fließt.

Ein guter Grund, die Aktien auszugeben, lag Mitte April vor, verhandelte Sommer doch zu dem Zeitpunkt bereits mit Bernabè. Mit der Kapitalerhöhung um bis zu zehn Prozent wolle er die Wettbewerbsposition auf den internationalen Märkten weiter stärken und Innovationen im In- und Ausland noch schneller durchsetzen. Diese Begründung gab Sommer in der üblichen, nicht sehr aussagekräftigen Managersprache. Dabei hätte er sich mit dem zweiten Börsengang noch bis zum 1. Januar 2000 Zeit lassen können, wie es auch mit dem Hauptanteilseigner Bund 1996 verabredet worden war. Im April 1999 jedoch ließ die Kapitalerhöhung nur einen Schluß zu: »Der Telekom-Chef braucht Geld für teure Übernahmen«[118], wie das *Handelsblatt* sachlich bemerkte. Mit dieser Meinung stand die Zeitung auch nicht allein.

Die Aktienhändler reagierten sofort. In großen Schüben verkauften sie die T-Aktie – bis dahin Liebling von Börsianern und Kleinaktionären –, deren Kurs innerhalb weniger Stunden um fast sieben Prozent fiel. Und auch die Gerüchte über eine anstehende Fusion mit den Italienern bekam ihr nicht gut. Täglich verlor die T-Aktie an Wert und büßte innerhalb einer Woche fast zehn Euro pro Anteil ein. Dabei war das Papier seit seiner Ausgabe im November 1996 eine der erfolgreichsten europäischen Aktien. Ihr Wert hatte sich seitdem verdreifacht. Aber den Aktien-Analysten und Händlern wollte sich einfach nicht erschließen, was Sommer wirklich vorhatte. Und wenn er tatsächlich mit der Telecom Italia fusionieren wollte, so wußte niemand warum.

Die Begründung war dann am 22. April zu hören. In einem Londoner Kongreßzentrum mit dem »Charme einer Mehrzweckhalle«[119] informierten Ron Sommer und Franco Bernabè die Weltpresse über die Fusion ihrer Konzerne. Allein 600 Millionen Euro wollten sie bis zum Jahr 2000 durch Synergien einsparen, bis 2003 sollte es gar eine Milliarde Euro werden. Und obwohl das Kartellamt verlangte, daß die Unternehmen einige Beteiligungen in Europa aufgeben müßten, strebten sie in die Welt hinaus. Der erste europäische Konzern soll zum Global Player werden, verkündete Ron Sommer strahlend. »Silicon Valley hat in Amerika stattgefunden, Telecom Valley soll auch in Europa stattfinden«[120], befand er mit ausladender Armbewegung. Doch überzeugen konnte er die Aktien-Analysten noch immer nicht. Die T-Aktie verlor erneut an Wert.

Dabei war der smarte Sommer in den Jahren zuvor gut angekommen. Grundsätzlich in elegante Anzüge mit passend-dezenten Krawatten gekleidet, verkörperte Sommer schon rein äußerlich das moderne Image, das er der Telekom verpassen wollte. Energisch seine randlose Brille zurechtrückend, mit intellektueller Ausstrahlung und Charme machte Sommer aus dem Fernmeldegeschäft des ehemalige Staatsbetriebs Bundespost innerhalb von vier Jahren einen sympathischen, dynamischen und leistungsstarken Telekommunikationskonzern. Beim Gang an die Börse 1996 gelang es Sommer, die Menschen derart für die Telekom zu begeistern, daß die T-Aktie zur ersten deutschen Volksaktie wurde. Millionen Menschen, die bis dato nie etwas mit der Börse zu tun gehabt hatten, gaben ihre Ersparnisse aus und kauften Anteile. 713 Millionen Aktien brachte die Telekom damals auf den Markt und nahm bei einem Ausgabepreis von 28,50 Mark pro Stück am Tag der Ausgabe rund 20 Milliarden Mark ein. Der Börsengang der Deutschen Telekom stellte damit das größte Börsenereignis der deutschen Wirtschaftsgeschichte dar.

Bald war klar gewesen, daß Sommer sich nicht mit dem Umbau der ehemals schwerfälligen Behörde begnügen würde. Schließlich mußte er sich auch beweisen und im Kreise der global agierenden Vorstandsbosse glänzen. Denn Sommer ist kein Bürokrat oder Parteigänger, der sich jahrelang in der Regierung hochgearbeitet hat. Bevor er 1995 die Spitze der Telekom übernahm, hatte Sommer als Boss des japanischen Elektronikkonzern Sony den Markt in Europa aufgerollt und sich danach die USA vorgenommen. Zuvor hatte der Doktor der Mathematik Karriere bei dem deutschen Software-Haus Nixdorf gemacht und war dort bereits zum Topmanager aufgestiegen.

Als Sommer am 16. Mai 1995 die Führungsposition bei der Deutschen Telekom übernahm, wußte er, was Wettbewerb und Strategie ist. Ende 1997 richtete er einen Vorstandsposten für internationale Aktivitäten ein, der mit Joachim Kröske besetzt wurde. Sie kauften in Europa sowie Asien ein und gründeten Tochtergesellschaften in den wichtigen Zukunftsmärkten.

Doch mit der Liberalisierung des europäischen Telekommunikationsmarktes hatte Sommer seine Schwierigkeiten. Der neue Wettbewerb in Deutschland mit privaten Anbietern wie Mannesmann Arcor, Otelo, Viag Interkom, Teldafax und den diversen regionalen Telefongesellschaften machte der Telekom mehr zu schaffen, als Sommer vorher angenommen hatte. Innerhalb eines Jahres jagte die Konkurrenz der Telekom mit billigen Preisen 20 Prozent Marktanteile ab. Telefonbesitzer mußten nämlich verwundert feststellen, daß sie jahrzehntelang exorbitante Rechnungen bezahlt hatten, die Kosten nun aber Monat für Monat niedriger wurden. Die Freiheit in den Netzen bescherte ihnen weltweites Telefonieren zu Dumpingpreisen, die nur wegen der Durchleitungsgebühren der Deutschen Telekom eine vorläufige Untergrenze bei sechs Pfennig pro Minute fanden. Denn der ehemalige Staatsmonopolist hatte mit 1,5 Millionen Kilometern Kupferkabel und 120 000 Kilometern Glasfaserkabel ein flächendeckendes Netz über Deutschland ausgebreitet. Über 45 Millionen Haushalte hängen an diesen Kabeln der Telekom. Jahrzehntelang hatte die mit Steuergeldern subventionierte Deutsche Bundespost Kabel um Kabel verlegt. Und selbst wenn hier und da noch die letzte Verbindung zwischen Straße und Wohnung fehlte, konnte die Telekom theoretisch jedes Haus in Deutschland in Windeseile an ihr Netz anschließen. Diese Kabel stellten das Kapital dar, mit dem die Telekom wuchern konnte.

Bei ihrem Werben um die Telecom Italia nützte das der Deutschen Telekom allerdings nichts. Denn war sie als Braut auch schön und reich, so hatte sie in den Augen der Italiener einen Makel: Sie war nicht italienisch. »Es ist verständlicherweise nicht akzeptabel und vorstellbar, daß Telecom Italia von einem deutschen Staatsunternehmen übernommen wird«[121], sagte der italienische Finanzminister Vincenzo Visco freimütig. Und der Populist, Fernsehunternehmer und Oppositionsführer Silvio Berlusconi hatte ebenfalls Stoff für antideutsche Attacken gefunden. »Wenn Telecom nun auch noch deutsch wird, dann bleibt nichts anderes übrig, als unsere Kinder in den Deutschunterricht zu schicken«[122], posaunte er herum. Die italienische Regierung hatte in den Fusionsverhandlungen einen Trumpf im Ärmel, ohne den Bernabè den Konzern nicht hätte fusionieren können: Der Staat besitzt eine sogenannte Goldene Aktie, die ihm das Mitspracherecht bei allen Entscheidungen garantiert. Im Gegensatz zur deutschen Regierung, die 74 Prozent der Anteile an der Telekom hält, verfügte die italienische ansonsten nur über drei Prozent der Aktien an ihrem Telekommunikationsgiganten.

Roberto Colaninno blieb ebenfalls nicht untätig. Mit Rückendeckung der Wirtschaftselite des Landes scharte er 24 Banken aus Europa, den USA und Japan um sich, die ihn mit dem nötigen Kapital für die feindliche Übernahme ausstatten sollten. Zu dem Konsortium gehörten auch die Deutsche Bank und die Commerzbank, die gemeinsam mit den anderen ein Kreditpaket über 6,86 Milliarden Euro schnürten. Die Summe reichte bei weitem nicht aus für den Kauf der Telecom-Italia-Aktien, und so fingen Colaninno und seine Berater an zu rechnen und das Kapital umzuschichten. Bis zum 21. Mai hatten sie Zeit, den Olivetti-Konzern zu ordnen, um am Ende rund 31 Milliarden Euro in der Kasse zu haben. An dem Tag endete die von der Börsenaufsicht gesetzte Frist für das Übernahmegebot an die Telecom-Aktionäre, und bis dahin mußte Colaninno die Hälfte der Aktien plus einer gekauft haben. Die Aktionäre griffen zögerlich, doch letztlich in ausreichender Zahl zu und schließlich hielt Olivetti 51,87 Prozent der Anteilsscheine in der Hand.

Der Weiße Ritter aus Deutschland war geschlagen. Sein Imageverlust hielt Ron Sommer jedoch nicht davon ab, trotzig an den italienischen Plänen festzuhalten und nun mit Olivetti zu verhandeln. Auch auf der Hauptversammlung der Deutschen Telekom einige Tage nach dem Scheitern der Fusion verbreitete der sichtlich angespannte Sommer noch Zweckoptimismus vor den aufgebrachten Kleinaktionären. Die warfen ihm vor, einen »Scherbenhaufen« angerichtet zu haben, und drohten: »Öfter können Sie sich das nicht leisten!«[123] Doch die Deutsche Telekom war raus aus dem Deal. Colaninno stellte schnell klar, daß er nie und nimmer daran dächte, mit den Deutschen zusammenzuarbeiten.

Seine Kasse war ja auch gut gefüllt. Die 31,35 Milliarden Euro für die Übernahme des italienischen Telefongiganten mit über 120 000 Mitarbeitern hatte er schließlich zusammengekratzt. Nur knapp 1,5 Milliarden Euro konnte Colaninno aus dem Eigenkapital ziehen, den Großteil mußte er über neue Aktien, Anleihen und eine Kapitalerhöhung aufbringen. Knapp acht Milliarden Euro konnte er dadurch sichern, daß er die Olivetti-Beteiligungen an der Festnetzgesellschaft Infostrada sowie dem Mobilfunkanbieter Omnitel an den deutschen Konzern Mannesmann verkaufte, der als lachender Vierter aus der Übernahmeschlacht hervorging (s. Kapitel III. 7).

Franco Bernabè dagegen hatte nicht mehr viel zu lachen. Er kündigte wenige Tage nach der erfolgreichen Attacke, bevor Colaninno als neuer Chef ihn an die Luft setzen konnte. Wenig Grund zur Freude werden auch die rund 30 000 Telecom-Italia-Mitarbeiter haben, die nach Meinung von Analysten der Übernahme zum Opfer fallen werden. Denn angesichts der hohen Schulden, die Colaninno seinem Konzern aufgebürdet hat, muß er schnell rationalisieren und die Gewinne steigern. Davon versteht er etwas, wie er bei Olivetti gezeigt hat. Als Colaninno 1996 Chef des ehemaligen Schreibmaschinenherstellers wurde, stand dieser tief in den roten Zahlen. Colaninno, zuvor Teilhaber und Chef einer Finanzierungsgesellschaft, räumte auf: Er verkaufte die Computersparte, trennte sich von weiteren verlustreichen Töchtern und konzentrierte das Olivetti-Geschäft auf die Telekommunikation. Olivetti sollte hauptsächlich Mobiltelefone herstellen und über die Mobilfunktochter Omnitel Pronto Italia für die nötigen Verbindungen sorgen. Diese Strategie ging auf.

Wie Colaninno die Telecom Italia auf Kurs bringt, werden die Telekommunikationskonzerne weltweit mit Spannung beobachten. Denn noch ist keineswegs sicher, daß der Olivetti-Chef diesen Koloß auf ewig an sich binden wird. Er kann ihn ebenso nach bewährter Manier ausschlachten und wieder verkaufen. Eventuell kommt dann auch irgendwann Ron Sommer noch einmal zum Zuge, der verzweifelt auf der Suche nach paarungswilligen Konzernen in Europa ist. Denn zu Fusionen und Übernahmen gibt es für ihn »überhaupt keine Alternative, wenn wir nicht riskieren wollen, daß unser Unternehmen in ein paar Jahren als Regionalanbieter der relativen Bedeutungslosigkeit anheimfällt«[124]. Doch dazu wird es nicht kommen. Denn mit dem zweiten Börsengang der Deutschen Telekom im Juni 1999 gelangten noch einmal 20 Milliarden Mark in die Kriegskasse. Da die Anleger und Aktienhändler außerdem das gescheiterte Abenteuer in Italien mit höheren Kursen honorierten, hat Sommer genügend Kapital, um einzukaufen und zu einem der »vier bis fünf überlebenden Global Player«[125] zu werden.

Die Davids neben dem Goliath: Mannesmann Arcor schluckt Otelo

Am Ziel seiner Träume glaubte sich im Frühjahr 1999 auch Gerhard Schmid, Chef der erfolgreichen Telefongesellschaft Mobilcom. Wochenlang hatte der als angriffslustig und ungeduldig geltende Manager herumposaunt, er werde ganz groß einkaufen. Die Branche wunderte sich. Wen wollte der Mittelständler aus Büdelsdorf übernehmen? Mobilcom hatte zwar im ersten Jahr der liberalisierten Telefonie – so wird das Telefonieren im Netz im Fachjargon genannt – neben Mannesmann Arcor lange auf Platz eins unter den neuen Telefongesellschaften gestanden. Zudem spielte Mobilcom am Neuen Markt, der Börse für junge Technologieunternehmen, in wenigen Monaten einen Milliardenwert ein. Aber wirklich etwas bieten konnte der in der Branche als »Telefon Aldi« verspottete Schmid nicht. Denn Mobilcom besitzt nicht einen Meter Kabel, sondern wickelt seine Geschäfte ausschließlich über die Strippen der Deutschen Telekom ab. »Wenn Sie Auto fahren wollen, bauen Sie auch nicht zuerst eine Autobahn«[126], wischte Schmid gegenüber dem *Handelsblatt* alle Bedenken vom Tisch, wenn er auf die Netzlosigkeit von Mobilcom angesprochen wurde.

In den ersten Monaten des Jahres 1999 jedoch konnte Mobilcom im aggressiven Preiskampf unter den Telekom-Anbietern nicht mehr mithalten. Die Aktienkurse fielen, die Einnahmen gingen zurück, die Kunden sprangen ab. Schmid wurde klar: Es müssen Kabel her. Und genau die besaß die Telekommunikationsgesellschaft Otelo, sie konnte 11 000 Kilometer Glasfaserkabel ihr Eigen nennen. Der »Sanierungsfall«[127], wie Schmid Otelo selbst nannte, kam ihm daher gerade recht. Nach etlichen Verhandlungsrunden schien es so, als ob sich Schmid und die Otelo-Eigner RWE sowie Veba einigen könnten. Die beiden Mischkonzerne, mit Energie, Chemie, Anlagenbau und Erdöl groß geworden, hatten sich mit dem von ihnen gemeinsam ins Rennen geschickten Otelo vergaloppiert. »Jene Netzgesellschaft, deren Firmengeschichte gepflastert ist mit Pleiten und Pannen, mit Personalquerelen und anderen Peinlichkeiten und die 1998 bei einem Umsatz von 438 Millionen Mark einen Anlaufverlust von 2,2 Milliarden Mark einfuhr«[128], lästerte das *Handelsblatt* über Otelo. Wie »sauer Bier«[129] sei Otelo angeboten worden, und einzig Mobilcom-Chef Schmid griff zu. Die Anleger wußten die Risikofreude des rundlichen Managers zu schätzen und kauften kräftig Mobilcom-Papiere: In kurzer Zeit sprangen die Kurse um zwölf Prozent nach oben.

Doch Schmid und die Börsianer hatten sich zu früh gefreut. Am Karfreitag erreichte sie die Mitteilung, daß Mannesmann Arcor Otelo für 2,25 Milliarden Mark übernehmen werde. Rückwirkend zum 1. April 1999 gingen damit 400 000 Festkunden, 2800 Angestellte, der Zugang zu den besagten Kabeln und der Firmenname Otelo – kurz das gesamte Festnetz- und Internet-Geschäft an den größten ehemaligen Konkurrenten Mannesmann.

»Damit positioniert sich Mannesmann unangefochten als Nummer eins unter den privaten Wettbewerbern der Deutschen Telekom«[130], brüstete sich Harald Stöber, Vorstandschef von Mannesmann Arcor kurz darauf. Zusammen verkaufen Arcor und Otelo täglich 35 Millionen Gesprächsminuten und kommen im Festnetz auf einen Marktanteil von immerhin 3,3 Prozent. Das ist in einem erst seit 18 Monaten offenen Markt ein ansehnliches Ergebnis. Die Deutsche Telekom verbindet zwar 500 Millionen Minuten täglich, aber davon sind nur 130 Millionen Minuten Ferngespräche. Und ausschließlich auf die Fernverbindungen konzentrieren sich bislang die Bemühungen von Arcor und Otelo.

Dieter Wolf, Präsident des Bundeskartellamts, war über die erste private Telefonehe nicht begeistert. Denn kaum hatte sich der Markt geöffnet, konzentrierten sich die Unternehmen wieder. Wolf sah gar eine Tendenz zum Oligopol und ließ mitteilen, er fände die Fusion »nicht erfreulich«[131]. Dennoch genehmigte das Bundeskartellamt den Zusammenschluß. Denn mit einem gemeinsamen Marktanteil von 3,3 Prozent im Festnetz bleiben auch die verbandelten Davids Arcor und Otelo im Verhältnis zum Goliath Deutsche Telekom unbedeutend.

Das wird sich in den nächsten Jahren ändern. Branchenexperten trauen unter den privaten Telekommunikationskonzernen nur Mannesmann zu, den Verdrängungswettbewerb und den Preiskampf in der Branche zu überleben. Denn Mannesmann, mit nahtlosen Röhren für Gas- und Ölpipelines groß geworden, entdeckte schon früh die Chancen der Telekommunikation. Bereits Ende der achtziger Jahre erkannte der Mannesmann-Manager Peter Mihatsch, daß mit Telefonie viel Geld zu verdienen ist. Damals allerdings ging es zunächst um den Mobilfunk. 1989 wurde die erste Lizenz für einen neuartigen Funk ausgeschrieben, auf dessen Frequenzen auch telefoniert werden konnte. Mihatsch fand beim damaligen Mannesmann-Vorstand Werner Dieter ein offenes Ohr, obwohl die neue Technik gar nicht zu den bisherigen Geschäftsaktivitäten des Konzerns paßte. Doch Dieter hörte die Kasse klingeln. Er beauftragte Mihatsch, die Aussichten für die mobile Telefonie zu erkunden. Die daraufhin erstellten Marktanalysen klangen phantastisch und ließen Gewinne erwarten. Mannesmann investierte daraufhin kräftig in weitere Probebohrungen und bemühte sich um die Mobilfunklizenz, wobei sich der Konzern schließlich gegen die Konkurrenten Daimler-Benz und BMW durchsetzen konnte. Dies ermöglichte dem ehemaligen Röhrenbauer, das erste private Mobilfunknetz in Deutschland aufzubauen, das als D2 bekannt ist. »Die wahren Hintergründe dieser überraschenden Vergabe sind bis heute ungeklärt«[132], schrieb der *Spiegel* noch im April 1999.

Nachdem seit Mitte 1992 die ersten Handy-Besitzer über das D2 Netz telefonieren konnten, entwickelte sich die Sparte Mobilfunk so prächtig, daß Mannesmann den Konzern schließlich vollständig umbaute. Mannesmann hatte ebenso wie alle anderen deutschen Großkonzerne in den Jahrzehnten zuvor kräftig Unternehmen anderer Branchen hinzugekauft und sich weltweit an allerlei Geschäften beteiligt. Trotzdem hatte Mannesmann jahrzehntelang sein Geld in erster Linie mit Maschinen, Anlagen, Prozeß- und Leittechnik, Fahrzeugbau sowie Röhren verdient. Alles Sparten, die stark von der Konjunktur abhängen. Denn geht es der Gesamtwirtschaft gut, kaufen Unternehmen neue Maschinen und verwandte Produkte – geht es ihnen schlecht, behalten sie ihr Geld in der Kasse. Mannesmann bekam dies in den neunziger Jahren ebenso zu spüren wie die gesamte Branche. Im Gegensatz zu den meisten anderen Firmen erkannte Mannesmann aber die Zeichen der Zeit und investierte in ein neues Geschäftsfeld.

Mit dem Mobilfunk kam eine Technik auf den Markt, die ausgezeichnet in die neunziger Jahre paßte. Wie kaum eine andere verkörperte sie von Anfang an das Lebensgefühl einer sich wandelnden Gesellschaft. Denn in all den neuen Branchen und Unternehmen der entstehenden Dienstleistungsgesellschaft brauchten sämtliche Mitarbeiter das High-Tech für die Jackentasche, wenn sie mobil und flexibel ihre Geschäfte tätigen wollten. Das Handy wurde zum sichtbaren Ausdruck dafür, daß sein Besitzer in die moderne Zeit gehört: Überall erreichbar, ständig im Einsatz und von allen Orten der Welt in der Lage, Daten und Informationen zu empfangen und zu senden. Und am Ende der neunziger Jahre ist es möglich, daß das allen anderen Kommunikationswegen überlegene Internet ebenfalls über ein Mobilfunkgerät genutzt werden kann (s. Kapitel III. 8). Nur in Zeiten der fortgeschrittenen Globalisierung am Ende des Jahrhunderts konnte die neue Technik der Telekommunikation derart einschlagen, daß sie schon nach kurzer Zeit einen erheblichen Anteil zum Gewinn des Mannesmann-Konzerns beitrug.

Es zeigte sich, daß der Mannesmann-Vorstand den richtigen Riecher hatte, als er auf das unternehmensfremde Geschäft setzte. Dadurch, daß er sich in die unbekannte Welt der Telefonie wagte, konnte Mannesmann den Konzern retten und zu einem Liebling von Aktienhändlern und Fondsverwaltern machen. 1996 strukturierte sich Mannesmann daher vollständig neu und teilte seine Aktivitäten in die Sparten Engineering, Automotive, Tubes&Trading und Telecommunications ein. Die Sparte Telecommunications, ursprünglich nur für Mobilfunk zuständig, erweiterte Mannesmann 1997 durch den Festnetzbetreiber Arcor, der aus einer Fusion mit der Netzgesellschaft der Deutschen Bahn, DBKom, entstanden war. Dieser Zusammenschluß war ein weiterer kluger Zug von Mannesmann: Denn nur mit den 40 000 Kilometern Streckennetz der Deutschen Bahn konnte Mannesmann überhaupt das Telefonieren im Netz anbieten, ohne auf die Kabel der Deutschen Telekom zurückgreifen zu müssen. Nach weiteren Beteiligungen im In- und Ausland trug die Telekom-Sparte des ehemaligen Röhrenbauers 1998 bereits 24 Prozent zum Gesamtumsatz des Konzerns bei und vereinte mit rund 2,6 Milliarden Mark

67 Prozent des Gewinns auf sich. Und allein in den ersten drei Monaten 1999 steigerte sich der Umsatz mit der Telekommunikation um weitere 30 Prozent.

Den Gewinn der vergangenen Jahre hat jedoch nur die Mobilfunksparte D2 erwirtschaftet. Festnetztochter Arcor fährt weiterhin Verluste ein. Die 850 000 festen Arcor-Kunden telefonierten zwar 1998 für 1,8 Milliarden Mark, aber dennoch entstand ein Verlust von 300 Millionen Mark. Das ist nichts im Vergleich zum Konkurrenten Otelo, der im selben Jahr 2,2 Milliarden Mark Verluste mit nur 400 000 Kunden verbuchte. Mit Gewinnen rechnet Arcor-Chef Stöber dann auch erst ab 2001. Um in die schwarzen Zahlen zu kommen, wird Mannesmann bis dahin 2,5 Milliarden Mark in Arcor und Otelo investieren. Überhaupt fließt das meiste Geld bei Mannesmann in die Telefonie. Von den 19 Milliarden Mark Gesamtinvestitionen bis 2002 will der Konzern allein zehn Milliarden Mark in die Sparte Telekommunications stecken. Dafür werden die hauseigenen Wissenschaftler und Ingenieure neue Techniken erforschen und entwickeln, der Vorstand neue Standorte aufbauen und weitere Unternehmen aufkaufen.

Als günstig für die Expansionsgelüste erwies sich, daß der Goliath Deutsche Telekom in Italien abblitzte und Olivetti die Telecom Italia übernahm. Da Olivetti-Chef Colaninno für die feindliche Übernahme Geld brauchte und die Kartellwächter von Anfang an besänftigen wollte, verkaufte er für 7,6 Milliarden Euro seine Festnetzgesellschaft Infostrada und einen Großteil der Mobilfunkgesellschaft Omnitel an Mannesmann. Die Deutschen arbeiteten bereits seit 1997 mit Olivetti zusammen, nachdem sie gemeinsam die Gesellschaft OliMan gegründet hatten. 2,4 Milliarden Mark hatte Mannesmann damals an Olivetti überwiesen, um dafür 50 Prozent an dessen Telekommunikationsgeschäft zu übernehmen, das in OliMan einging. Der Anteil sollte zwar sowieso bis zum Jahr 2000 auf 49,9 Prozent steigen, aber bei der vorzeitigen Kaufmöglichkeit griff der Mannesmann-Vorstand beherzt zu. Und nun besitzt er 55 Prozent an der Gesellschaft. Immerhin ist Omnitel Europas zweitgrößter Mobilfunkanbieter und wirft zudem noch kräftig Gewinne ab. Das ist kein Wunder in einem Land, in dem offensichtlich niemand mehr ohne Handy leben kann.

Omnitel harmoniert auch mit den bisherigen europäischen Mobilfunkgeschäften, die Mannesmann in Frankreich (Cegetel) und Österreich (Telering) betreibt.

Strategisch geschickt war auch die Übernahme von Otelo. Die Stärken und Schwächen des Unternehmens ergänzten sich ausgezeichnet mit denen von Arcor. Lautmalerisch erinnert der Name Otelo an den Helden der Oper, der auch einer breiten Öffentlichkeit bekannt ist. Die Telefongesellschaft profitierte von dem prägnanten Namen, und schon kurze Zeit nach dem Unternehmensstart wußten zwei Drittel der Deutschen, was Otelo ist. Der Kunstbegriff Arcor hingegen prägte sich nur den wenigsten Geschäftskunden wirklich ein, das jedoch nachhaltig. Arcor gelang es, 20 der 50 größten Konzerne Deutschlands fest an sich zu binden. Privatverbraucher hingegen nutzten Arcor nur dann und wann im sogenannten Call-by-Call-Verfahren, wenn es gerade günstig ist. Otelo hingegen kümmerte sich zunächst gar nicht um die Laufkundschaft, sondern konzentrierte sich auf feste Kundenverträge (*Preselection*). Diese Strategie ging zwar in dem tobenden Preiskampf nicht auf, garantierte aber immerhin 400 000 sichere Kunden. Die Preselection-Verträge sind dann auch die lukrative Mitgift, die die ebenfalls eingebrachten 2,2 Milliarden Mark Schulden vergessen lassen.

Arcor-Vorstand Harald Stöber weiß das Potential der beiden Gesellschaften zu nutzen. Arcor wird sich weiterhin um Geschäftskunden kümmern und Otelo für die Privatkunden zuständig sein. Den Kunden beider Gesellschaften kann dies letztendlich egal sein, den Mitarbeitern jedoch nicht. Von den 2800 Otelo-Angestellten werden 1000 der Fusion zum Opfer fallen, da ihre Stellen nun doppelt besetzt sind. Schon am Tag der Fusionsbekanntgabe kündigte Stöber »harte Einschnitte«[133] an, um die Kosten zu senken. Andererseits benötigt Arcor – zum Zeitpunkt der Fusion arbeiteten dort 6500 Mitarbeiter – weitere belastbare und kreative Menschen, um seine Marktposition auszubauen. 600 freie Stellen sollen 1999 insgesamt bei Arcor besetzt werden. Laut dem Branchenverband VATM brauchen sich aber auch die anderen 400 Arbeitnehmer keine Sorgen zu machen, denn die Unternehmen der Telekom- und Informationstechnologie suchen dringend an die 60 000 Fachkräfte.

8. Die große Chance der ganz Kleinen: der neue Markt im Internet

Während sich die Konzerne der traditionellen Industrien eifrig bemühen, ihre Anteile an den alten Märkten zu halten, breitet sich über den Globus ein virtueller Markt aus, auf dem sich die Weltgemeinschaft trifft. Die multinationalen Konzerne halten nach Kooperationspartnern und paarungswilligen Konkurrenten Ausschau, um sich in der Realität der Globalisierung zu behaupten. Doch die wahre Konkurrenz für die Dinosaurier des Industriezeitalters lauert nicht in den Konzernzentralen der Konkurrenz, sondern in Berliner Hinterhöfen, Jenaer Gründerzeitvillen und Kölner Gartenhäusern. Vielleicht sitzen die Wettbewerber der Zukunft im Studentenwohnheim oder in einem gestylten Büro – eines aber ist ihnen allen gemeinsam: Sie verbinden ihre Geschäftsidee mit dem World Wide Web (WWW).

Das Internet ist eine der revolutionärsten Errungenschaften der Geschichte. In dem Netz verbirgt sich eine nur zu erahnende Sprengkraft. Die damit verbundenen Umwälzungen, die die Menschen auf allen Kontinenten betreffen werden, sind allenfalls mit den einschneidenden Veränderungen nach der Erfindung des Buchdrucks vor über 500 Jahren vergleichbar. Keine andere technische Entwicklung wird in gleicher Weise das Privatleben von Hunderten Millionen Menschen bestimmen, deren Einkaufsgewohnheiten und Arbeitsmöglichkeiten, ihre sozialen Kontakte und ihr Weltbild derart verändern wie das Internet. Aber auch die Unternehmen vom multinationalen Großkonzern bis zum Ein-Mann-Betrieb stehen vor großen Umwälzungen. Mit dem weltweiten Netz werden überhaupt neue Unternehmensformen entstehen und die Produktion in einer Weise verändert, die sich heutzutage noch niemand vorstellen kann. Das Internet bietet alle Voraussetzungen, um aus den strukturell veralteten Industriegesellschaften die den Anforderungen des 21. Jahrhunderts angepaßten Dienstleistungsgesellschaften zu formen. Und es wird den bislang unterindustrialisierten Staaten, den aufstrebenden und den von der Globalisierung der Wirtschaft vergessenen Ländern die Chance bieten, den Anschluß an die weltweit tonangebenden Nationen zu finden.

Für Unternehmer jeder Art verwirklicht das Internet außerdem einen Traum. In dem Netz aus Hunderttausenden von Kabeln und Drähten heben sich die gewinnfeindlichen Grenzen von Zeit und Raum auf. Denn in dem Moment, in dem der Kunde mittels neuer Kommunikationstechniken seinen Wunsch äußert, ein Buch, ein Auto, eine Kurbelwelle oder einen Satz Zahnräder zu bekommen, kann das Unternehmen sofort reagieren. Es kann die Ware selbst produzieren, sie bei einem anderen Unternehmen bestellen oder aus dem Lager holen und ausliefern. Dabei spielt es überhaupt keine Rolle mehr, ob der Kunde in Buenos Aires oder Berlin, der Hersteller in Hamburg oder einem Dorf in Mecklenburg Vorpommern sitzt. Mit einem Computer, einem Modem und einem Telefonanschluß oder einem Mobiltelefon können Menschen von nahezu überall auf der Welt mit allen anderen Unternehmen an jedem beliebigen Ort kommunizieren und mit Produkten sowie Dienstleistungen handeln. Der theoretisch verfügbare Markt wächst also um ein Vielfaches, ohne daß ein Unternehmen Niederlassungen, Produktionsstandorte oder Handelswege in entfernten Ländern aufbauen muß. Zudem braucht ein Produkt nicht in verschiedenen Sprachen teuer beworben werden, denn die Internet-Gesellschaft spricht sowieso die Globalsprache Englisch. Außerdem suchen die Kunden den Kontakt von sich aus und stoßen möglicherweise während ihres Aufenthalts im Netz zufällig auf ein Unternehmen, von dem sie ohne die virtuelle Präsenz im Netz vielleicht nie erfahren hätten. Somit stellt das Medium Internet ein Spiegelbild der Globalisierung der Wirtschaft dar.

Das Netz bietet unterschiedliche Gewinnmöglichkeiten. Auf der einen Seite stehen die Software-Hersteller, die überhaupt erst die technischen Mittel für einen Zugang zum Internet bereitstellen. Der Software-Gigant Microsoft liefert sich auf diesem Feld gerade eine Schlacht mit einem seiner Erzfeinde, dem Internet-Dienstleister America Online (AOL). AOL hat das Software-Unternehmen Netscape gekauft, das die weitverbreitete Internet-Software Navigator entwickelt hat. Navigator ist ein direktes Konkurrenzprodukt zu Microsofts Explorer, mit dem der Nutzer ebenfalls in das Netz gehen kann. Bill Gates, reichster Mann der Welt und an der Spitze von Microsoft, wird alle Möglichkeiten ausschöpfen, um den Kampf um die Vorherrschaft zu gewinnen. Ob es ihm gelingt, ist jedoch eine andere Frage. Denn seit Monaten muß sich Gates wegen des Verdachts auf Kartellbildung vor einem amerikanischen Gericht verantworten. Beobachter des Kartellrechtsverfahrens gehen davon aus, daß Bill Gates verlieren wird und das US-Justizministerium unter Umständen sogar sein Software-Imperium zerschlagen wird. Und selbst wenn die Entflechtung des weltweit einflußreichsten Software-Konzerns nach einem verlorenen Prozeß unmöglich erscheint, werden die Kartellwächter eine weitere Ausdehnung der Microsoft-Krake mit allen Mitteln verhindern.

Abgesehen von den Software-Sauriern, die mit dem Internet ihren Umsatz steigern wollen, bietet das Netz auch den traditionellen Telekommunikationsunternehmen ein neues Geschäftsfeld. Denn sie verfügen über die – neben der Software – zweite wichtige Voraussetzung für das Internet: die Kabel. Denn in erster Linie ist der Eintritt in das weltweite Netz nur über die Kupfer- und Glasfaserkabel der Telefongesellschaften möglich. Sie schließlich bilden auch die Voraussetzung für den kabellosen Zugang über Mobiltelefon und Satellit. Jahrzehntelang hatten die in Europa zunächst staatlichen Telekommunikationsgesellschaften ihre Kabel – die sie flächendeckend verlegt hatten (s. Kapitel III. 7) – nur zu Weiterleitung von Gesprächen genutzt. Diese Sparte trägt zwar in erheblichem Maße zu Umsatz und Gewinn bei, doch erstens bedrohen die privaten Telekommunikationsgesellschaften dieses Geschäft der ehemals staatlichen Telefonunternehmen und zweitens ist die Gesprächsweiterleitung doch eine recht altmodische Angelegenheit. Interessant, das heißt gewinnbringend, sind die Kabel erst dann, wenn durch sie Daten jeder Art weitergegeben werden.

Da das 1993 geknüpfte WWW eine amerikanische Erfindung ist, tragen die neuen Sparten und die sich darin tummelnden Unternehmen keine deutschen Bezeichnungen. So werden die Telekommunikationsunternehmen und die wenigen anderen Kabelbesitzer *Internet Access Provider* genannt: Sie ermöglichen den Kunden den Eintritt in das Netz und bieten Online-Dienste an. Wie eine Telefongesellschaft Nummern an ihre Kunden verteilt, vergeben die Online-Dienste Zugangscodes, mit denen Kunden in das Netz gelangen und dort kommunizieren können. In Deutschland hat sich die Deutsche Telekom – als stolze Besitzerin von 120 000 Kilometern Glasfaserkabel – einen Großteil des Marktes mit ihrer Tochtergesellschaft T-Online gesichert. Ihre größten Konkurrenten sind AOL und CompuServe Europe, die beide zu je 50 Prozent dem Medienkonzern Bertelsmann gehören.

Außerdem haben sich neue Berufssparten in Verbindung mit dem Internet herausgebildet, in denen bereits einige Unternehmen neu gegründet wurden. Da gibt es die *Internet Presence Provider*, die den Auftritt eines Betriebs im Internet gestalten, planen und die dort plazierten Seiten (*Homepage*) pflegen. Wie eine Werbeagentur das Unternehmenslogo in der realen Welt entwirft, das Briefpapier und die Zeitungsanzeigen gestaltet, präsentieren die Multimedia-Agenturen eine Firma in der virtuellen Welt des Netzes. Besitzt ein Unternehmen keinen eigenen Rechner, so kann es sich an einen *Web-Host* (dt.: Netz-Gastgeber) wenden. Dieser verfügt über Großrechner (Server), auf denen die Daten seiner Kunden gespeichert werden. Kann ein Unternehmen alle diese Dienstleistungen anbieten – den Zugang zum Netz und die Gestaltung sowie Verwahrung der Daten –, dann nennt man es einen *Full Service Provider*.

Mit all diesen Angeboten läßt sich viel Geld verdienen. Da nämlich die Internet-Gemeinde auf der ganzen Welt rapide wächst, müssen Unternehmen ebenfalls ins Netz ziehen, um den Anschluß nicht zu verpassen. Genauso wie in jedem anderen Markt geht es auch in dem virtuellen darum, möglichst präsent zu sein. Anfang 1999 haben allein in Deutschland rund 8,5 Millionen Menschen das Internet genutzt, wie die Gesellschaft für Konsumforschung (GfK) schätzt. Das sind

40 Prozent mehr als ein halbes Jahr zuvor. Einen eigenen Anschluß hatten zu dem Zeitpunkt immerhin schon 4,9 Millionen Menschen, vom Büro aus konnten 5,4 Millionen Menschen in das Netz gelangen. Bis zum Jahr 2003 sollen 12,17 Millionen Haushalte hierzulande an das WWW angeschlossen sein, das hat das Marktforschungsinstitut Datamonitor ausgerechnet.[134] Damit bietet Deutschland innerhalb Europas den größten Markt für alle Unternehmen, die mit dem Internet ihren Umsatz steigern wollen. Denn in keinem anderen europäischen Land sind so viele Menschen mit dem WWW verbunden wie in Deutschland.

Da in fast allen europäischen Ländern die Zugangstarife noch unverhältnismäßig teuer sind, werden sich die Online-Dienste gegenseitig mit billigeren Preisen zu unterbieten versuchen. »Dies wird trotz des steigenden Marktvolumens zu einem verstärkten Konsolidierungsprozeß innerhalb der Branche führen, dem viele kleinere Internet Access Provider zum Opfer fallen werden beziehungsweise von den mit Macht in den Markt drängenden Kabel- und Telekommunikationsgesellschaften übernommen werden«[135], prognostizieren die Branchenanalysten der HypoVereinsbank. Je größer der Markt, desto interessanter ist er auch – mit anderen Worten: Die Unternehmen bemühen sich darum, ihren potentiellen Kunden zu folgen. Die Multimedia-Agenturen, die Web-Hosts und die Zugangsdienste werden in den nächsten Jahren kräftig an dem starken Zulauf von Internet-Kunden verdienen. Im Jahr 2000 soll allein das Marktvolumen für Internet Acces Providing in Europa bei 2,6 Milliarden Dollar liegen, schätzt Datamonitor. Für die Besitzer von Großrechnern wird ein Umsatz von 546 Millionen Dollar vorausgesagt, während der der Serviceagenturen, die Daten pflegen und weiterentwickeln, bei insgesamt über 1,1 Milliarden Dollar liegen soll.

Dabei ist das Internet der erste Markt, in dem die bisherigen Garanten für Wachstum und Marktanteil ungültig sind. Nicht die Unternehmengröße, das eingesetzte und verfügbare Kapital oder die Zahl der Standorte entscheiden über Erfolg oder Mißerfolg eines Geschäfts im Internet, sondern Flexibilität, schneller Service und Zuverlässigkeit. Eigenschaften, die gemeinhin kleine Unternehmen auszeichnen. Denn sie haben einen direkten Draht zum Kunden, können ohne aufwendige Bürokratie auf dessen Wünsche reagieren und sich an einen schnell verändernden Markt anpassen. Denn selbst wenn die langsamen Datentransfers in den Netzen die Geduld der Benutzer strapazieren, ist das Internet ein schnelles und vor allem schnellebiges Medium. Im Vergleich zu allen anderen Massenmedien zeichnet es sich vor allem durch seine Vielschichtigkeit aus. Unmengen von Daten stehen dem Benutzer zur Verfügung, die er einfach per Tastendruck oder Mausklick anschauen oder übergehen kann – ganz wie es seinen Wünschen entspricht.

Bisher wirkt das Internet hauptsächlich durch optische Reize. Um Menschen langfristig zu faszinieren, müssen sich diese oft und schnell ändern, jedoch ohne zu verwirren. Das erfordert äußerst kreative und kluge Köpfe, die sich in kurzen Abständen immer wieder neue Ideen ausdenken und diese vor allem auch umsetzen können. Menschen, die über ein hohes technisches Wissen und gleichzeitig ein enormes kreatives Potential verfügen, arbeiten an der Schwelle zum 21. Jahrhundert allerdings nicht in Großkonzernen, sondern gründen ihre eigene Firma – auch wenn diese nur aus einer Person besteht. »Unter den Firmen verändert das Internet die Machtbalance: Die Großen mit ihrem Hang zu Uniformität und Rationalisierung werden zurechtgestutzt, Vielfalt erhält gegen Uniformität wieder eine Chance«[136], schreibt Esther Dyson, Internet-Pionierin und wohl beste Kennerin des Netzes.

Sie, die auch »First Lady des Internet« genannt wird, erkannte als eine der ersten die Chancen, die das Internet bereithält. Als Aktien-Analystin an der New Yorker Wall Street lernte Dyson in den siebziger Jahren die Gründer von Apple, Compaq, Lotus und Microsoft kennen. Nach Beendigung ihrer Analysten-Laufbahn gab sie einen Newsletter für die entstehende Computer- und Software-Branche heraus. »Sie schufen nicht nur brandneue Produkte, sondern auch brandneue Märkte«, schreibt Dyson in ihren »Spielregeln für unsere digitale Zukunft«[137]. Sie war von der Vielfältigkeit der Computer derart begeistert, daß sie sich selbst an diversen Unternehmen beteiligte. Außerdem beschäftigte sie sich als eine der ersten auch intensiv mit dem Internet und seinen Potentialen.

Die völlig neuen und längst nicht ausgeschöpften Möglichkeiten dieses Mediums werden ihrer Meinung nach die bisher gekannten Wirtschaftsformen grundlegend verändern. »So machen sich zum Beispiel heute Börsenanalysten und Investoren Gedanken darüber, wer denn eines Tages an die Stelle von Microsoft treten werde, so wie Microsoft IBM als maßgebliches Unternehmen der Informationsindustrie abgelöst hat. Doch die Antwort ist ganz einfach: Niemand. Denn das Modell einer Industrie, in der sich alle an einem zentralen Marktführer ausrichten, wird verschwinden und durch einen neuen dezentralisierten Markt ersetzt werden.«[138]

Dabei weiß bislang kein Mensch zu sagen, wohin sich der entstehende Markt entwickeln wird. »Alle drei Monate müssen die Branchenanalysten ihre Wachstumsprognosen für Unternehmen, die mit dem Internet Geschäfte machen, überarbeiten«, sagt Chris Sinton vom US-amerikanischen Software-Unternehmen Cisco. »Und immer unterschätzen sie den Markt. Denn das Radio hat 38 Jahre gebraucht, um 50 Millionen Benutzer zu gewinnen, Personal Computer 16 Jahre und das Fernsehen 13 Jahre. Allein das Internet hat nur vier Jahre gebraucht.«[139] Die großen Konzerne versuchen natürlich, einen Teil dieses unschätzbaren Marktes abzuschöpfen. Nachdem sie zunächst jahrelang dem Treiben im Netz tatenlos zugeschaut haben, bemühen sie sich nun darum, den Anschluß zu finden.

Von den deutschen Konzernen versucht vor allem Bertelsmann verzweifelt, in die neue Welt vorzudringen. Der Medienkonzern hat das Online-Geschäft zu einem seiner Kernbereiche erklärt und sich mit viel Geld in bestehende Internet-Unternehmen eingekauft. Gemeinsam mit AOL hat Bertelsmann den europäischen Dienst AOL Europe gegründet. Zudem hat der Konzern für 200 Millionen Dollar die Hälfte am amerikanischen Internet-Buchhandelsunternehmen Barnesandnoble.com übernommen und 75 Prozent der deutschen Multimedia-Agentur Pixelpark gekauft. Darüber hinaus beteiligte er sich an diversen Unternehmen, die Telefon und Fernseher mit dem Internet verbinden sowie unterschiedlichste Medien wie Spiele, Filme und Musik in Form von Daten über die Kabel direkt zum Kunden bringen wollen.

Im Geschäftsjahr 1998/99 strebt Bertelsmann, immerhin der drittgrößte Medienkonzern der Welt, eine Milliarde Mark Umsatz mit Online-Geschäften an. 2001 sollen es bereits über zwei Milliarden Mark sein. Der Konzern hat zwar einen immensen Vorrat an Produkten, die sich über das Internet vertreiben lassen, ihm fehlt jedoch das entscheidende Verbindungsstück zum Kunden: die Kabel. Um an die zu gelangen, ist Bertelsmann sogar eine Liaison mit Microsoft, dem Erzfeind seines Geschäftspartners AOL, eingegangen. Zusammen bemühen sie sich um das Fernsehkabelnetz der Deutschen Telekom.

Während die Vorstandschefs der Konzerne mit sich selbst beschäftigt sind, eilig den verspäteten Start ausgleichen wollen und händeringend nach einer Strategie für ihre Internet-Aktivitäten suchen, tüfteln kluge Menschen in aller Welt technische Lösungen für Geschäftsideen aus. Die Konzernchefs bekommen die Konkurrenz, die in den Nischen sitzt, zu spüren und kaufen diese Firmen so schnell wie möglich auf. Schlagzeilenträchtige Fusionen wie in den traditionellen Industrien hat es in der mit dem Internet verbundenen Branche bislang kaum gegeben, denn so richtig weiß keiner der Konzernlenker, wo sie mit ihren Online-Aktivitäten hin wollen. An erster Stelle stehen natürlich enorme Umsatzzuwächse. Dies mag zwar ein Ziel sein, aber es hilft noch nicht bei der Suche nach dem Weg und birgt auch keine geheimen Strategien. Manche Konzerne setzen auf die Telefonie, die anderen wollen Fernsehgeräte mit dem Internet verbinden, die nächsten die Zentralheizung aus dem Netz heraus steuern. Noch weiß niemand so genau, welches der Geschäftsfelder derzeit über- und welches unterschätzt wird. Doch in einem sind sich alle einig: Der Handel über das Internet hat Zukunft.

Das mit dem Netz verbundene Zauberwort lautet E-Commerce, der elektronische Handel. »E-Commerce bietet enormes Potential«[140], schreiben die Analysten der HypoVereinsbank in ungewohnt deutlicher Sprache. Bis zum Jahr 2002 werden weltweit Waren und Dienstleistungen im Wert von 540 Milliarden US-Dollar über das Internet gehandelt, das prognostizieren die Marktforscher der Meta Group. Allein in Deutschland sollen demnach Kunden über das Internet Produkte und Leistungen im Wert von insgesamt 100 Milliarden Dollar kaufen.

Denn vertreiben läßt sich über das Internet fast alles. Neben den Konzernen, die ihren gesamten Einkauf über das Netz abwickeln, können Privatkunden nahezu jedes Produkt aus dem virtuellen Kaufhaus bekommen. Warum soll der Lebensmittelhändler um die Ecke nicht die Einkaufsliste per Internet entgegennehmen und Wurst, Butter und Äpfel später ausliefern? Wieso sollten Kunden lange Stunden in Autohäusern verbringen, wenn sie die Autos auch über das Internet bestellen können? Warum sollte der Software-Konzern seine Programme für viel Geld verpacken und versenden, wenn der Kunde dieselben Produkte über das Netz beziehen kann? Und erstaunlicherweise entsteht gerade um das Produkt, auf das bereits Abgesänge angestimmt wurden, als der Siegeszug der Computer und des Internets einsetzte, das größte Geschäft: das Buch. Die Idee zum virtuellen Buchgeschäft hatte der Amerikaner Jeff Bezos, der 1995 den Buchhandel Amazon.com gründete. Zunächst nur in den USA aktiv, dehnte sich Amazon 1998 bereits nach Europa aus und ist mittlerweile der größte Online-Buchhändler in Deutschland. Ebenso wie Bezos als Branchenfremder den Buchhändlern schlaflose Nächte bereitet, kam auch hierzulande die Konkurrenz nicht aus den Konzernzentralen, sondern aus einem Berliner Hinterhof. Schon 1996 begann die Agentur TXT.de, Bücher von kleinen Verlagen über das Internet zu vertreiben. Während Bertelsmann noch an die Zukunft des Buchclubs glaubte, entwickelten die TXT-Gründer eine Software, mit der sicher und schnell Bücher im Netz verkauft werden können. Systematisch vernetzte TXT die kleinen unabhängigen Verlage in Deutschland, Österreich und der Schweiz und stieg so zum Marktführer in dem Segment auf. Die Medienkonzerne Bertelsmann und Springer merkten erst drei Jahre später, daß sich Medien auch anders verkaufen lassen als über eine Ladentheke.

Ähnliche Erfahrungen mußten auch Touristikkonzerne machen, die neue Konkurrenten im Netz entdeckten, deren gesamter Betrieb aus drei Personen und etlichen Computern bestand. Die Freiheit in den Netzen bedroht aber auch das angestammte Aktiengeschäft der Banken oder die Musikindustrie, deren Produkte irgendwo auf der Welt ins Netz gespielt werden und fortan überall heruntergeladen werden können. Eine einzige Aufnahme von George Michael beispielsweise genügt, um sie millionenfach über das Internet zu vertreiben und weltweit abzurufen. Den Möglichkeiten im Netz sind keine Grenzen gesetzt. Und gegen die Phantasie der Internet-Gemeinde helfen den Großkonzernen keine noch so großen Zusammenschlüsse.

IV. Nationalstaaten am Ende

1. Machtdemonstrationen in Regierungsbüros

Die Fusionen, aus denen multinationale Konzerne hervorgehen, lösen Unbehagen aus: Bei den Arbeitnehmern schüren sie die Angst vor einem Arbeitsplatzverlust, Gewerkschaften fürchten um ihren Einfluß und um die nationale Mitbestimmung, die in einem globalen Unternehmen nicht allzuviel bedeutet. Da nach den meisten Fusionen und Übernahmen tatsächlich Stellen in teilweise erschreckendem Ausmaß gestrichen werden, scheinen die Sorgen, die die Macht der Multis auslöst, nicht unbegründet. Denn selbstverständlich wirkt es geradezu zynisch, wenn zwei strahlende Vorstandsbosse am Tag der Fusionsankündigung von den wirtschaftlichen Möglichkeiten ihres neuen Konzerns, den enormen Gewinnerwartungen und wachsenden Marktanteilen schwadronieren und gleichzeitig mitteilen, daß sie einigen Tausend Menschen den Arbeitsplatz entziehen werden. Dabei wird jedoch allzu oft übersehen, daß Konzerne der traditionellen Industriezweige unter anderem gerade deswegen fusionieren, weil sie einzeln überhaupt keine Chance hätten, in der fortgeschrittenen wirtschaftlichen Globalisierung zu überleben. Fusionen retten in manchen Branchen die Unternehmen vor dem Untergang und sichern damit auch einen Großteil der Arbeitsplätze, selbst wenn einige Tausend Stellen unwiederbringlich verschwinden.

Die nicht direkt von den Fusionen betroffene Öffentlichkeit erschrickt allein angesichts der Größe der entstandenen Megakonzerne. Es scheint so, als würde die häßliche Fratze des Kapitalismus aus Profitgier und Weltmachtstreben sichtbar, wenn sich zwei Konzernchefs auf eine gemeinsame Zukunft geeinigt haben. Ihr Einfluß wird weiter reichen, als der der Vereinten Nationen, der Umsatz eines neuen Konzerns wird das Bruttosozialprodukt der meisten Länder dieser Erde übersteigen, und das Handeln der Unternehmensleiter scheint jeder demokratischen Kontrolle entzogen. Die »Subpolitik der Globalisierung«[141] nennt der Soziologe Ulrich Beck die Macht der Konzerne, die ohne politisches Mandat, scheinbar ohne Zwang zur öffentlichen Verantwortung und ohne jede gerichtliche Einmischung ihren Einfluß über den Erdball ausdehnen. »Die Subpolitik der Globalisierung zielt nicht nur darauf, die gewerkschaftlichen, sondern auch die nationalstaatlichen Fesseln abzustreifen, wenn man so will: die globale Souveränität des Kapitals herzustellen«.[142]

Zwar war es schon immer so, daß Geld die Welt regiert, aber in Deutschland hatten sich Unternehmer und Arbeiter, Regierung und Gewerkschaften in den vergangenen Jahrzehnten doch zumindest darauf geeinigt, gemeinsam und im Konsens die soziale Marktwirtschaft zu betreiben. Die Arbeitgeber verpflichteten sich, die Arbeitnehmer angemessen – also mit hohen Löhnen und Gehältern – am Profit ihres Unternehmens teilhaben zu lassen. Dafür verhalten sich die Gewerkschaften, von wenigen Warnstreiks abgesehen, ruhig. Außerdem dürfen Unternehmer und Angestellte gemeinsam am Rollenspiel, auch Tarifrunde genannt, teilnehmen. Dieses Ritual wirkt zwar veraltet, aber erstaunlicherweise halten sich selbst in der fortgeschrittenen wirtschaftlichen Globalisierung fast alle Beteiligten an die Spielregeln. Der Staat schließlich hat die Aufgabe übernommen, sich um die Verlierer aus dem Tarifspiel zu kümmern sowie die Arbeitslosen zu versorgen.

Die Anhänger dieses Beteiligungsrituals schrecken meistens auch auf, wenn wieder ein multinationaler und über Landesgrenzen hinweg fusionierender Konzern entsteht. Denn wieder einmal ist in aller Stille und ohne daß sie einbezogen wurden, eine Entscheidung gefallen. Selbst wenn sie Verteidiger von staatlichen Großbetrieben wie der Post oder der Bahn sind und deren Monopolstellung achselzuckend hinnehmen, stoßen privatwirtschaftliche Großkonzerne auf heftige Ablehnung bei den Mitbestimmern. Vor allem die internationalen Großfusionen schüren Mißgunst und Angst, denn nun wird offensichtlich, was im Grunde schon längst klar war: Die Konzerne sind nicht mehr zu kontrollieren, die Lieblingsbeschäftigung einiger Politiker, Gewerkschafter und Wirtschaftstheoretiker ist gefährdet. Die Anhänger staatlicher Kontrolle reagieren auf größere Konzernaktivitäten deshalb so vehement, weil ihnen dadurch bewußt wird, daß den Regierenden der Einfluß auf die Unternehmen vollends und auf unabsehbare Zeit entglitten ist.

Willentlich haben Politiker aller Parteien die Entwicklung, die seit einigen Jahren als Globalisierung beschrieben wird, gefördert und befürwortet. Mit der Glückseligkeit der Mächtigen haben sie freiwillig das Feld geräumt und zwischenstaatliche Beschränkungen für den freien Welthandel weitgehend aufgehoben. »Die Freihandelslehre als akzeptiertes Prinzip kapitalistischer Wirtschaft läßt staatlichen Dirigismus nur begrenzt zu«[143], schreibt der Politikwissenschaftler Frank Pfetsch. Denn wenn Staaten die in ihrem Land ansässigen Unternehmen dazu ermuntern, zum Wohle der Bevölkerung und des wirtschaftlichen Aufschwungs in die Welt hinaus zu streben, können sie sich schließlich nicht mehr in deren Geschäfte einmischen. Dennoch besteht der Wunsch nach staatlicher Einflußnahme auf multinationale Konzerne. Dem liegt zugrunde, daß ein Einwirken des Staates möglich und wünschenswert ist. Doch die Multis haben die Politik längst abgehängt. Sie arbeiten flexibler, lukrativer und effizienter, als irgendeine Regierung oder staatliche Organisation es bislang vermochte. Man stelle sich vor, die aus politischen Gründen berufenen Staatssekretäre, Ministerialdirigenten und Minister in den Landes- und Bundesministerien würden nach denselben Erfolgskriterien beurteilt wie Manager der großen Konzerne. Einige würden wohl über die Probezeit nicht hinaus kommen. Bei genauerer Prüfung ihrer jeweiligen Aufgaben käme unter Umständen auch heraus, daß ganze Abteilungen in den Ministerien und Behörden überflüssig sind.

Kein Staat wird die globale Ausrichtung der Konzerne mehr rückgängig machen können. Aufgrund der technischen Vernetzung und der bislang erst zu einem Teil ausgeschöpften Möglichkeiten aller modernen Kommunikationsmittel ist eine Rückkehr in die nationalen Grenzen unmöglich geworden. Und auch in ihrer internationalen Organisation sind die multinationalen Unternehmen den Regierungen um Jahrzehnte voraus. Zu einem Zeitpunkt, als Politiker noch von der Union der europäischen Staaten träumten, erwirtschafteten deutsche Unternehmer und Vorstandsvorsitzende schon einen Großteil ihres Umsatzes in Europa. Während die deutsche Bundesregierung sich auf eine peinliche Diskussion um ein Einwanderungsgesetz einläßt und es sich die CDU/CSU nicht nehmen läßt, gar eine Unterschriftenkampagne gegen die doppelte Staatsbürgerschaft zu starten, arbeiten in einem Weltkonzern bereits viele Menschen jeder denkbaren Herkunft, Religion und Hautfarbe friedlich an einer gemeinsamen Zukunft ihrer Unternehmen.

Ebenso stellt sich die generelle Frage, ob Konzerne überhaupt unter staatlichen Einfluß geraten sollten. Denn zu welchen Absurditäten staatliche Wirtschaftspolitik führt, zeigen uns die ehemaligen sozialistischen Planwirtschaften in Osteuropa, Rußland, China, Kuba und all den von ihnen abhängenden Staaten eindrucksvoll. Betriebs- und volkswirtschaftlich funktionieren solche Staaten nicht. Von den Auswirkungen dieser Politik erholen sie sich nur äußerst mühsam und mit Milliardenhilfen aus den nicht dirigistischen Staaten. Die Staatskontrolle hat weder zu allgemeinem Wohlstand, guten Lebens- und Arbeitsbedingungen noch zu maßvollem Verbrauch von Rohstoffen oder einem Schutz des Allgemeinguts Umwelt geführt. Im Gegenteil! Nirgends wurde und wird derart verantwortungslos und verschwenderisch mit den natürlichen Ressourcen umgegangen wie in Rußland und dem nach wie vor der Staatswirtschaft anhängenden China. Und in kaum einem industrialisierten Land der kapitalistischen Welt haben Arbeiter derart wenige Rechte und müssen unter so schlechten sowie gesundheitsschädigenden Bedingungen ihrem Broterwerb nachgehen wie in China. Dort herrscht offensichtlich die maßloseste Form des Kapitalismus: die staatlich befürwortete, ungehinderte Profitgier.

Aber auch in den hochentwickelten kapitalistischen Ländern Europas gibt es eindrucksvolle Beispiele für falsch verstandene staatliche Fürsorge. Die europäischen Staatschefs egal welcher politischen Ausrichtung leiden schließlich unter dem Machtverlust, der mit der wirtschaftlichen, technischen und politischen Globalisierung zwangsläufig einhergeht. Niemand gesteht jedoch gern einen Machtverlust ein. Die politisch Verantwortlichen – nicht nur in Deutschland – klammern sich daher gern an die ihnen verbliebenen Möglichkeiten, auf die Wirtschaft Einfluß zu nehmen, nämlich an die Subventionen. Mit Milliarden von direkten Zuschüssen und indirekten Begünstigungen – zum Beispiel Steuererleichterungen – versuchen sie, Unternehmen am Leben zu erhalten, Branchen zu stützen und Regionen vor dem als so schmerzhaft empfundenen Strukturwandel zu bewahren.

Herausragendes Beispiel ist der Kohlebergbau, der in Deutschland seit Jahrzehnten nur mit Milliarden an Steuergeldern aufrechterhalten werden konnte, obwohl für diese Summen ein Vielfaches an Kohle auf dem Weltmarkt hätte gekauft werden können. Auch die wenigen Beschäftigten, die noch auf den deutschen Werften arbeiten, verdanken ihren Arbeitsplatz einzig den Milliarden Mark aus Bonn und Brüssel. Gerade in dieser Branche zeigt sich auch, wie eng staatlicher Einfluß und Vetternwirtschaft, Erpressung, Betrug und Schwäche auf beiden Seiten gekoppelt sind. Der Bremer Vulkan Verbund, einst größter deutscher Werftenkonzern, fiel innerhalb weniger Monate wie Eischnee in sich zusammen, nachdem bekannt wurde, daß der Vorstand innerhalb des Unternehmens Subventionen unrechtmäßig hin- und hergeschoben hatte. Mindestens 850 Millionen Mark sind dabei unwiederbringlich in den Tiefen des Werftenverbundes verloren gegangen. Obwohl die Landesregierung von Bremen bereits von den betrügerischen Machenschaften ihres SPD-Mannes an der Vorstandsspitze, Friedrich Hennemann, wußte, pumpte sie auf sein Drängen dennoch weitere 300 Millionen Mark in das marode Unternehmen. Eine Hilfsaktion, die nicht zum ersten Mal erfolgte. Am Ende nützte alles Geld aus der Steuerkasse nichts: Der Bremer Vulkan Verbund ging in den Konkurs, zerfiel und die Werften bei Bremen mußten schließen. Die ebenfalls zum Verbund gehörenden Werften an der mecklenburgischen Ostseeküste haben dank neuerlicher Finanzspritzen in dreistelliger Millionenhöhe bislang überlebt. Der ehemalige Vorstandschef Hennemann muß sich übrigens im Herbst 1999 wegen Betrugs vor Gericht verantworten. Bislang ist er sich keiner Schuld bewußt, denn er habe doch einzig das Unternehmen retten wollen. Daß er zusammen mit einer Riege von Politikern, Gewerkschaftern und wohlgefällig nickenden Aufsichtsräten in wenigen Jahren mehr Geld vernichtet hat, als die Werften je an Gewinn erzielen konnten, bereitet ihm keine Kopfschmerzen.

Die nächste Branche, die durch Staatsgelder erhalten wird, ist die Automobilindustrie. Obwohl die Konzerne bereits mit riesigen Überkapazitäten zu kämpfen haben und es kein Geheimnis ist, daß allein in Europa ein Drittel der Standorte geschlossen werden müssen, pumpen die europäischen Regierungen und die EU auch weiterhin Milliardensummen in die Autokonzerne. So strich Volkswagen 91 Millionen Mark Subventionen für sein neu errichtetes Werk in Sachsen ein, und es störte auch niemanden, daß die EU-Kommission diese Beihilfe als unrechtmäßig geißelte und Deutschland daraufhin verklagte. Kurt Biedenkopf, CDU-Ministerpräsident von Sachsen, und der damalige Bundeswirtschaftsminister der FDP, Günter Rexrodt, stellten sich ebenso hinter die eigenmächtige Subvention wie der damalige SPD-Ministerpräsident von Niedersachsen, Gerhard Schröder. Volkswagen-Chef Ferdinand Piëch war sogar so dreist, darauf hinzuweisen, daß sein Konzern einen Rechtsanspruch auf 740 Millionen Mark gehabt hätte.

Die britische Regierung unter Toni Blair kann ebenfalls nicht von den Subventionen lassen. Umgerechnet 458 Millionen Mark zahlt die Regierung dem deutschen Autokonzern BMW, damit dieser das Autowerk seiner britischen Tochter Rover in Longbridge nicht schließt, wie es Analysten schon vor zehn Jahren aus wirtschaftlichen Gründen vorgeschlagen haben. Die britische Regierung schöpft lieber aus der Steuerkasse und verschleppt damit eine Entwicklung, die sie auch mit noch soviel Geld langfristig nicht wird aufhalten können. Der schmerzhafte Abschied vom Standort in Longbridge mit 9500 Arbeitsplätzen und offiziell weiteren 50 000 Jobs in der Region wird dadurch nicht besser, daß das Siechtum länger dauert. Denn wenn BMW die Millionen ausgegeben hat, wird sich die weltweite Situation der Branche nicht verbessert, sondern verschärft haben. BMW investiert selbst zehn Milliarden Mark in den Umbau des völlig veralteten Werks in Longbridge, plant aber dort eine Mammutproduktion von 500 000 Autos pro Jahr. Und das, obwohl die Zukunft des Automobilbaus in kleinen Produktionsstandorten gesehen wird. Mit den Beihilfen aus dem britischen Schatzamt wird eine anstehende Entscheidung zur Neuorientierung über einige Jahre verschleppt, statt daß die Krise durch effektive und rationale Mittel gemeistert werden würde. Die Erfahrung lehrt, daß Veränderungen um so einschneidender und schmerzhafter sind, je länger sie hinausgeschoben werden.

Dabei ist es völlig irrelevant, ob das Unternehmen nun BMW oder Renault, Mitsubishi oder Fiat heißt. Alle Konzernchefs halten gern die Hand auf, wenn der warme Geldregen aus der Staatskasse auf sie niedergeht. Nicht nur in der Automobilbranche werden Subventionen gerne angenommen. Doch gerade hier ist das Mißverhältnis zwischen ständig steigenden Umsatzrekorden, dem öffentlichen und gepflegten Image, das die Unternehmen als potent erscheinen läßt, und der wirklichen Problemlage in der Branche besonders augenfällig.

Unabhängig von ihrer politischen Ausrichtung versuchen die Regierungen aller Industriestaaten, sich mit Subventionen gegen die Globalisierung und ihre Folgen zu stemmen. Mit den Summen aus dem Steuersäckel suggerieren Politiker nicht nur, daß sie im globalen Wirtschaftsgeschehen noch mitzureden haben, sondern sie nutzen das Geld der Bürger auch, um sich Wählerstimmen zu sichern und ihre Macht zu erhalten. So hat der frühere niedersächsische Ministerpräsident und jetzige Bundeskanzler Gerhard Schröder kurz vor der niedersächsischen Landtagswahl 1998 das Stahlwerk Preussag Stahl AG gekauft, bevor der britische Konzern British Steel oder das österreichische Unternehmen Voest-Alpine zugreifen konnten. Beide Kaufinteressenten hätten nach der Übernahme rationalisiert und Mitarbeiter entlassen. Schröder hingegen forderte, daß die Entscheidungen über Arbeitsplätze weiterhin in Niedersachsen fallen müßten und hatte für mindestens 600 Millionen Mark aus der Haushaltskasse einen großen Auftritt als Retter der Stahlarbeitsplätze. Kurz darauf gewann er die Landtagswahl, die ihm laut der SPD-internen Absprache auch die Kanzlerkandidatur für die Bundestagswahl im selben Jahr einbrachte. Bekanntlich lohnten sich die in die Altindustrie gepumpten Steuergelder auch in diesem Fall.

Niedersachsen sitzt übrigens noch immer auf dem Stahlwerk, das nun Salzgitter AG heißt. Der staatliche Versuch, das Unternehmen im Sommer 1998 an die Börse zu bringen, scheiterte ebenso kläglich wie ein Verkauf an den luxemburgischen Stahlkonzern Arbed im Januar 1999. Damit ist auch der dritte europäische Stahlkonzern mit reellen Überlebenschancen in Zeiten der Überkapazitäten und der Konkurrenz aus Asien, Lateinamerika und Osteuropa als Käufer vergrault. Daher ist abzusehen, daß Niedersachsen in einigen Jahren die Salzgitter AG selbst abwickeln darf – wenn nicht gerade wieder Wahlen anstehen.

2. Drohgebärden aus den Vorstandsetagen

Die Subventionsfreude deutscher Politiker kommt bei den Vorstandschefs allgemein gut an. Nur wenige mittelständische Unternehmer fordern beharrlich, daß die Beihilfen eingestellt oder zugunsten von Investitionen in zukunftsträchtige Branchen umgeschichtet werden. Dem Lamento stimmen im Prinzip auch alle zu, doch geändert hat sich bislang nichts, denn die finanziellen Gefälligkeiten nützen eben allen Beteiligten. Das feste Geflecht aus persönlichen Beziehungen zwischen Politikern und Industrievertretern treibt dann bizarre Blüten, wenn die Wirtschaftsbosse beginnen, Drohungen auszusprechen. So wie 1997 VW-Chef Ferdinand Piëch, als es um die unrechtmäßigen Beihilfen für die sächsischen Werke ging. Obwohl VW dort bereits drei Milliarden Mark aus der eigenen Kasse investiert hatte, kündigte der Konzern an, nach Tschechien oder Ungarn abzuwandern, wenn er die 91 Millionen Mark Beihilfen nicht erhalten würde. Das unschuldige Ungarn mußte auch als Schreckensszenario für die Beihilfegesuche von BMW bei der britischen Regierung herhalten. Wenn keine Subventionen fließen, so drohten die Bayern, wird Longbridge geschlossen und die Marke Rover wird in Zukunft in Ungarn gebaut. Der Automobilbauer hatte zwar weder konkrete Umsetzungspläne noch hatte er in Ungarn angefragt, ob eine Standortverlagerung dorthin in kurzer Zeit möglich wäre, aber diese Drohung stand erst einmal im Raum, und die Öffentlichkeit mußte sich damit auseinandersetzen. »Das Machtpotential wirtschaftlicher Globalisierung entsteht wesentlich aus der Inszenierung der Drohung: Das Könnte, Müßte, das Wenn-Dann regiert«[144], hat Ulrich Beck schon 1996 geschrieben. Denn ob diese Ankündigungen je in die Tat umgesetzt worden wären, erfahren die daran Interessierten nie.

So wäre es durchaus spannend gewesen zu beobachten, ob die deutschen Versicherungskonzerne sich mit einigen Geschäftsteilen ins Ausland abgesetzt und in Deutschland 10 000 Arbeitsplätze abgebaut hätten, wenn die rot-grüne Bundesregierung bei ihrem Vorhaben geblieben wäre, die Versicherungen anders zu besteuern. Zwischen 18 und 20 Milliarden Mark hätten die Unternehmen nach den Plänen der Regierung bis zum Jahr 2004 an Steuern mehr bezahlen müssen. Doch Allianz-Vorstand Henning Schulte-Noelle stellte klar, daß »wir das nicht so einfach hinnehmen können«[145]. Nach dieser eindrucksvollen Machtdemonstration der deutschen Versicherungskonzerne überdachten die Beamten im Finanzministerium tatsächlich noch einmal ihr Vorhaben und präsentierten dann unter dem neuen Finanzminister Hans Eichel gänzlich andere Steuerpläne. Interessant ist, daß die deutschen Versicherungskonzerne in absehbarer Zeit Geschäftsfelder von anderen Orten in Europa betreiben können und werden – ob mit oder ohne Steuer.

Aber Regierungen lassen sich allzu schnell durch Drohgebärden beeindrucken, wobei letztlich unklar bleibt, ob die Verbalattacken der Wirtschaftsbosse nicht nur als Entschuldigung für gern erteilte Gefälligkeiten herhalten. Denn Politiker wie Gerhard Schröder fühlen sich offensichtlich von Geld und Macht der Wirtschaftslenker angezogen. Damit ist nicht Schröders entschuldbarer Hang zu Kaschmirmänteln gemeint oder seine fragwürdige Spritztour mit Ferdinand Piëch zum Opernball nach Wien. Nein, es ist die Aura der Erfolgreichen und Mächtigen, die einander anziehen, in der Hoffnung, aufeinander abzufärben. Die Nähe der Politiker zu den Konzernlenkern suggeriert Einfluß und Durchsetzungsvermögen der Regierungen, obwohl ihnen beides abhanden gekommen ist.

Geradezu lächerlich wirken dann die Versuche von Politikern, wenn sie zeigen wollen, daß sie völlig unabhängig von den Wirtschaftsvertretern sind. Der parteilose Wirtschaftsminister Werner Müller versuchte auf einer Podiumsdiskussion seine Zuhörer davon zu überzeugen. »Denn in einer Gesellschaft, in der die Pluralität der Meinungen, der Einflüsse und das Spiel der unterschiedlichen politischen Kräfte gewährleistet ist, kann es eine Erpreßbarkeit der Politik eigentlich nicht geben«.[146] Der neben ihm sitzende Jürgen Schrempp, Chef von DaimlerChrysler, guckte überrascht und unterbrach spontan. Selbstverständlich habe sein Konzern Einfluß auf die Politik und wenn DaimlerChrysler auftauche, dann würden Regierungen kooperativ. »Wenn wir heute über den Standort für ein neues Werk nachdenken, erreichen uns Angebote aus der ganzen Welt.«[147]

Wenige Wochen später zeigte sich, daß die Bundesregierung schon nach Bittschreiben ohne Drohpotential auf die Wünsche der Industrie einging. Wieder einmal war es VW-Chef Piëch, der seine guten Kontakte zum Bundeskanzler ausspielte. Piëch hatte im Frühjahr 1999 einen Brief an Gerhard Schröder geschickt und ihn gebeten, die auf EU-Ebene geplante Altautoverordnung zu verhindern. Das seit Jahren von den EU-Umweltministern diskutierte Gesetzeswerk sollte die Autoindustrie verpflichten, alte Autos nach ihrem Gebrauch kostenlos zurückzunehmen und zu recyceln. Laut Industrie würden damit Kosten von zehn Milliarden Mark anfallen, die sie zu zahlen nicht bereit wäre. Schröder wies daraufhin Umweltminister Jürgen Trittin an, im Umweltministerrat gegen die Verordnung zu stimmen. Trittin folgte der Stimme seines Herrn und kommentierte Schröders Anweisung zur Blockade hinterher lapidar mit den Worten: »Die Argumente der Autoindustrie waren für den Bundeskanzler so von Gewicht, daß er eine Änderung der deutschen Haltung im Umweltministerrat beschloß.«[148]

3. Der Abschied vom Nationalstaat

Zu einer Erpressung gehören immer zwei. Einer, der Druck ausübt, und einer, der sich dadurch erpressen läßt. Sieht man einmal davon ab, daß eine solche Vorgehensweise sowieso nicht von feinster Moral spricht, signalisieren doch beide an einem derartigen Akt Beteiligten eines: Schwäche. Wirtschaftlich starke und verantwortungsvolle Unternehmen haben es nicht nötig, Regierungen zu erpressen, sondern können mit Argumenten überzeugen. Und Staaten, die eine vernünftige Politik betreiben, sind nicht erpreßbar. Wenn die Besteuerung durchdacht, die Ausbildungsstätten gut, die reale und virtuelle Infrastruktur leistungsstark und die Bürger sozial kompetent sowie friedlich zusammenleben, muß niemand zu derartigen Maßnahmen greifen. Staaten sind schließlich keine willfährigen Opfer eines Zirkels von Verschwörern in den Vorstandsetagen. Daß dort, in den Zentren der wirtschaftlichen Macht, ständig nach neuen Gewinnchancen und Unternehmensstrategien gesucht wird, liegt in der Natur der Sache. Und da die Berater und Bankiers teilweise rabiate Vorschläge hervorbringen, bedarf es starker und verantwortungsbewußter Gegenspieler in den Unternehmen. Regierungen und ihre Politiker jedoch, die sich durch die Wirtschaft unter Druck setzen lassen, weisen vielmehr auf die Unzulänglichkeit ihres persönlichen Handelns hin als auf ein Ausgeliefertsein an einen Erpresser und dessen überzogene Forderungen.

In Zeiten der fortgeschrittenen Globalisierung konkurrieren eben nicht mehr nur Unternehmen weltweit miteinander, sondern auch Staaten. Dabei wird das Prinzip des lokal begrenzten Strukturwandels auf das ganze Land übertragen. So wie manche Regionen den wirtschaftlichen Wandel meistern und sich umstellen, sind auch Staaten unterschiedlich interessant und konkurrenzfähig. Wenn eine Regierung es schafft, das ihr anvertraute Land zu modernisieren und fit für den Wettbewerb zu machen, dann werden sich auch Unternehmen dort ansiedeln, neue Unternehmen gegründet und die deutsche »Welt AG« ihren Hauptstandort in diesem Land behalten.

Regierungen werden die Unternehmen in ihrem Drang zur weltweiten Ausbreitung nicht einholen können. Deshalb sollten sie keine Zeit damit verschwenden, es den Konzernen gleichzutun und es lassen, sie durch Regularien zu gängeln. Kontrollieren lassen sich multinationale Konzerne nicht mehr – warum sollten sie auch? Im Umgang mit ihnen ist vielmehr die wirtschaftspolitische Kreativität der Staaten gefragt. Dazu gehört auch, daß sich die politisch Verantwortlichen von der alten Idee der staatlichen Souveränität verabschieden. Der Nationalstaat als Gebilde, das Menschen einer Sprache, Kultur, Religion und Rasse innerhalb seiner Grenzen vereint und schützt, hat in vielen Regionen der Welt, allen voran in Europa, ausgedient. Willentlich haben die Verantwortlichen mit ihrer Politik bereits die Länder durch Handel, Kommunikationstechniken und Transportwege verbunden. Einzig in ihrem eigenen Ressort haben es die Staatschef bislang nicht geschafft, zusammenzuarbeiten und gemeinsam die bestehenden Probleme anzupacken. Die Zusammenschlüsse von Staaten wie in der EU, in der asiatischen Staatengemeinschaft ASEAN, in der Nordamerikanischen Freihandelszone NAFTA oder die Verbindung der lateinamerikanischen Staaten im Mercosur sind allesamt auf wirtschaftliche Interessen ausgerichtet. Einzig die EU ist auf dem Weg zu einer politischen Zusammenarbeit, die jedoch noch in den zögerlichen Anfängen steckt. Dabei zeigt sich am Ende des Jahrtausends, daß Staaten nur in globaler und supranationaler Zusammenarbeit mit den weltweiten Problemen werden umgehen können. Erst dann wird es möglich sein, daß sie gemeinsame Wege finden, um die Arbeitskräftemigration und die Umweltzerstörung, grenzüberschreitende Seuchen wie Aids oder BSE sowie ethnische Vertreibungen in ihrer Mitte zu bekämpfen. Nur in konstruktiver Zusammenarbeit werden Staaten Lösungen für die Frage nach einem schonenden Umgang mit natürlichen Ressourcen, für eine anstehende Energiewende, für die Sicherung der Welternährung und für das Bevölkerungswachstum entdecken.

Ansätze hierzu hat es bereits auf den verschiedenen Gipfeln der Vereinten Nationen gegeben. Doch die UNO ist eine Organisation, die direkt nach dem Schrecken des Zweiten Weltkriegs erdacht und eingerichtet wurde. Die Frage ist daher, ob sie 50 Jahre nach ihrer Entstehung noch zeitgemäß ist und nicht durch neue Organisationen und Zusammenschlüsse ergänzt werden sollte. Die EU ist eine Art supranationaler Zusammenschluß. Die dazugehörigen, vielgescholtenen Bürokraten und Kommissare haben schon einige gute Einfälle gehabt und darüber hinaus auch erkannt, daß im Zuge der Globalisierung eine starke Bewegung von kleinen lokalen sowie regionalen Zusammenschlüssen und Organisationen ausgehen muß. Subsidiarität heißt dieses Prinzip etwas umständlich und meint nichts anderes als »global denken, lokal handeln«. Das ist nicht nur ein Schlagwort, sondern beinhaltet vielmehr die Forderung nach einer intelligenten Nutzung der menschlichen Ressourcen in Bürgerinitiativen, Nichtregierungsorganisationen und Interessengruppen. Um die genannten Weltprobleme lösen zu können, werden Nationalstaaten einen Teil ihrer Macht an diese Gruppen abgeben müssen, die dann lokal die Beschlüsse überstaatlicher Organisationen umsetzen. Dies ist nötig, um den Herausforderungen der Globalisierung gerecht zu werden.

4. Weltweit gegen Kartelle und Monopole

Die Fusionswelle rollt und ein Ende der Fusionslust in den Branchen und Unternehmen ist nicht absehbar. Die Konzerne werden sich weiterhin zusammenschließen – innerhalb der Staaten und vor allem über Landesgrenzen hinweg. Neben all den Chancen und Risiken, die mit der weltweiten Verflechtung einhergehen und den Kopfschmerzen, die die Fusionitis den Regierungen und der Bevölkerung bereitet, droht ein sensibles, wenngleich mächtiges Gebilde wirklich zu leiden: der Wettbewerb. Denn durch die Zusammenschlüsse und Verschmelzungen reduziert sich zwangsläufig die Anzahl der Unternehmen in einer Branche. Das Gleichgewicht des Schreckens, das die Konzerne bislang anspornte, neue Produkte zu günstigen Preisen herzustellen, entfällt also. Die wenigen verbleibenden Multis müssen sich dann einen statischen Markt teilen. Denn wenn zum Beispiel nur noch vier Unternehmen in einer Branche existieren, werden sie es schwerer haben, dem Konkurrenten noch Marktanteile abzujagen. Außerdem werden sie sich zuvor den Weltmarkt so aufgeteilt haben, daß sie sich einige Jahre recht behaglich in ihrer Region ausbreiten konnten. Wachsen können sie dann allerdings kaum noch.

Der Verdacht liegt nahe, daß sich die Überlebenden der vorangegangenen Fusionswelle weiter zusammenschließen werden, und dann nur noch zwei, eventuell eben auch nur ein Unternehmen übrig bleibt. Ein derart schwerfälliges Schlachtroß hat dann zwar 100 Prozent Marktanteil weltweit und kann seine Preise nach Lust und Laune festlegen, wird aber allein durch seine Größe unflexibel, uneffizient und letztlich unrentabel werden. Denn wenn es keinen Wettbewerb gibt, locken auch keine Herausforderungen, mit einem neuen Produkt oder einer energiesparenderen Herstellungsweise auf den Markt zu kommen. Innovationen werden scheinbar überflüssig, denn der Konzern sitzt siegessicher im Monopol. Abschreckende Beispiele für die Macht, die mit Monopolstellungen einhergeht, waren in der Vergangenheit die sogenannten rechtlichen Monopole der Staaten auf den Bahnverkehr, das Postwesen oder die Telekommunikation. Die jeweiligen Staatsbetriebe zeichneten sich durch eine aufgeblähte Verwaltung mit unproduktiven und selbstherrlichen Mitarbeitern aus. Die Preise für ihre schlecht und unzuverlässig erbrachten Dienstleistungen waren überhöht und in keiner Weise dem Nutzen der Leistung angemessen. So stellte eine erstaunte Öffentlichkeit nach der Liberalisierung des Telekommunikationsmarktes, das heißt, nachdem das Monopol dort weggefallen war, fest, daß das Telefonieren innerhalb von wenigen Monaten um bis zu 65 Prozent billiger wurde.

Hinzu kommt, daß sich innerhalb der Konzerne, die eine Monopolstellung innehaben, zwangsläufig Fehler bis in die letzte Verästelung hinein fortsetzen. Denn es fehlt der regulierende Eingriff des Marktes, der dem Unternehmen mitteilt: Dieses Produkt oder diese Dienstleistung kommt nicht an. Eine einmal an der Spitze des Unternehmens getroffene Entscheidung wird von Abteilung zu Abteilung weitergeleitet und umgesetzt. Wenn dann ein Schaden entstanden ist, kann auch der Verantwortliche an der Spitze nicht mehr reagieren. Deutlich wurde dies in den mittlerweile von der Geschichte überholten Systemen der Planwirtschaft, die den Wettbewerb künstlich ausgeschaltet hatten, da die Betriebe in staatlicher Hand lagen. Wenn das Zentralkomitee beschlossen hatte, daß in den nächsten fünf Jahren Türen produziert werden sollten, aber keine Schlösser, dann ging dies sicherlich an den Bedürfnissen der Kundschaft vorbei, die ja dann auch das staatliche Monopolsystem zu Fall brachte.

Doch neben den für die Wirtschaft und damit für die Bevölkerung so schädlichen Monopolen besteht eine weitere gefährdende Tendenz: die Neigung der Unternehmen, in manchen Fällen Kartelle zu bilden. Eines der ehemals mächtigsten, wenn auch auf Rohstoffen basierenden Kartelle ist die Organisation erdölexportierender Länder, kurz OPEC. An der OPEC wird auch deutlich, wie instabil Kartelle zwangsläufig sind. Mindestens ein Teilnehmer hält sich nie an die Absprachen über Fördermengen und Preise, was zu ständigem Streit unter den Ländern führt. So begannen die europäischen und amerikanischen Fördergesellschaften nach der Ölkrise der siebziger Jahre intensiv in ihren eigenen Gefilden nach Ölfeldern und Wege zu deren Ausbeutung zu suchen. Das wackelige Gebilde OPEC-Kartell verschaffte ihnen Zeit und Gelegenheit, selbst in großem Umfang Erdöl zu fördern.

Für Aufsehen sorgte im Frühsommer 1999 das Vitamin-Kartell der europäischen Pharmakonzerne. Die US-Justizministerin Janet Reno nannte das Kartell der Konzerne »die schädlichste kriminelle wettbewerbsverhindernde konspirative Gruppe«[149], die jemals aufgedeckt worden sei. Unter der Führung des Schweizer Pharmaunternehmens Roche und des deutschen Konzerns BASF hatten sich mindestens zwölf kleinere Pharmaunternehmen über die Preise für Vitamine, die sie an die Nahrungsindustrie lieferten, abgesprochen. Neun Jahre lang hatten sich die Verantwortlichen regelmäßig getroffen, um die Lieferbedingungen für die Unternehmen zu besprechen und sich zu einigen, wer an wen und zu welchem Preis liefert. Alle paar Monate haben die Kartellmitglieder sogar ihre Umsätze verglichen, und dafür gesorgt, daß jeder in gleicher Weise von der Absprache profitiert. Und Vitamine sind ein einträgliches Geschäft. Der Markt wird auf rund sechs Milliarden Mark geschätzt, den Roche bereits zu 40 Prozent beherrscht. Aufgeflogen waren die kriminelle Machenschaften in den USA, wo die Paten des Vitamin-Kartells zwischen 500 Millionen und einer Milliarde Mark Strafen zahlen müssen. Aber auch in Europa, Australien und Kanada ermitteln die Kartellwächter gegen die Pharmakonzerne.

Noch ist der Wettbewerb nicht durch die nationalen oder internationalen Konzernverschmelzungen gefährdet, meinen die Kartellwächter aller industrialisierten Länder, und auch die Wettbewerbskommission der EU in Brüssel vertritt diese Auffassung. »Wenn wir aber an die Grenzen unseres Raumschiffs Erde stoßen, sieht das anders aus«, sagt Dieter Wolf, Präsident des deutschen Bundeskartellamts, gern, wenn er für seine Idee einer weltweit koordinierten Wettbewerbspolitik wirbt. Denn »wir können ja schlecht Wettbewerb von den grünen Männchen erwarten«.[150]

»Wir werden auf Dauer um eine engere Zusammenarbeit der Staaten in Wettbewerbsfragen nicht umhinkommen«[151], ist sich Wolf sicher. Denn die derzeit rollende Fusionswelle ziele nicht so sehr auf die absolute Marktbeherrschung in manchen Ländern oder Weltregionen, sondern darauf, in allen Ländern umfassend präsent zu sein. Diese Entwicklung könne dafür sprechen, daß die Wettbewerbshüter zunehmend mit Oligopolen konfrontiert sein werden. »Wenige Global Player stehen sich dann auf verschiedenen geographischen Märkten immer wieder gegenüber«[152], sagt Wolf. In der Automobilbranche zeichnet sich dieser Hang zum Oligopol ab, denn in wenigen Jahren werden wohl nur noch fünf bis sechs Autokonzerne weltweit existieren. Aber auch die ehemals staatlichen Telekommunikationsunternehmen zeigen derartige Tendenzen. Der Pharma- und Agrarchemikalienindustrie wird diese Entwicklung ebenfalls zugetraut. Oligopole sind nicht nur an sich schädlich, sondern ihre Mitglieder neigen außerdem dazu, sich abzusprechen und Kartelle zu bilden, die sowohl die Produkte als auch die Zulieferer betreffen können.

Aber wie gegen die wettbewerbsfeindlichen Zusammenschlüsse der Konzerne vorgehen? Wie können sich die auf Souveränität ihrer Wirtschafts- und Wettbewerbspolitik pochenden Regierungen auf ein gemeinsames Vorgehen einigen? Denn bedenkliche Zusammenschlüsse in Europa können die Amerikaner durchaus kalt lassen und umgekehrt. In manchen Fällen sind Fusionen ja auch staatlich gewünscht und im Interesse der Regierungen, wie bei den Mega-Fusionen in der Flugzeugindustrie. So hatte die US-Regierung ein großes Interesse daran, daß die amerikanischen Flugzeugbauer Boeing und McDonnell Douglas fusionierten, obwohl diese Ehe wettbewerbsrechtlich sehr bedenklich war. Als einziger Konkurrent auf dem Markt für private Großflugzeuge blieb nach der Fusion das europäische Airbus-Konsortium. Mit anderen Worten: Weltweit gibt es noch zwei Flugzeugbauer. Die Wettbewerbskommission der EU war deswegen damals zunächst entschieden gegen das Zusammengehen, ließ sich dann jedoch von halbherzigen Zugeständnissen der amerikanischen Konzerne überzeugen. Die US-Regierung war entgegen der juristischen und wettbewerbsrechtlichen Lage deswegen für die Mega-Fusion, da es sich immerhin um eine Schlüsseltechnologie handelte und sie diese nicht in den Händen des aufstrebenden europäischen Anbieters wachsen sehen wollte.

Die internationale Zusammenarbeit der Kartellamtswächter stößt also in manchen Fällen an ihre Grenzen. Ein Grund mehr, über andere Formen des gemeinsamen Vorgehens nachzudenken. »Noch ist Zeit, die Märkte vor dauerhaften Strukturverschlechterungen zu bewahren«[153], ist sich Wolf sicher. Mit seinen Kollegen aus den USA, den EU-Staaten und von den Kartellbehörden Lateinamerikas, Asiens und Afrikas – soweit die Länder denn derartige Kontrollgremien haben – hat Wolf im Mai 1999 auf der 9. Internationalen Kartellkonferenz in Berlin darüber diskutiert. »Megafusionen – eine neue Herausforderung für das Kartellrecht?«[154], fragten sich die rund 250 Teilnehmer und kamen nach zwei Tagen zu der Antwort: Eigentlich schon, aber wir wissen noch nicht genau wie. Da nämlich die meisten internationalen Fusionen entweder innerhalb der EU, in den USA oder zwischen europäischen und amerikanischen Unternehmen stattfinden, hätten die Kartellbehörden der EU und der USA die Lage im Griff.

Diese Meinung jedenfalls vertraten die einflußreichsten Wettbewerbswächter der Welt – EU-Kommissar Karel van Miert ebenso wie Joel Klein, Chef der Antitrust Division im US-Justizministerium. Ihre Behörden tauschen schon seit 1991 vor anstehenden Fusionen die gesammelten Informationen und Erkenntnisse über die Unternehmen aus und stimmen ihre Schlußfolgerungen ab. Zudem stärke das im vergangenen Jahr abgeschlossene Kooperationsabkommen zwischen den USA und der EU ihre Arbeit, sagten van Miert und Klein. Das allerdings spart Fusionen ausdrücklich aus. Van Miert schlug jedoch vor, eine europäisch-amerikanische Arbeitsgruppe zu bilden, um die gemeinsamen Aufgaben besser bewältigen zu können. »Die Synergien aus der bilateralen Zusammenarbeit sind mehr als die Addition der unilateralen Kompetenz«[155], sagte van Miert und stellte damit klar, daß er von einer Weltkartellbehörde gar nichts hält.

Dieses große Wort versuchten alle Teilnehmer möglichst zu vermeiden. Weltkartellbehörde klingt nach Bürokratie und staatlicher Regulierung, nicht nach freiem Wettbewerb. Und nur der wird die in Europa notwendige Strukturanpassung vorantreiben, die so schnell wie möglich kommen muß, damit gerettet werden kann, was noch zu retten ist. »Je länger die Anpassung unterbleibt, desto härter wird der Strukturwandel«[156], wie Jürgen Schrempp, Vorstandschef von Daimler-Chrysler, sagte. So können »internationale Megafusionen durchaus im nationalen Interesse«[157] liegen, betonte der deutsche Wirtschaftsminister Werner Müller. Nur wer wettbewerbsfähig ist überlebt. Und diese Eigenschaft besitzen nur die Unternehmen mit viel Geld für Forschung, Entwicklung und Innovationen. Müller sieht übrigens derzeit keine »Gefahr, daß Fusionen zur Entstehung oder Verstärkung marktbeherrschender Stellungen führe«[158]. Eine Ansicht, die immerhin die Kartellamtswächter der Welt nicht teilen. Sie sehen durchaus die Gefahr, daß es in bestimmten Branchen und auf bestimmten Märkten zur Bildung von Oligopolen kommt.

Aber auch die Skeptiker gegenüber der Konzentrationsbewegung wollen allenfalls bilaterale und multilaterale Abkommen und die Welthandelsorganisation WTO um eine Kartellabteilung erweitern. Bei der WTO, der für den Abbau von Zöllen und anderen Handelshemmnissen zuständigen supranationalen Behörde in Genf, diskutieren bereits die Vertreter der Mitgliedsländer seit 1996 in einer Arbeitsgruppe. Ihr Auftrag ist jedoch auf die bloße Untersuchung des Verhältnisses von Handels- und Wettbewerbspolitik begrenzt. Nun zeichnen sich internationale Arbeitsgruppen in erster Linie dadurch aus, daß sie viel Papier produzieren, Aufträge an untergeordnete Arbeitsgruppen weiterleiten und Untersuchungen in Auftrag geben, deren Ergebnisse wiederum aus prall gefüllten Aktenordnern bestehen. Bei der WTO arbeiten schließlich Staatsbeamte der Mitgliedsländer, nicht nach Leistung bezahlte Manager. Da es außerdem allein in der Hälfte der WTO-Länder keine Kartellbehörde gibt, dürfte die Diskussion um internationales Wettbewerbsrecht schon inhaltlich schleppend vorangehen. EU-Kommissar van Miert vertrat dann auch die Meinung, daß sich »zunächst alle Mitglieder der WTO zur

Einführung von Wettbewerbsregeln und von glaubwürdigen Wettbewerbsbehörden zur ihrer Durchsetzung verpflichten«[159] sollen. Ein Unterfangen, das Jahre, wenn nicht Jahrzehnte dauern wird. Erst dann könnten sich die Staaten »über gemeinsame Grundprinzipien ihrer Wettbewerbsregeln einigen«[160]. Danach wäre eine Zusammenarbeit und der gegenseitige Austausch von Informationen möglich. Und erst dann könne ein internationales Schlichtungsverfahren ins Auge gefaßt werden. Das sei jedoch erst »sehr langfristig«[161] und nur nach »intensiver Diskussion«[162] möglich. Der zweite wichtige Kartellwächter der Welt, Joel Klein, verstieg sich gar nicht erst in derartige Wenn-Dann-Szenarien, sondern stellte kar: »Die bestehenden Systeme werden mit den Problemen fertig.«[163] Punkt, Aus und Schluß der Diskussion um eine Weltkartellbehörde. »Das ist doch auch nur eine Diskussion unter Beamten und Wissenschaftlern«[164], wehrte David Braun, Unternehmeranwalt aus Chicago, ab. Die einen wollen also eine große Behörde, weil sie sich in der Welt der Aktenkorridore zu Hause fühlen, die anderen verspielen sich in wissenschaftlichen Theorien, die fern jeder Realität sind.

»Für eine Weltkartellbehörde sind wir nicht reif«[165], sagte auch Joel Klein. Es gebe kein Personal dafür, keine rechtliche Durchsetzungsfähigkeit und selbst die WTO sei »zu kraftlos«[166]. Wenn man bedenkt, daß die WTO-Länder es im Frühjahr 1999 nicht einmal geschafft haben, selbst nach monatelangen Diskussionen und Abstimmungen einen neuen Präsidenten aus ihrer Mitte zu wählen, und die Welthandelsorganisation während dieser Zeit völlig führungslos war, mag Joel Klein durchaus recht haben. Aber Kartellamtswächter vertreten auch immer die wirtschaftspolitischen Interessen ihrer Heimatländer. Ihre Aufgabe ist es schließlich nicht, die Unternehmen zu behindern, sondern sie in ihren wirtschaftlichen Aktivitäten zu unterstützen und den freien Markt zu garantieren. Unternehmen sind jedoch äußerst zurückhaltend, wenn es darum geht, Zahlen und Geschäftsgeheimnisse den Kartellbehörden preiszugeben, wenn diese in einem laufenden Fusionsverfahren eingefordert werden. Mit nationalen Behörden mag die Zusammenarbeit noch einigermaßen funktionieren. Aber an multinationale Organisationen werden die Konzerne ihre Daten nicht weitergeben, da die Gefahr der Spionage zu groß ist.

Dennoch haben multinationale Konzerne durchaus großes Interesse an einer Abstimmung der Länder. Schließlich müssen sie heutzutage ihre Verschmelzungsabsichten in allen auch nur im entferntesten betroffenen Ländern anmelden. Fusionen müssen jedoch – sind sie erstmal angekündigt – schnell vonstatten gehen. Wird der Zusammenschluß zu lange durch die Behörden verzögert, verringert sich die Motivation der Mitarbeiter und Börsenbroker, Zulieferer sowie Kunden werden unruhig. »Wir brauchen internationale Kooperationen und Vereinbarungen«[167], sagt DaimlerChrysler-Chef Schrempp stellvertretend für viele Konzernchefs. Insbesondere zwischen den USA und der EU müssen die Verfahren angeglichen werden, denn zwischen Unternehmen aus diesen beiden Wirtschaftsblöcken spielen sich die meisten Fusionen ab. Worte, die Wirtschaftsminister Werner Müller in den Ohren klingen. Fusionen, sagte Müller vor den versammelten Kartellwächtern der Welt, sollte man »sich nicht in den Weg stellen«[168]. Bilaterale Verträge könnten hilfreich sein im Umgang mit den transnationalen Firmenehen, ebenso könne man über multilaterale Abkommen die WTO betreffend nachdenken, aber eine Weltkartellbehörde steht für Müller »nicht zur Diskussion«[169]. So sah sich Kartellamtspräsident Wolf nach zwei Tagen zumindest in einer Sache bestätigt: »Die Sprachlosigkeit von Regierungen gegenüber internationalen Konzentrationen«.[170]

5. Lassen sich Finanzmärkte kontrollieren?

Nicht sprachlos, sondern sehr gesprächig sind Regierungen, wenn es um das Thema Kapitalkontrollen geht. Zu dem wahrhaft globalen Thema gibt es fast so viele unterschiedliche Meinungen wie Anlagemöglichkeiten auf den internationalen Märkten. Denn nach der Finanzkrise in Asien 1997, dem finanziellen Zusammenbruch Rußlands und seinen Auswirkungen auf Lateinamerika und schließlich dem zeitweiligem Kollaps Brasiliens im Januar 1999 ist allen Staaten theoretisch klar: So etwas darf im Interesse aller nicht noch einmal passieren.

Denn ein zweites Mal wären die für die Beseitigung von Finanzengpässen ursprünglich geschaffenen Institutionen Weltbank und IWF nicht in der Lage, den daniederliegenden Volkswirtschaften wieder aufzuhelfen. Außerdem könnten die Mitgliedsländer des IWF ihren Bürgern nicht noch einmal erklären, warum die private Spekulationslust und die Profitmaximierung privater Banken mit Steuergeldern ausgeglichen werden sollen.

Andererseits wissen die tonangebenden Mitgliedstaaten des IWF – die USA und die reichen europäischen Länder –, daß die aufstrebenden Staaten Asiens und Lateinamerikas vom Kapital der privaten Investoren abhängen. Der Aufschwung der vergangenen Jahrzehnte in den *Emerging Markets* (dt.: aufstrebende Märkte) ist zu einem großen Teil mit dem Geld der Investmentfonds aus den USA, Europa und Japan zustandegekommen. Schätzungsweise 100 Milliarden US-Dollar flossen 1997 aus den privaten Anleihen und Fonds in die sich entwickelnden Länder. 1999 werden es nach Schätzungen von Analysten nur 25 Milliarden US-Dollar sein. Dieser Rückgang hänge auch mit der Unsicherheit der Investoren zusammen, die Kapitalkontrollen und vor allem eine Haftung für Schäden in den Emerging Markets fürchten.

Unter den europäischen Staatschefs ist dies eines der beliebtesten Szenarien. Die privaten Banken und Investmentgesellschaften sollen im Fall einer Krise direkt an den Kosten zur Behebung dieser oder gar des völligen Zusammenbruchs beteiligt werden. Das könne entweder nachträglich geschehen, so lautet die weit verbreitete Meinung unter den europäischen Finanzministerien und Wirtschaftswissenschaftlern, oder die Privaten werden von vornherein gezwungen, Geld in einen Risikofonds einzuzahlen. Tritt dann eine Krise auf, könnte sich der Währungsfonds daraus bedienen und mit den Rücklagen die Währungen und Volkswirtschaften der Länder stützen.

Doch nicht einmal Stanley Fischer, wichtigster Mann an der Spitze des Währungsfonds, glaubt an diese Idee. »Eine solche Risikoprämie wird die Banken nicht davon abhalten, ihr Kapital abzuziehen, wenn es zur Krise kommt«[171], wiederholt Fischer stets, wenn er auf die Theorien der Europäer angesprochen wird. Er hält auch nichts davon, private Kreditgeber mit Gesetzen und rechtlichen Verpflichtungen zur Bewältigung einer Krise zu verpflichten. Das heißt nicht, daß die Banken und Fondsgesellschaften nicht darin eingebunden werden sollten, aber eben ohne Regularien und auf jeden Fall ohne eine supranationale Institution wie eine Weltbankenaufsicht oder eine weltweite Kapitalverkehrskontrolle. Der IWF prüft zwar seit den Zusammenbrüchen in Asien, ob es möglicherweise sinnvoll ist, in manchen Fällen die privaten Investoren zu beteiligen, aber von einem Automatismus will Fischer nichts wissen.

Damit weiß er sich auf einer Linie mit Robert Rubin, dem amerikanischen Finanzminister. Den Ansatz, »eine Größe paßt allen«[172], gebe es nicht, sagt Rubin. Von Fall zu Fall müsse entschieden werden, ob die privaten Kreditgeber an den Kosten, die durch ihr Abwandern im Fall einer drohenden Krise entstanden sind, beteiligt werden. Eher sollten Staaten dazu angehalten werden, nicht zuviel Geld zu verleihen. Das entspricht nun wiederum voll und ganz den geheiligten Statuten des Währungsfonds: Staaten sollen sparen, ihren Haushalt in

Ordnung halten, und dann geht es der Volkswirtschaft sicher auch gut.

Doch so einfach wie vor einem halben Jahrhundert, als der IWF und seine Schwesterorganisation Weltbank gegründet wurden, ist die Weltlage nicht mehr. Nach den Schrecken des Zweiten Weltkriegs und des Faschismus hatten sich die freien Staaten der Welt darauf geeinigt, in den Fonds ihrer wirtschaftlichen Stärke gemäß einzuzahlen und mit diesen und anderen Geldern, die der Fonds über Sonderziehungsrechte bei den Staaten einfordern darf, in Not geratenen Ländern zu helfen. Durch die finanzwirtschaftliche Solidarität der Völker sollten politische Entgleisungen wie die faschistischen Diktaturen verhindert werden. Außerdem wurde den Managern des Währungsfonds die Aufgabe übertragen, sich darum zu kümmern, daß die Mitgliedsländer ihren finanziellen Verpflichtungen untereinander nachkommen, also immer ihre Schulden bezahlen können.

Bei der Gründung 1944 und in den darauffolgenden ersten Jahrzehnten konnten sie diesen Auftrag erfüllen. Denn es wurde weniger Kapital um den Globus geschickt als Waren. Das sind immerhin real existierende Güter, die im Verhältnis zum Kapital mühselig transportiert werden müssen. Das hat sich in den vergangenen zehn bis 15 Jahren grundlegend geändert. Denn die weltweit an einem Tag durch die Welt verschickten Kapitalströme übertreffen die Menge der Waren um ein Vielfaches. In einer Woche wird an den Kapitalmärkten mehr Geld umgesetzt als im Warenhandel während eines Jahres. Und Kapital ist ein scheues Reh: Schaut man zu lange hin, ist es schon wieder verschwunden.

Investoren und Anleger wollen schließlich in Ruhe die Gewinne aus dem eingesetzten Kapital genießen. Verständlicherweise haben sie kein Interesse daran, ihr angelegtes Kapital zu verlieren – weshalb sie es eben schnell abziehen, wenn eine Krise droht. Und sie wollen es auch nicht teilen, also für die Auswirkungen ihres Kapitalrauschs nicht verantwortlich gemacht werden. Es scheint legitim, daß jeder Anleger und jede Investmentgesellschaft über ihr eigenes Geld selbst entscheiden darf. Doch der milliardenschwere Privatbesitz wird dann zu einem Problem, wenn er zu umfangreich geworden ist und dennoch in den Kanälen des weltweiten Kapitalsystems verschwindet. Mit anderen Worten: Wenn er nichts als eine hohle, auf Krediten ruhende Blase ist. Der US-Hedgefonds Long-Term Capital Management ist so ein Ungetüm und steht als Menetekel bei jedem Treffen von Bankiers, IWF-Managern und Finanzministern an der Wand.

Die Betreiber der Fondsgesellschaft LTCM hatten 4,8 Milliarden US-Dollar bei finanzkräftigen Anlegern eingesammelt. Die wußten zwar genau, daß sie sich auf ein risikoreiches Unterfangen einließen, aber es versprach auch hohe Gewinne. Der Fonds hatte sich jedoch an hochspekulativen Termingeschäften in Rußland beteiligt, durch die in Folge der im August 1998 ausbrechenden Rubelkrise mehr Geld verloren ging, als der Fonds hinterherschicken konnte. Bereits seit Herbst 1997 – nach Ausbruch der Asienkrise – war das Fondsvermögen auf weniger als eine Milliarde Dollar geschrumpft. Am 23. September 1998 schließlich kollabierte LTCM.

Doch zuviel hing an der privaten Investorengemeinschaft. Das Wirtschaftssystem »vieler Staaten, inklusive unserem eigenen«[173] könnte durch einen völligen Zusammenbruch von LTCM ins Wanken geraten, stellte damals der US-Notenbankchef Alan Greenspan fest und überzeugte 15 internationale Banken, den Fonds zu stützen. Die US-Investmentbanken Goldman Sachs, Lehman Brothers, Merrill Lynch, JP Morgan und Bankers Trust, die sich bei LTCM zuvor engagiert hatten, trugen zur Rettung ihrer in Bedrängnis geratenen Kapitalvermehrungsmaschine bei. Auch die Deutsche Bank beteiligte sich daran, denn sie wollte ja mit Bankers Trust fusionieren und dieses Institut nicht als geschlagenes Opfer der Rußlandkrise übernehmen. Für rund 3,7 Milliarden Dollar übernahmen die Banken 90 Prozent des Fonds und verhinderten so seinen Untergang. Die Deutsche Bank hält allein 15 Prozent der Anteile an LTCM, das entsprach im Juni 1999 immerhin einem Wert von 600 Millionen Dollar.

In die Geschichtsbücher der Wirtschaftswissenschaften wird der LTCM aber auch aus einem anderen Grund eingehen. Denn im Beirat des Fonds saßen die Ökonomieprofessoren Robert Merton und Myron Scholes, denen ein Jahr zuvor der Nobelpreis für Wirtschaftswissenschaften verliehen worden war. Diese Auszeichnung erhielten der an der Harvard Business School tätige Merton und der an der Stanford Business School lehrende Scholes für eine 1973 veröffentlichte Formel, mit der der Wert von Optionsscheinen berechnet werden kann. Eigentlich sollen Anleger mit ihrer Hilfe den Wert und das Risiko von Finanzderivaten – Termingeschäfte, Futures, Swaps und Aktienoptionen – errechnen können und damit zu einer sicheren Anlageentscheidung kommen. Die schwedische Akademie der Wissenschafen, die die Nobelpreise jährlich verleiht, würdigte dies und die besonderen Verdienste von Merton und Scholes, deren Formel »den Grund für das rasche Wachstum der Derivatemärkte in den letzten Jahren gelegt«[174] habe.

Wie es aussieht, hat sich die LTCM-Rettungsaktion der Banken gelohnt: Denn seitdem die Finanzspritze injiziert wurde, legte der Fonds um 20 Prozent an Wert zu. Aber immerhin ging es bei LTCM ja auch um ureigene private Interessen, nämlich die der Banken und anderer institutioneller Anleger. Wenn Staaten zusammenbrechen, müssen Privatinstitutionen nicht unbedingt mit demselben Eifer zu einer derart kapitalintensiven Solidarität bereit sein. Überhaupt stellen sich solche Vorkommnisse für sie in einem anderen Licht dar. Denn immerhin seien die letzten Krisen auch entstanden, weil die Länder ihren Haushalt nicht im Griff und eine falsche Wirtschaftspolitik betrieben hatten. Mikro- sowie makroökonomische Fehlsteuerungen in den aufstrebenden Ländern sieht etwa Ulrich Cartellieri, Aufsichtsrat der Deutschen Bank und für diese mit den Plänen für eine neue internationale Finanzarchitektur betraut. Neben den hausgemachten Problemen in diesen Ländern hätten der Währungsfonds und die Weltbank zu lange die Augen vor den dort bestehenden strukturellen Problemen verschlossen. Mit dieser Meinung steht Cartellieri übrigens nicht allein da. Die Nichtregierungsorganisationen, die sich aktiv in der Entwicklungspolitik und für wirtschaftliche Hilfen für die armen Staaten betätigen – die sogenannten One World Gruppen –, werfen dem Fonds seit langem vor, zu einseitig auf die Koordinaten Zinsen, Verschuldung und Grad der Privatisierung zu schauen. Cartellieris Ideen bleiben dennoch weit hinter denen der Nichtregierungsorganisationen zurück, die als

Schuldige für die Währungskrisen in erster Linie profithungrige Spekulanten ausgemacht haben. Der Aufsichtsrat der Deutschen Bank fordert lediglich, daß der IWF seine Länderberichte regelmäßig veröffentlicht, auch wenn die betroffenen Staaten damit nicht einverstanden sind. Außerdem solle die Möglichkeit zu einem Schuldenmoratorium in die IWF-Statuten mit aufgenommen werden, um die Staatskassen liquide zu halten. Private Geldgeber werden angehalten, auf die vorzeitige Rückzahlung von Schulden im Krisenfall verzichten.

Ideen kursieren also reichlich und sind in hohem Maße von den jeweiligen Interessen geleitet. »Es gibt keine simplen Antworten und magische Wände. Statt dessen gilt es, oft immens wichtige kollidierende Auffassungen auf einen Nenner zu bringen«[175], sagt US-Finanzminister Robert Rubin, der sicherlich einer der einflußreichsten Mitgestalter einer neuen Kapitalstruktur ist. »Und wir müssen zugeben, daß es bei der Reform der Finanzarchitektur viele Fragen gibt, auf die es heute noch keine schlüssigen Antworten gibt. Dies hat zur Folge, daß sich die Reform nicht in einem einzigen dramatischen Durchbruch manifestiert, sondern daß wir es mit einer Serie von Einzelaktionen über einen längeren Zeitraum zu tun haben«[176], sagte Rubin dem *Handelsblatt.*

Als eine einfache Antwort auf die Herausforderungen der internationalen Kapitalströme wird gern die sogenannte Tobin-Steuer ins Gespräch gebracht. Der spätere Nobelpreisträger James Tobin aus den USA hatte 1972 vorgeschlagen, internationale Finanzaktivitäten mit einer Steuer von einem Prozent zu belegen. Devisenhändler würden dadurch von kurzfristigen Spekulationen abgehalten und außerdem nicht zu Spekulationen gegen Währungen wie 1992 gegen das britische Pfund und 1994 gegen den mexikanischen Peso ermuntert. Eine derartige Steuer müßte selbstverständlich weltweit erhoben werden, denn bei Alleingängen einzelner Länder könnten die sogenannten Spekulanten leicht ausweichen. Doch es gibt keine supranationale Einrichtung, die eine Tobin-Steuer erheben oder gar kontrollieren könnte und schon gar keine internationale Einigung in dieser Frage. Höchst umstritten ist zudem die Wirkung der Steuer. Befürworter der Kapitalkontrolle sehen zwar weltweit dreistellige Milliardensummen in die Staatskassen fließen, die für Arbeitsbeschaffungsmaßnahmen verwendet werden könnten. Doch entspringen diese Summen eher der politisch motivierten Wunschvorstellung. Denn weitaus realistischer ist, daß die Steuer lediglich den Unterschied zwischen Kauf- und Verkaufspreis etwas vergrößert und nicht auf den Gewinn aus der Transaktion erhoben wird. Der Sinn – eine gezielte Bekämpfung der Spekulation – wäre dahin.

Im Gegensatz zur Idee der Wettbewerbshüter, daß die Staaten weltweit in Fragen des Wettbewerbsrechts zusammenarbeiten und gemeinsam gegen Monopole oder Oligopole vorgehen, haben die Verfechter einer gemeinsamen Abstimmung über die Kapitalströme zumindest eine Organisation. Der IWF wird zwar als in seiner Arbeitsweise nicht mehr zeitgemäß angesehen, aber immerhin arbeitet er weltweit. Die Bürokratie mag aufgebläht sein, aber sie könnte nach Meinung von Experten modernisiert und den neuen Aufgaben in einer globalisierten Weltwirtschaft angepaßt werden. Eine Möglichkeit wäre, daß der IWF keine Bedingungen mehr an die in Krisen geratenen Staaten stellt, sondern ihnen das Hilfskapital einfach zur Verfügung stellt, solange diese Mitglieder des Währungsfonds sind. Auch könnte der IWF selbst Geld an den Kapitalmärkten aufnehmen und sich nicht nur durch die quotierten Zuweisungen seiner Mitgliedstaaten finanzieren. Das Bretton-Woods-Committee schätzt, daß der Fonds auf diese Art an bis zu 100 Milliarden Dollar kommen könnte.

6. Lokal handeln, global überleben

Über Jahrhunderte hinweg hatten Staaten – erst die Fürsten und Könige, dann die gewählten Politiker – ein Monopol auf das Geld. An ihnen war es, das Geld zu drucken, die Zinssätze festzulegen, Staatsanleihen und Schatzbriefe auszugeben. Sie konnten als einzige die Geldvermehrung oder Vernichtung in großem Stil steuern. Zudem besaßen sie das Monopol über den Fluß des Geldes. Der Kapitalstrom endete an den jeweiligen Landesgrenzen und konnte diese nur mit großen Mühen und hohen Kosten überwinden.

Diese Zeiten sind vorbei. Kapital ist auf der ganzen Welt in fast unbegrenzter Menge zu bekommen. Konzerne nehmen Geld für Investitionen über die Kapitalmärkte auf, Privatpersonen können ihre Ersparnisse an den Börsen vermehren oder verlieren. Für eine breite Masse von Menschen besteht die Möglichkeit, an den Gewinnen der Konzerne und Unternehmen teilzuhaben, ihr Geld in alternative Energieprojekte oder unsinnige Staudämme, in den ostdeutschen Wohnungsbau oder russische Gasfelder zu investieren. »No risk, no fun«, das ist die Devise auf den internationalen Anlagemärkten, und bislang konnte nicht zweifelsfrei festgestellt werden, ob die weltweit zirkulierenden Kapitalströme im Endeffekt mehr nutzen oder mehr schaden. Für wohlsituierte Europäer sind die Kapitalmärkte aber immerhin eine Möglichkeit, ihre Rente zu sichern. Nur wenn viele Menschen private Vorkehrungen treffen, das heißt ihr erarbeitetes, erspartes oder geerbtes Vermögen in Lebensversicherungen, Aktien oder Fonds anlegen, werden sie im Alter ein Auskommen haben – und dem Staat nicht zur Last fallen. Die Regierungen der europäischen Staaten können also letzten Endes kein wirkliches Interesse daran haben, den Fluß des Geldes zu behindern. Denn schließlich ist allen verantwortlichen Politikern klar, daß die Rentenkassen leer sind.

Diskussionen über Kapitalkontrollen sind daher auch in hohem Maße politisch motiviert. Wie gesagt, niemand gibt gerne einen Machtverlust zu und sieht seinen Einfluß weiter schwinden. Doch mit den Konzepten des 19. Jahrhunderts, und nichts anderes ist das Gebilde der noch existierenden Nationalstaaten, wird die Menschheit mit den sozialen, ökologischen und wirtschaftlichen Folgen der Globalisierung nicht konstruktiv umgehen können. Es ist daher an der Zeit, sich von nicht mehr zeitgemäßen Vorstellungen zu verabschieden. Nur wenn mit dem ehrlichen Willen zur Gestaltung des Neuen an die offensichtlichen Probleme herangegangen wird, können die Segnungen der Globalisierung genutzt werden. Da der Einfluß der Staaten schwindet, sind alle gesellschaftlichen Gruppen aufgefordert, am Aufbau des Neuen mitzuarbeiten.

Die Unternehmen und Konzerne werden weiter fusionieren oder sich gegenseitig aufkaufen. In manchen Branchen werden sich bedenkliche Konzentrationen herausbilden und einige Namen von sogenannten Traditionsunternehmen verschwinden. Doch diese Entwicklung sollte mit dem Blick für das rechte Maß betrachtet werden. In einer enger zusammenwachsenden EU ist es im Grunde egal, ob Deutsche in einem deutsch-französischen Konzern, Briten in einem britisch-schwedischen oder Spanier in einem niederländisch-spanischen Unternehmen arbeiten. Wichtig ist, daß es überhaupt entlohnte Arbeit gibt. Und auch hierbei ist ein Umdenken erforderlich, denn es wird neue, bislang nicht gekannte Formen von Arbeit und Einkommen geben.

Der Wunsch nach national dominierten Unternehmen ist ein Relikt. Daher sollte es das Anliegen nationaler Regierungen und ihrer lokalen Vertreter in den Landesregierungen und Kommunalparlamenten sein, dies zu vermitteln, statt sich mit den Vorstandsbossen zu messen. Selbstverständlich besteht daneben die vordringliche Aufgabe, Firmenneugründungen zu fördern und zu sichern. Nur auf einem guten Nährboden werden sich die kleinen, flexiblen und kreativen Unternehmen gründen, die den Wandel von einer Industriegesellschaft zur Dienstleistungsgesellschaft unterstützen. Und diese wird sich nicht global oder national, sondern regional beweisen müssen. Nur wer lokal handelt, wird global überleben.

Anhang

Anmerkungen

1 Dieter Wolf in einem Gespräch mit der Autorin am 04.03.1999.
2 Jürgen Schrempp in einem Vortrag am 10.05.1999.
3 Aus dem Kommuniqué von Rambouillet. Zit. nach James, Harold: Rambouillet, 15. November 1975. Die Globalisierung der Wirtschaft. München 1997, S. 10.
4 Ebd., S. 11.
5 Vries, Margaret Garritsen de: The international Monetary Fund 1972–1978. Washington D. C. 1985. Bd. 2., S. 761. Zit. nach James; a. a. O.
6 Im Internet unter: www.intershop.de
7 Ebd.
8 Panos Briefing No. 33: Globalisation and Employment, new opportunities, real threats. London Mai 1999, S. 4.
9 Ebd., S. 7.
10 Dieter, Heribert: Die Asienkrise. Ursachen, Konsequenzen und die Rolle des Internationalen Währungsfonds. Marburg 1998, S. 12.
11 Zit. nach Mattern, Frank/Seifert, Werner G./Streit, Clara C./Voth, Hans-Joachim: Aktie, Arbeit, Aufschwung. Wie der Finanzplan Wirtschaft und Gesellschaft wieder in Schwung bringt. Frankfurt, New York 1997, S. 32.
12 Ebd., S. 101.
13 Rudi Dornbusch während eines Vortrags am 02.09.1998 am Tegernsee.
14 »Living dangerously« in: The Economist, 17.04.1999.
15 Wirtschaftstrends. Deutsche Bank Research. Januar 1999.
16 Ebd.
17 Wirtschaftsforum des Handelsblatts, April 1999.

18 Ebd.
19 Ebd.
20 Friedrich-Ebert-Stiftung (Hrsg.): Globalisierung – Ende nationaler Wirtschaftspolitik? Bonn 1997, S. 17.
21 »Kollision der Kulturen« in: manager magazin, Juni 1999.
22 Ebd.
23 »Märkte verbinden« in: Vision+Money, April 1999.
24 Ebd.
25 »Deal Mania« in: BusinessWeek, 05.04.1999.
26 Ebd.
27 Pressemitteilung der Gemini Consulting vom 22.04.1999.
28 Panos Briefing No. 33, S. 5.
29 Ebd., S. 6
30 Friedrich-Ebert-Stiftung (Hrsg.); a. a. O., S. 24.
31 Diese Äußerung fiel in einem Gespräch mit der Autorin auf dem Kongreß Technology Investment & Early Stage im Oktober 1997 in Berlin.
32 »Wir sind alle potentielle Arbeitslose«, Interview mit Ulrich Beck in: Süddeutsche Zeitung, 20./21.03.99.
33 Ebd.
34 »Multikulti im Großraumbüro« in: WirtschaftsWoche, 14.01.1999.
35 »Den alten Kontinent vernetzen«, Interview mit Roland Berger in: WirtschaftsWoche, 07.01.1999.
36 Ebd.
37 »Seltene Spezies« in: WirtschaftsWoche, 07.01.1999.
38 »Wir sind alle potentielle Arbeitslose«; a. a. O.
39 »Die Stunde des Perfektionisten« in: manager magazin, November 1998.
40 »Ohne Mut läuft nichts«, Interview mit Jürgen Schrempp in: manager magazin, November 1998.
41 Jürgen Schrempp auf einer Pressekonferenz am 07.05.1999.
42 Appel, Holger/Hein, Christoph: Der DaimlerChrysler Deal. Stuttgart 1998, S. 110.
43 »Ohne Mut läuft nichts«; a. a. O.
44 Ebd.
45 »Das ist ein Hammer« in: Der Spiegel, 11.05.1998.
46 »Ohne Mut läuft nichts«; a. a. O.
47 Appel/Hein; a. a. O., S. 163.
48 »Ohne Mut läuft nichts«; a. a. O.
49 Bild-Zeitung, 23.04.1999.
50 »Kauft Ford die Lederhosen-Raser?« in: Die Tageszeitung/taz, 06.01.1999.
51 Ebd.
52 »Who are these Quandts?« in: The Economist, 13.02.1999.

53 Gita Wallenberg in einem Gespräch mit der Autorin im Mai 1998.
54 »Scania soll unbedingt schwedisch bleiben« in: Handelsblatt, 17.05.1999.
55 Ebd.
56 Unternehmensanalyse der Schering AG vom April 1999, Hypo-Vereinsbank Research, 08.04.1999, S. 24.
57 Im Internet unter: www.laboratorynetwork.com
58 »Selbstgesteuerte Zellteilung« in: Der Spiegel, 23.11.1998.
59 »Avanti Aventis« in: manager magazin, März 1999.
60 »Wie Kinder im Candy-Shop« in: Der Spiegel, 09.02.1998.
61 Aus einem Vortrag am 10.05.1999 in Berlin anläßlich der Internationalen Kartellkonferenz.
62 »... was für ein Spirit«, Interview mit Jürgen Dormann in: Der Spiegel, 07.12.1998.
63 »Avanti Aventis«; a. a. O.
64 Ebd.
65 »Gute Mayonnaise«, Interview mit Jean-René Fourtou in: manager magazin, März 1999.
66 Homepage der University of Florida Pest Alert im Internet unter: http://extlab7.entnem.ufl.edu/PestAlert
67 »Zeneca, Astra to Merge« im Internet unter: ABCNews.com.
68 »AstraZeneca baut Agrosparte aus« in: Handelsblatt, 17.05.1999.
69 Unternehmensanalyse der Thyssen Krupp AG, Bankgesellschaft Berlin, April 1999.
70 Ebd.
71 »Tempo, Tempo!«, Interview mit Gerhard Cromme und Ekkehard Schulz in: Der Spiegel, 01.02.1999.
72 »Die Cromme Tour« in: manager magazin, März 1999.
73 »Tempo, Tempo!«; a. a. O.
74 Ebd.
75 »Die Cromme Tour«; a. a. O.
76 Ebd.
77 Ebd.
78 »Crash im Revier« in: Der Spiegel, 24.03.1997.
79 Ebd.
80 Ebd.
81 »Die Cromme Tour«; a. a. O.
82 Ebd.
83 Werner Seifert in einem Gespräch mit der Autorin am 04.09.1998.
84 Werner Seifert in einem Vortrag am 04.09.1998 in Rottach-Egern/Tegernsee.
85 Ebd.
86 Ebd.
87 Ebd.

88 »Weisse Flecken« in: WirtschaftsWoche, 26.11.1998.
89 »Ein richtiger Quantensprung«, Interview mit Rolf-Ernst Breuer in: WirtschaftsWoche, 01.04.1999.
90 Ebd.
91 Ebd.
92 Eberhard Martini auf der Pressekonferenz anläßlich der Fusionsverkündung im Juli 1997.
93 »Ein genialer Coup« in: Der Spiegel, 28.07.1997.
94 »Ab Montag wird zurückgetauscht« in: Die Tageszeitung/taz, 01.08.1997.
95 »Kampf der Kulturen« in: manager magazin, Mai 1999.
96 »Eiserner Besen« in: Der Spiegel, 02.11.1998.
97 »Unverdiente Bereicherung« in: Der Spiegel, 15.03.1999.
98 Ebd.
99 »Kampf der Kulturen«; a. a. O.
100 »Schmidt soll vor Fusion von Hypobank-Affäre gewußt haben« in: Handelsblatt, 31.03.1999.
101 »A Breakneck« in: Global Finance, April 1999.
102 Ebd.
103 Ebd.
104 Kommentar in der Financial Times, 19.11.1997.
105 »Der Schatten der Macht« in: Die Zeit, 04.03.1999
106 Vorstandsmitglied Michael Diekmann zur Nachrichtenagentur Reuters am 07.05.1999 in Singapur.
107 »Auf dem Sprung in die Welt-Liga« in: Finanzen, März 1998.
108 Ebd.
109 »Anitas Hilferuf« in: Der Spiegel, 24.11.1997.
110 Ebd.
111 Ebd.
112 »Absolut unangemessen«, Interview mit Henning Schulte-Noelle in: Die Zeit, 04.03.1999.
113 Henning Schulte-Noelle zur Nachrichtenagentur Reuters am 17.03.1999 in München.
114 Ron Sommer auf der Pressekonferenz zur angekündigten Fusion von Deutscher Telekom mit der Telecom Italia im April 1999.
115 »Das große Fressen« in: WirtschaftsWoche, 22.04.1999.
116 Ebd.
117 »Der neue Telefongigant tagt im Gemeindezentrum« in: Handelsblatt, 23./24.04.1999.
118 »Telekom-Chef Sommer setzt auf neues Aktienfieber« in: Handelsblatt, 16./17.04.1999.
119 »Der neue Telefongigant tagt im Gemeindezentrum«; a. a. O.
120 Ron Sommer auf der Pressekonferenz zur angekündigten Fusion von Deutscher Telekom mit der Telecom Italia im April 1999.

121 »Rom sperrt sich gegen die Telephon-Ehe« in: Süddeutsche Zeitung, 24./25.04.1999.
122 Ebd.
123 »Sommers Auftritt unter Schmerzen« in: Handelsblatt, 28./29.05.1999.
124 »Telekom muß international wachsen« in: Handelsblatt, 28./29.05.1999.
125 Ron Sommer auf der Pressekonferenz zur angekündigten Fusion von Deutscher Telekom mit der Telecom Italia im April 1999.
126 »Die Gier des Kleinen aufs große Fressen« in: Handelsblatt, 30.03.1999.
127 Ebd.
128 Ebd.
129 Ebd.
130 Harald Stöber auf einer Pressekonferenz am 06.04.1999 in Düsseldorf.
131 »Kartellamt befürchtet Oligopol« in: Handelsblatt, 09.04.1999.
132 »Laßt es uns probieren!« in: Der Spiegel, 12.04.1999.
133 Harald Stöber auf einer Pressekonferenz am 06.04.1999 in Düsseldorf.
134 Unternehmensanalyse 1&1, HypoVereinsbank Research, 07.04.1999.
135 Ebd.
136 Dyson, Esther: Release 2.1. Die Internet-Gesellschaft. Spielregeln für unsere digitale Zukunft. München 1999, S. 175.
137 Ebd., S. 43.
138 Ebd., S. 35f.
139 »Plugging in to E-Commerce« in: Global Finance, Januar 1999.
140 Unternehmensanalyse 1&1, HypoVereinsbank Research, 07.04.1999.
141 Beck, Ulrich: Die Subpolitik der Globalisierung. Gewerkschaftliche Monatshefte. Zit. nach: Friedrich-Ebert-Stiftung (Hrsg.); a. a. O., S. 21.
142 Ebd., S. 21.
143 Pfetsch, Frank R.: Die Rolle der Nationalstaaten: Anachronismus oder Renationalisierung? in: Heidelberger Club für Wirtschaft und Kultur e. V. (Hrsg.): Globalisierung. Der Schritt in ein neues Zeitalter. Berlin, Heidelberg, New York 1997, S. 116.
144 Beck: Die Subpolitik der Globalisierung; a. a. O., S. 22.
145 Henning Schulte-Noelle in einem Interview mit der Welt am Sonntag. Zit. nach Reuters.
146 Werner Müller bei einer Podiumsdiskussion auf der 9. Internationalen Kartellkonferenz am 11./12.05.1999.

147 Jürgen Schrempp bei derselben Podiumsdiskussion.
148 Bericht der Nachrichtenagentur Associated Press vom 25.06.1999.
149 »Neue Strafen für die Kollegen des Kartells« in: Handelsblatt, 25.05.1999.
150 Dieter Wolf in einem Gespräch mit der Autorin am 04.03.1999.
151 Ebd.
152 Ebd.
153 Ebd.
154 Titel der 9. Internationalen Kartellkonferenz vom 11. bis 25.05.1999 in Berlin.
155 Karel van Miert bei einem Vortrag anläßlich der 9. Internationalen Kartellkonferenz in Berlin.
156 Jürgen Schrempp in einem Vortrag anläßlich der 9. Internationalen Kartellkonferenz.
157 Werner Müller in einem Vortrag anläßlich der 9. Internationalen Kartellkonferenz.
158 Ebd.
159 Karel van Miert bei einem Vortrag anläßlich der 9. Internationalen Kartellkonferenz in Berlin.
160 Ebd.
161 Ebd.
162 Ebd.
163 Joel Klein in einem Gespräch mit der Autorin am 10.05.1999.
164 David Braun in einem Gespräch mit der Autorin am 10.05.1999.
165 Joel Klein in einem Gespräch mit der Autorin am 10. 05. 1999.
166 Ebd.
167 Jürgen Schrempp in einem Vortrag anläßlich der 9. Internationalen Kartellkonferenz.
168 Werner Müller auf der 9. Internationalen Kartellkonferenz.
169 Ebd.
170 »Nicht mit Mega-Behörden gegen Mega-Fusionen« in: Frankfurter Allgemeine Zeitung, 10.05.1999.
171 »Im neuen Weltfinanzsystem wird weniger Kapital fließen« in: Handelsblatt, 14.06.1999 und
»Time for a redesign?« in: The Economist, 30.01.1999,
172 »No time for a coffee break« in: The Economist, 24.04.1999.
173 »Living dangerously«; a. a. O.
174 Zit. nach Fischer Weltalmanach 1999. Frankfurt am Main 1998, S. 1294.
175 »Finanzarchitektur auf dem Prüfstand«, in: Handelsblatt, 17.06.1999.
176 Ebd.

Literaturverzeichnis

Appel, Holger/Hein, Christoph: Der DaimlerChrysler Deal. Stuttgart 1998.

Bartz, Dietmar (Hrsg.): Konfusion im Binnenmarkt. Augsburg 1990.

Bernecker, Walther L.: Port Harcourt, 10. November 1995. Aufbruch und Elend in der Dritten Welt. München 1997.

Dieter, Heribert: Die Asienkrise. Ursachen, Konsequenzen und die Rolle des Internationalen Währungsfonds. Marburg 1998.

Dyson, Esther: Release 2.1. Die Internet-Gesellschaft. Spielregeln für unsere digitale Zukunft. München 1999.

Fischer Weltalmanach 1999. Frankfurt am Main 1998.

Friedrich-Ebert-Stiftung (Hrsg.): Globalisierung – Ende nationaler Wirtschaftspolitik? Bonn 1997.

James, Harold: Rambouillet, 15. November 1975. Die Globalisierung der Wirtschaft. München 1997.

Heidelberger Club für Wirtschaft und Kultur e. V. (Hrsg.): Globalisierung. Der Schritt in ein neues Zeitalter. Berlin, Heidelberg, New York 1997.

Hillman, James: Kinds of Power. New York 1995.

Liedtke, Rüdiger: Wem gehört die Republik '99? Die Konzerne und ihre Verflechtungen. Frankfurt am Main 1998.

Mattern, Frank/Seifert, Werner G./Streit, Clara C./Voth, Hans-Joachim: Aktie, Arbeit, Aufschwung. Wie der Finanzplan Wirtschaft und Gesellschaft wieder in Schwung bringt. Frankfurt/New York 1997.

Minc, Alain: Globalisierung. Chance der Zukunft. Wien 1998.

Panos Briefing No. 33: Globalisation and Employment, new opportunities, real threats. London Mai 1999.

Technology Investment & Early Stage. Konferenzband der European Venture Capital Association. Berlin Oktober 1997.

Register